U0909769

珍藏本

纪念版

汉译世界学术名著丛书

波斯人信札

〔法〕孟德斯鸠 著

梁守锵 译

2017年·北京

Montesquieu

LETTRES PERSANES

本书根据法国 Librairie Générale Française 1897 年版译出

汉译世界学术名著丛书
（120年纪念版·珍藏本）
出 版 说 明

2017年2月11日，商务印书馆迎来120岁的生日。120年前，商务印书馆前贤怀揣文化救国的理想，抱持“昌明教育，开启民智”的使命，立足本土，放眼寰宇，以出版为津梁，沟通中西，为中国、为世界提供最富智慧的思想文化成果。无论世事白云苍狗，潮流左右激荡，甚至战火硝烟弥漫，始终践行学术报国之志，无改初心。

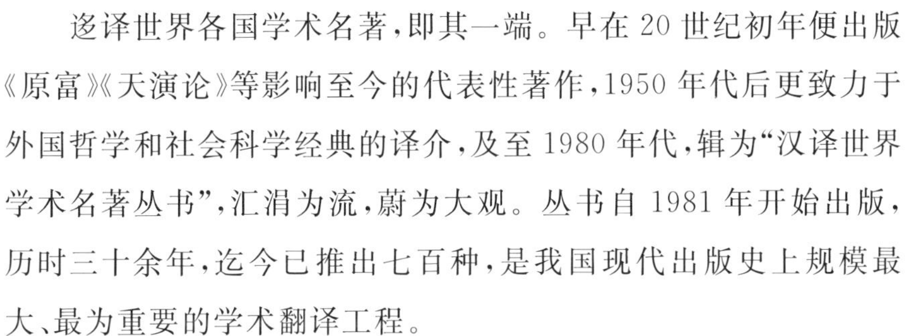

迻译世界各国学术名著，即其一端。早在20世纪初年便出版《原富》《天演论》等影响至今的代表性著作，1950年代后更致力于外国哲学和社会科学经典的译介，及至1980年代，辑为“汉译世界学术名著丛书”，汇涓为流，蔚为大观。丛书自1981年开始出版，历时三十余年，迄今已推出七百种，是我国现代出版史上规模最大、最为重要的学术翻译工程。

丛书所选之书，立场观点不囿于一派，学科领域不限于一门，皆为文明开启以来，各时代、各国家、各民族的思想与文化精粹，代表着人类已经到达过的精神境界。丛书系统译介世界学术经典，引领时代思想，为本土原创学术的发展提供丰富的文化滋养，为推动中国现代学术和现代化进程做出了突出的贡献。

为纪念商务印书馆成立120周年，我们整体推出“汉译世界学术名著丛书”120年纪念版的珍藏本，寄望既利于文化积累，又便于研读查考，同时向长期支持丛书出版的译者、编者和读者致以敬意。

两甲子后的今天，商务印书馆又站在了一个新的历史时间节点上。我们不仅要铭记先辈的身影和足迹，更须让我们的步伐充满新的时代精神。这是商务人代代相传的事业，更是与国家和民族的命运始终紧密相连的事业。我们责无旁贷，必须做好我们这代人的传承与创造，让我们的努力和成果不仅凝聚成民族文化的记忆，还能成为后来人可以接续的事业。唯此，才能不负前贤，无愧来者。

商务印书馆编辑部

2017年10月

目　录

译者前言

《波斯人信札》(1721)是法国启蒙运动思想家孟德斯鸠的第一部、也是唯一的一部小说。该书一出版便取得巨大的成功:当年就出了四版,印刷十来次,还有若干伪版,并立即被译成欧洲各国文字。孟德斯鸠靠着这部处女作,从一个外省法官,跻身巴黎上流社会,出入著名沙龙,于38岁就摘取了法兰西学士院院士的桂冠,得到了法国知识分子梦寐以求的荣誉,这一切应归功于该书的美学价值和认识价值。

《波斯人信札》这部书信体小说继承了法国笔记文学的传统。这种文学体裁虽有结构松散的缺点,但却可自由选择主题,组合素材,剪接文字,铺陈事实;可以蓦然而来,飘然而去,戛然而止。但孟德斯鸠与前人不同,或者说,胜于前人之处,在于此书融传奇与哲理于一体,虽无拉伯雷《巨人传》的想象丰富,恣肆汪洋,诙谐生趣,却以虚构影射现实,用事实晓谕真理,借荒诞以娱众,寄覃思于诡谲,情节离奇,文笔幽默,叙事简洁,说理明晰。孟德斯鸠说:"此书出版时,人们并没有把它视为严肃作品,它其实也不是严肃作品。"(《〈波斯人信札〉说明》)正是这种寓庄于谐的风格,令人常读不厌,而又不至于锋芒太露,授人以柄。另一方面,小说适应了法国人在路易十四去世后,寄望变革而对摄政时期的改革又感到失望的心情，反映了启蒙运动初期人们要求重新认识现实、寻求真理的躁动心态，同时满足了随着资本主义的发展，殖民主义的扩张，人们对东方的猎奇心理。这一切，作者通过塑造主人公郁斯贝克而表现出来。郁斯贝克一方面在巴黎宣扬理性的批判，揭露虚假的价值和虚伪的行为；另一方面，在波斯，对自己的后房妻妾，实行最无理性、最无人道、最虚伪的专制。有的评论者把《波斯人信札》中的巴黎见闻与后房故事割裂开来，认为全书不存在统一性问题。其实，该书的统一性和把全书联系起来的“秘密的、而且从某种意义上说是一条人们觉察不到的链条”（孟德斯鸠：《关于〈波斯人信札〉的几点想法》），就在于贯穿其中的批判精神，而这种批判精神，正体现在郁斯贝克的两重性格上。作者以郁斯贝克和里加等人在巴黎的所见所闻，所发表的言论，批判了法国当时的现实，笔锋所指，政治、经济、军事、宗教、文化、风俗习惯，无所不及，给我们展现了一幅虽嫌零碎、但却发人深省的社会风情画。与此同时，作者又以郁斯贝克对其妻妾的残酷迫害，批判了当时波斯的风俗。即使如某些人所说，作者写后房故事只是“为了给沙龙消遣，为了解闷”，但当作品发表之后，这故事便独立于作者的意志之外，以它自身的力量去感动人，启迪人。正是这种批判精神、这种认识价值和美学价值，奠定了《波斯人信札》在世界文学史上的地位。

当然，《波斯人信札》对法国现实的批判是无伤大雅的，人们完全可以接受，而事实上也接受了，孟德斯鸠在法国上流社会的成功，说明了这一点。相比之下，伏尔泰的命运就坎坷得多。尽管他的作品受到公众的欢迎，但却不容于宫廷，不容于教会，他本人五次被放逐，两度入狱，直至52岁才当选为法兰西学士院院士。另外还要看到，正如哥伦比亚大学教授萨伊德在其《东方主义》中指出的，西方对东方的描述，无论是在学术著作还是在文艺作品中，都严重扭曲了所描述的对象。《波斯人信札》中所介绍的东方的人情风俗，无论是波斯、印度，还是莫斯科维亚，都是出于西方人的猎奇心理。孟德斯鸠以虚构的东方来批判真实的西方的不合理性，可这种批判仍未能摆脱西方中心主义的局限性。由此人们不免又想把孟德斯鸠跟伏尔泰作对比。伏尔泰在其名著《论各民族的精神与风俗》（简称《风俗论》）中，上下数千年，纵横几大洲，介绍世界上几十个国家，但他总是以"称赞的口吻谈到除犹太人以外的非西方的民族"（梁守锵:《风俗论·译者前言》）。看来，在这方面，孟德斯鸠是稍逊于伏尔泰的。但是，尽管孟德斯鸠作为启蒙运动思想家，最主要的贡献在于他的《论法的精神》，可《波斯人信札》毕竟是启蒙运动时期第一部重要的文学作品，开启了理性批判的先河，起到了承前启后的作用。

《波斯人信札》很早就被介绍到中国。先是由林琴南以《鱼雁抉微》为名译成汉语，1958年有罗大冈先生的译本问世。拙译参考了罗本，并继承了其中的某些传神之笔。译本根据的原版为 Librairie Générale Française 的版本。"序言"、"原注"和"评论"系乔治·居斯多夫所作，译者对"评论"作了删节。此译本得以出版，还得到 Gui DURANDIN 教授、Jean-Luc DESCAMPS 先生、Andrée BERJAOUI 夫人、Maurice GAUTHIER 先生和 Louis DEPAGNE 先生的大力帮助，提供插图和资料，译者在此表示衷心的感谢。

梁 守 锵

2005 年 5 月 25 日于中山大学康乐园

序　言

〔法〕乔治·居斯多夫[1]

为什么是《波斯人信札》？我们几乎只能从促使出现这部虽有瑕疵、但注定要在法兰西文学中占有地位的小说之表面和深刻的原因进行思考。不妨设想一下：孟德斯鸠，年方三十，外省年轻贵族，从业司法，案牍役使，碌碌无为。他厌倦这种生活，他要消磨时间；他读书，参加地区首府学术组织波尔多科学院的研究和各项工作。但这一切并不足以使一个急切想实现眼界更加开阔的憧憬，而且有机会领略巴黎生活乐趣的人的不安于现状之心得到满足。

就像夏朗泰·拉斯蒂涅[2]随着能力和野心的增长，在昂古列姆找不到一展鸿图的舞台，孟德斯鸠想在巴黎取得一席之地。但他并非两手空空前往。喝彩之声，一下子在知识界、在首都沙龙响起，他备受欢迎。《波斯人信札》这部尝试之作，这部杰作，成为他的资格证书，他的知识贵族推荐信，他的护照，靠着这一护照，这个

---

① 乔治·居斯多夫，1912 年生于波尔多附近。1933—1937 年就读于高等师范学校。1948 年起在斯特拉斯堡大学教书，曾发表多部哲学著作。1966 年发表《人文科学与西方意识》五卷本。——译注

② 巴尔扎克《人间喜剧》中多次出现的人物，到巴黎后取得成功。——译注

外省法官从此便作为合格的巴黎人物而为人敬服。诚然,过了很久之后,孟德斯鸠将要为这第一本书中某些放荡不羁的思想和风俗感到遗憾,但他把这说成是年轻之过,并为自己的宽容辩护。

不管怎样,目的是达到了。《波斯人信札》的作者看到巴黎最有名气的沙龙都向他开放。他属于幸运儿,受到乔弗兰夫人①、戴方夫人②、朗贝尔夫人③、汤桑夫人④的接待。他甚至得到法国知识界的泰斗丰特奈尔⑤的赏识和保护。人们无法幻想有更加辉煌的成功;但随着荣誉的奠定,也必然引起了保守思想者的愤怒攻讦和笔墨官司。

成功的原因在于作品的独特性,这种独特性具有深刻的内涵,在某些方面,也许连作者本人都没有意识到。开始时,无疑只是供作者及其朋友共同消遣而已。乍看起来,《波斯人信札》靠想象和奇思这两者的魅力来装点,正如作者本人在很久以后这样指出:“没想到从《波斯人信札》中居然发现这像是一种小说,这真是令人再高兴不过的了。读者看到这种小说的开端、发展、结局。各种人物均被置于一条把他们联系起来的链条之中。……郁斯贝克在外的时间愈久,他家后房内部愈加混乱,也就是说怒火愈炽,爱情

---

① 乔弗兰夫人(1699—1777),其沙龙享有欧洲声誉。——译注

② 戴方侯爵夫人(1697—1780),其沙龙接待过丰特奈尔、孟德斯鸠、马里澳和百科全书派。——译注

③ 朗贝尔夫人(1647—1733),法国文学家。费奈隆、丰特奈尔、孟德斯鸠和马里澳常出入其沙龙。——译注

④ 汤桑侯爵夫人(1682—1749),法国文学家,达朗贝之母,因其沙龙而著名。——译注

⑤ 丰特奈尔(1657—1757),法国哲学家和诗人。——译注

日薄。”(孟德斯鸠:《关于〈波斯人信札〉的几点想法》)

在这部小说里,有流血、肉欲和死亡,还有些许色情的作料,使这一切更加津津有味。这还远不是非凡的萨德侯爵[①]笔下阴暗的狂暴行为和真正的魔鬼;那个世纪才过了二十年,而孟德斯鸠的胆量还没有超出有教养的言情文学的界限,况且这种放荡不羁也已经容易流于色情了。这些信是“波斯人”的信,体现了当时人们由于阅读同时代的作品而抱有的对假东方的时代热。嘉朗[②]翻译的《一千零一夜》,以其想象的新世界的魅力令欧洲倾倒。寄居英国的法国胡格诺教徒[③]约翰·夏尔当[④]在1664—1680年完成,并在1686年和1711年发表的游记,提供了大量的资料。孟德斯鸠还参考了其他学术著作,这些著作也有助于他从远离伊朗的地方,为西方人的猎奇,构思出一个活动的舞台。孟德斯鸠根本不是第一个利用这些可能性的人。博学之士已经发现了幻想小说这种体裁:例如马拉纳和科托朗迪的《大贵族的间谍》(1680),或者又如埃克斯法院律师J.博内的《致伊斯法罕文学家米斯拉的信》(1716),这些小说成为《波斯人信札》的先驱,而拉伯烈德老爷[⑤]本人则有可能从中得到启发。

因此,在《波斯人信札》之前,便已有某些波斯人信札,但这些

① 萨德(1740—1814),法国色情文学家,作品充斥着对妇女的变态性虐待的描写。——译注

② 嘉朗(1648—1715),法国东方学家。《一千零一夜》的译者。——译注

③ 即法国新教徒。——译注

④ 夏尔当(1643—1713),法国旅行家,曾游历印度、波斯,著有《波斯国王苏立曼三世的故事》、《波斯与东印度游记》。——译注

⑤ 指孟德斯鸠。——译注

先例的发现,并无损于孟德斯鸠这本书,因为它们早已被人遗忘了。这些源泉从地下冒出,是这部牵动我们之心的作品激起的微澜的结果。我们喜爱的《波斯人信札》之所以至今仍富有生命力,是因为它比在它之前的那些信还提供了某些东西,某些不同的东西。这种百读不厌,常读常新,并不在于小说本身,而且必须承认,尽管孟德斯鸠竭力洒上若干香料,小说仍不脱平庸。后房私通的情节,虽取材于夏尔当目睹之事,可在今日读者看来,显得刻意编排,而没有莫扎特《后宫诱逃》①的优雅韵味。那些妻子或侍妾,不管是否得宠,以及她们的婢女和阉奴,都不太会引起我们的注意;作者本人也并不把这些认真当做一回事,以避免发生某些张冠李戴的现象。读者对于这种爱情游戏的两地相思和悲剧式的解决,完全无动于衷。孟德斯鸠苦心孤诣地把欧洲日历的日期改写为东方式的日期,这把戏并不能令人心服。把机械的东西这样镶贴在活人身上,只不过凸现了煞费苦心的造作而已。

我们在《波斯人信札》中的注意点不是德黑兰,而是巴黎,1711年至1720年的巴黎,而不跟作为这部书信集装饰品的“月份”计算的任何对应联系起来。一方面,一个虚构的女人,孟德斯鸠一刻都不想为她说什么公道话,只是从夏尔当准确而客观的叙述中借用一些道具而已。《论法的精神》的作者、社会结构和政治制度比较研究的奠基者,在那些构成严格意义的波斯小说的四十封信中,几乎没有让人对自己的意图有所猜疑。人物的心理、人物所组成

① 歌剧《后宫诱逃》是莫扎特(1756—1791)艺术成就达到巅峰的作品之一。——译注

的情节，始终都是简单不过的。文质彬彬的郁斯贝克，对于巴黎和法国的现实分析得鞭辟入里，却以令我们反感的无人道的方式——如果我们姑且把这当真——来解决其后房奸情这个难题。

那么，为什么是“波斯”，又为什么是“波斯人”的信？无疑是为了给沙龙消遣，为了解闷，同时通过让公众开心来掩饰其写作的真正目的。就他所感兴趣的问题而言，孟德斯鸠本来也完全可以写墨西哥人信札、日本人信札或者莫斯科人信札的。我们在高比诺[①]的《亚洲新闻》中可以找到高比诺对自己深刻了解的真实波斯的回忆；而这在《波斯人信札》对东方的十分造作的描述中则根本找不到，因为《波斯人信札》的作者对东方问题丝毫不感兴趣。

对于“波斯人怎么会这样”这个问题，必须这样回答：郁斯贝克只是个用来障人眼目的波斯人，不过这个歌喜剧人物穿着借来的服装，把别的某个人掩盖了起来。这不是一个有血有肉的人，一个具体的人，而仅仅是一个视孔。乔装打扮是某种观点的面具，是拉开距离以更新思想的障眼法。距离拉大，习以为常的明显事实，便不受缆绳的束缚；远离是作为让一种新型人物介入的调和剂。这个假波斯人出现在书中，只是因为他拥有外来人的特权，他是远方来客，故尤其具有否定和缩小的价值。这位异域的人被选来充当我们国家发生的事物的目击者，因为他可以扮演这样的一种角色：他是个无根无影、没有身份的人，是我们熟视无睹的事实的揭露者。

对东方事物进行虚构，要求思想上有切身的经验。中世纪欧

① 高比诺（1816—1882），法国外交官和作家。——译注

洲以自己为中心,把自己的圣事价值作为栖身的堡垒,罗马犹如一个知道自己掌握着尽善尽美的人,生活在这种人所特有的自以为是之中。文艺复兴时代的重大发现,掀开了障蔽眼界的帷幕:人类千差万别,各自与他们的现实联系在一起,犹如我们与我们的现实联系在一起一样。人们不再匆匆忙忙给别人定下某种形象,而多元化的确信不移之事也互相抵触。现代的思想就诞生于这些纷争之中,纷争令人不得不需要某种仲裁,以对相互竞争的真理作出裁决。人们发现犹太——基督教的神启以及各种价值,在世界上只占有狭隘的一隅之地。尽管尚有阻力,真理本身应当改变衡量的尺度这种观念出现了;应当从世界和人类的范围来界定一个真理。身居异乡对西方文明的看不惯,是朝向对普遍认同的一种新意识迈出的第一步。

由于新视野的启迪,西方的思想危机自 16 世纪开始表现出来,这尤其在蒙田[①]的代表作中可以看出。《随笔录》的作者发现了人们习以为常、确信不疑之事的根本缺陷;西方的价值并不比旅行家们向我们肯定的在别处用以保证不同的生活方式的那些价值更有内容,更为优势。但是蒙田的清醒思考并不能动摇西方人的自以为是,因为西方人自恃在技术和军事上占有优势。笛卡儿[②]的怀疑只不过是昙花一现,它成为用来肯定一种居于胜利地位的道理的支撑点,因为这种道理的教义又把神学睥睨一切的最高权力用来为自己服务。

① 蒙田(1553—1592),法国文艺复兴后最重要的人文主义作家,著有《随笔录》三卷(1580,1588)。——译注

② 笛卡儿(1596—1650),法国哲学家及学者。——译注

孟德斯鸠继培尔[1]和丰特奈尔之后，目击了古典本体论的衰亡。这位波尔多青年法官肯定并不想奠定未来的整个形而上学的基础，但是他的并不恢弘的计划，对于启蒙运动时代初期占主导地位的思想状态来说，仍然很能说明问题。从此再也不能用以前那种已完全陈旧、无可挽回的自以为尽善尽美的观点来思考问题了。《波斯人信札》的思想空间与波舒哀（1627—1704）的思想空间是截然不同的对照。《世界史教程》（1681）完全以犹太—基督教的拯救灵魂的历史作为世界变化的重心；各个时代的延续、各个帝国和各种文化的嬗变，只是根据《圣经》中的上帝所选择的道路，为了陪伴基督的化身而介入其中而已[2]。波斯出现于波舒哀的历史长卷之中，但它在这画卷中，只扮演跑龙套的角色，为的是更好地宣扬一个纯粹罗马天主教的神明的意图。波舒哀片刻都没有想象到某个人有可能是波斯人。与此同时，在作者死后于1709年发表的《根据经文论政治》，更认为凡尔赛的君主及其专制制度绝对有效，万古长青。路易十四之所欲，就是上帝之所愿。

1709年，孟德斯鸠29岁，但他所生活的世界，已不是波舒哀的世界。波斯人郁斯贝克，作为冷眼旁观者，注意到了罗马教会的没落："按照欧洲的现状，天主教不可能在欧洲继续存在五百年"（第117封信）。新教国家，尽管其"变化"受到莫城主教[3]的抨击，却是最为繁荣，也最为强大。作为穆斯林，郁斯贝克置身于基督教各种教派和各种政治习俗的纠纷之外。对于路易十四死亡本身，

① 培尔（1647—1706），哲学家，著作《历史与批判辞典》。——译注

② 参阅伏尔泰《论各民族的精神与风俗》的《译者前言》。——译注

③ 指波舒哀。——译注

他的悼词由于冷漠无情，比一切抨击文章都更为严厉："在位如此之久的君主死了。他在世时，曾使那么多人对他议论纷纷，可他死时，大家都不置一词了。"（第92封信）

受到波舒哀和路易十四一致憎恨的费奈隆[1]去世过早，他的反对只限于一些私下的作品，或者用《泰雷马克历险记》（1699）——早于《波斯人信札》的荷马式书信或希腊人书信——这种传奇的面纱来掩饰他的反对。青年孟德斯鸠属于在过于漫长的路易十四时代于凄惨的暮霭中正在结束时进入成年的一代。《波斯人信札》所标明的时间在1711—1720年之间，正处于两个时代、两种价值体系和两种生活方式的过渡时期。这些信是一个结束而另一个开始的编年史。一方面是凡尔赛老人日益没落的巨大阴影，另一方面是一个摆脱了其束缚并不顾一切地投身摄政时期政治和财政实验的社会的骤然减轻压力。专制君主的死亡带来一个巨大的希望，障碍已经扫除，只要从自由开始，一切都似乎有可能实现。为什么法国不会在18世纪取得成功呢？

拉布吕耶尔[2]在其《品格论》中勾勒了一个静止的并日益僵化的社会。这个讽刺作品保卫着家长的价值，而几乎没有触及基础。基础还没有发生问题。巴黎人拉布吕耶尔的各种惊讶、愤慨，令人注意到观察者与其同胞之间，对一种同一性的实质的看法有某些不同之处。波斯人郁斯贝克并没有受这种同一律的默契的束缚；出于波斯人的参照标准，他必然产生一种根本看不惯的心理，从而看穿

① 费奈隆（1651—1715），法国坎布雷大主教、文学家。——译注

② 拉布吕耶尔（1648—1696），法国写讽刺作品的道德学家，以法国文学杰作《品格论》而著称于世。——译注

最巧妙地建立起来的信仰和行为的怪诞。法国人怎么会这样呢?

经过这一番除垢清洗,必然会引起一种毫不容情的批评活动,其中,孟德斯鸠的洞幽烛微,表现得淋漓尽致:政治和宗教,各种禁区无一得免。既自称波斯人,这就是要求享有怀疑一切的特权,也就是要进行理性的比较。不合实际的东方是西方的不合理性最好的揭露者;可以把此处的人跟彼处的人背靠背地对簿公堂,彼此都要在一个上级法庭为自己辩护;习以为常的事实必须为其合法性寻求新的承认。波斯的习俗并不比法国的习俗好,但也不比法国的差。这个波斯人,由于是个揭露真相者,不由自主地扮演了普遍理性的先驱者的角色。“你为了求知,远离祖国”(第106封信),郁斯贝克对他的一个朋友这样写道。为了求知,必须远离祖国,以改变思考问题的中心点,从而一旦回国后,以新的眼光看他的祖国。只是在这时候,思想才会从带有成见转到接近真理。广义相对论就是从改变思考问题的中心点产生的,它给思想打开了一条新的道路。“一切都是相对的,这便是唯一的绝对真理。”这条实证主义的公式,概括了《波斯人信札》给我们的裨益。孟德斯鸠是启蒙运动时代的法国人中首先理解这个发现的人之一,而这个发现可能会使波舒哀震惊不已。

就这样,假波斯人郁斯贝克以他的形象,预兆了不久之后,在启蒙运动时代公开鼓吹“世界主义”的这个新欧洲人的角色。他有一些先驱者。从17世纪80年代,在废除《南特敕令》前后,形成了一代法国知识分子,他们由于宗教原因而移居国外,成为没有法国的法国人,外国的法国人,英国和荷兰、瑞士和德国的法国人。这些知识分子甘愿为了信仰自由而付出流亡的代价。皮埃尔·培尔和亨利·朱斯泰尔、巴斯纳热·德·博瓦尔、彼埃尔·科斯特和到波斯旅游的约翰·夏尔当本人,以及其他许多人,都属于欧洲自由主义思想的一群奠基者。他们疏远了专制而无人道的祖国,捍卫着超越于带有偏见的各种利害关系冲突之上的批判精神,成为反对一切意识形态的利己主义和一切民族本位主义的普遍理性的代言人。波斯人郁斯贝克的判断经常与这些国内的外国人不谋而合。背井离乡给这些人提供了一种判断新真理的原则。

十五个世纪以来,自以为掌握了一种普遍真理的西方,发现了文化世界的多元性。各种文艺世界都自认为是某种真理的合法所有者,故可以加以垄断。如果有人不愿流于主张"各有各的真理"的悲观论,那就势必要通过某种新的探索来答复相对论的挑战。在各种真理之上,有没有一种真理、一种上级法庭,像公分母那样,使所有善意的人的各种愿望和向往——不属于欧洲文化特点姑且不论——通过这一公分母得以通分呢?寻求人类真正的普遍认同的启蒙运动时代的这个带根本性的疑问,便是写作《波斯人信札》的原因。

《波斯人信札》属于一种颠倒式的虚构游记:把一个不真实的游客送到一个真实的国家去。这种手法并不新颖;作者装作是自己这个社会环境的局外人,对既定的现实作出新的释读。伏尔泰后来在他的《至微至大》[①]中利用《格列佛游记》[②]的先例,把孟德

① 伏尔泰哲理小说,写来自天狼星的游客,发现人类极端渺小又极端自大,通过这两种极端,说明普遍的相对论。——译注

② 英国讽刺作家斯威夫特(1667—1745)的小说,以假想的大人国和小人国来讽刺时政。——译注

斯鸠的波斯人改为天外来客,改为休伦人[①],改为天真汉,多方面地揭露了各种文化龃龉、任意专行和固执偏见。虚构式游记的主人公在假想的视野中寓寄着优美的精神,于是在书中,由于目光的更新,这种精神便在熟悉的世界中表现了出来。西方人对东方所揭示的事物而产生的惊讶,从发现了西方的东方人虚构的惊讶中,得到了等价交换,或者说得到了补偿。西方的信仰、态度和行为,在一个对此一无所料的人的眼里,显得就跟易洛魁人和霍顿督人[②]的风俗一样怪诞,一样不可辩解的了。

欧洲的学者们自开始世界探险以来,就发明了东方学和人种志,作为适于了解劣等并通常不发达的兄弟的认识方式。稍加思考便会知道,不存在什么东方,东方不存在于任何地方,其根本理由就在于东方人从来都是某个人的东方人。孟德斯鸠笔下的波斯人,穿着奇装异服,是作为信使,传递着这样的信息:各种透视法是相互依存的。他告诉欧洲人,条分缕析的人种志,是由人种志本身开始的。而这种不费分文、足不出户便产生身处异乡的困惑迷惘提出了文明的基础这个问题。

就像后来的伏尔泰那样,孟德斯鸠以讽刺的方式提出他的批评。与孟德斯鸠同时代的人可能对此莫名其妙,并且就像我们阅读《缚住的鸭子》[③]那样去阅读《波斯人信札》。但是通过这样的论证,会产生更深远的意义:它使西方人走出他们高傲的孤立,发

① 北美印第安人。——译注

② 易洛魁人泛指全部操易洛魁语的北美印第安人。霍顿督人,原占有南部非洲整个西部地区的游牧民族,现聚居于纳米比亚南部。——译注

③ 法国的一种讽刺幽默杂志名。——译注

现自己是一个相互依存的人类的成员。承认文化的多元性,是走向对各种文化进行对比的第一阶段,是肯定一种对比文化所必需的序幕。虽然现在已成立了联合国教育、科学及文化组织,可是在《波斯人信札》所提出的道路上,20 世纪几乎没有什么进展。

关于《波斯人信札》的版本

(1721年)

《波斯人信札》在作者生前便已出版了五十来版,其中十二版标明为1721年,这是该书出现的年代,而且各个版本上均有这样虚构的说明:科隆,皮埃尔·布吕奈尔出版社。1897年,巴克豪森编辑了一个由国家印刷局出版的不朽版本。该版系根据初版和保存于拉伯烈德庄园档案室的孟德斯鸠的文件编纂而成的,故应视为定版。我们采用的便是这个版本,目的是为了向读者提供无可指摘的文本。

作者自序

我在这里不是写献词,我不为此书请求保护。如果书好,人们就会读它;如果不好,人们读不读,我也无所谓。

我拿出这头一批信试试是否合乎公众的口味。我文书夹里还有许多别的信,以后可以献给公众。

但是这得有个条件,即人们不知我是何许人。因为,万一人们知道了我的姓名,那么从此我就将缄口藏舌了。我认识一个女人,她走路姿势很好,可是别人一看着她,她走起来就瘸了。这部书的缺点已够多的了,用不着再把我自身的缺点暴露出来供人评论!如果人们知道我是谁,就会说:“他的书跟他的性格太不相称。他该把时间用来做更有益的事才是,一个庄重的人犯不上干这样的事。”评论家们肯定会这么想的,因为这样不必多费脑筋,手到擒来。

书中那些写信的波斯人曾经跟我住在一起,朝夕相处。他们把我视为另一世界的人,所以对我什么也不隐瞒。事实上,从那么远的地方移居来的人是无须再保守秘密的。他们把大部分信给我看,我把这些信抄下来。其中有些甚至使我惊奇,他们本不该让我看的,因为这些信的内容极大伤害了波斯人的虚荣和妒忌心。

因此我只不过代为迻译而已。我的全部辛劳困难就在于使作品适合我们的风俗。我尽可能减轻亚洲语言给读者的负担，使读者不被没完没了、令人厌烦的闳大不经的言辞弄得不知所云。

不过我为读者所做的并非仅此而已。我删掉了冗长的客套话，在这方面，东方人的慷慨大方不亚于我们。我还省掉了无数细枝末节，这些小事难以公之于众，而应自行消亡于两个朋友之间。

如果大部分出版书信集的人都这样做，那他们就会看到他们的作品全都湮灭无闻了。

有一件事往往使我诧异不已：那就是看到这些波斯人对于我国的风俗习惯有时跟我们一样熟悉，甚至了解这些风俗习惯的微妙的情况；能够注意到我敢肯定许多游历过法国的德国人都注意不到的事情。我想是因为他们长时间生活在这里的缘故，何况亚洲人花一年时间了解法国人的风俗，要比法国人花四年时间了解亚洲人的风俗更容易，因为法国人喜欢敞开心扉，倾心吐胆，而亚洲人则很少沥胆披肝，交流思想。

任何译者，乃至最粗鄙不文的评论家，都可以在他的译作或他那无聊的评论前面，将原文吹捧一番，指出它的作用、优点和不凡之处，以此来装点自己的作品，这是惯例所允许的。我可不这样做。读者可以很容易猜测出其故安在。一个最好的理由便是，我不想把这些十分无聊的话，写在一个本身已是极其令人讨厌的地方——我意思是说写在一篇序言中。

关于《波斯人信札》的几点想法[①]

没想到从《波斯人信札》中居然发现这像是一种小说，这是再令人高兴不过的了。读者看到这种小说的开端、发展、结局。各种人物均被置于一条把他们联系起来的链条之中。随着他们在欧洲居住的时间久了，世上这部分地方的风俗在他们的脑子中也就不显得那么奇妙、那么古怪，而根据他们性格的不同，这种古怪和奇妙曾经不同程度地使他们产生强烈的印象。另一方面，郁斯贝克在外的时间愈久，他家后房内部愈加混乱，也就是说，怒火日炽，爱情日薄。

另外，此类小说通常都会成功，因为读者知道自己正身历其境，这就比一切叙述激情的故事更会令人强烈地感受到这些激情。这正是自从《波斯人信札》出版以来，某些动人的作品[②]取得成功的一个原因。

最后，在普通小说中，不允许有题外之言，除非这些题外话本身就构成另一部小说。普通小说中不能夹杂着议论，因为所有人物并不是为了发表议论而聚集于小说中的，因为议论跟小说的意

① 这《想法》是在1754年版的补编中加入的。——原注

② 指模仿《波斯人信札》的作品。——译注

图和性质格格不入。然而在书信中，登场的人物并非经过预先挑选，人们谈论的主题不受任何计划、任何既定提纲的约束，以这种形式，作者就有这样的方便，可以把哲学、政治和伦理道德融于小说之中，并把这一切用一条秘密的、而且从某种意义上说是一条人们察觉不到的链条联系起来。

《波斯人信札》刚出版时，发行量就非常大，以至于书商想方设法要得到该书的续编。他们遇到人便拉着说："先生，请您给我写一部《波斯人信札》吧！"

但是我前面所说的足以说明，《波斯人信札》不可能有续编，更不可能有任何出自另一个人手笔的信混在其中，不管这些信写得多么巧妙。

此书中有些言行，许多人觉得过于大胆，但是请这些读者注意这部作品的性质。在该书中扮演重要角色的那些波斯人，骤然置身于欧洲，也就是说置身于另一个世界。我们绝对有必要在一段时间内把他们描绘成十足无知、充满成见的人。我们关注的，只是要让人看到他们各种想法如何产生和发展。他们最初的思想必然是稀奇古怪的。看来我们别无他法，只能把他们写成稀奇古怪的人，才能与其思想相协调。为此我们只要描述他们在遇到每一件在他们看来是稀奇古怪之事时的看法就行了。我们根本不想涉及我们宗教的某种原则，我们甚至没有顾虑这样做不够谨慎。这些言行总是随着惊奇和诧异的看法而产生，而不是跟审查的念头，更不是跟批判的想法联系在一起的。在谈到我们的宗教时，这些人看来不会比他们谈到我们的风俗习惯时所知更多，而如果他们有时觉得我们的教义很奇怪，那是由于他们对这些教义与我们的其他真理之间的联系一无所知之故。

我们作这些辩解是出于对这些伟大真理的热爱，而与对人类的尊敬并不相干，我们绝对不想从最脆弱之处来打击人类的。所以，请读者时时刻刻都要把我所说的言行视为某些人可能有的惊奇感所造成的结果，或者视为某些甚至无法产生惊奇感的人的故作惊人之谈。请注意，本书整个引人之处，就在于真实事物与感知这些事物的新奇的或怪诞的方式之间始终存在的对照。既然《波斯人信札》的性质如此清楚，那么除了甘愿自己骗自己的人以外，这部书绝对骗不了任何人。

波斯人信札

第 1 封信　郁斯贝克寄友人吕斯当

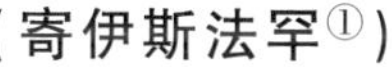

（寄伊斯法罕[1]）

我们在科姆只待了一天，朝觐了生过十二个先知的圣母墓后又上路了。昨天，离开伊斯法罕的第二十五天，我们到达托里斯[2]。

我跟里加由于渴望增长知识，离乡背井，抛弃平静生活的温馨，辛辛苦苦出来寻求智慧，在波斯人中，我们可能是头两个人。

我们诞生于繁荣的王国，但是我们认为王国的边界并不就是我们知识的极限，不应只用东方的智慧来启迪我们。

请告诉我别人对我们的出游是怎么议论的，不要光说好听的。

① 伊斯法罕，波斯古都，在德黑兰南面。——译注

② 托里斯，今称大不里士，伊朗城市。——译注

我估计不会有很多人赞同。把你的信寄到埃泽龙,我将在那里待一段时间。

再见,亲爱的吕斯当。请相信,无论我在世上何方,你都有一个忠实的朋友。

1711 年赛法尔月[①] 15 日于托里斯

第 2 封信　郁斯贝克寄黑人阉奴总管

(寄伊斯法罕郁斯贝克家内院)

你是波斯最美丽的女人的忠实看守者,我把我在这世上最珍贵的东西托付予你。你掌握着只能为我而开的禁门的钥匙,有你照看我心爱的珍宝,我便感到充分的安全,可以高枕无忧。无论是寂静的夜晚,还是喧嚣的白天,你都看守着这些珍宝。当懿德动摇时,你不倦地注意着,使它不致沦丧。如果你看守的女人不守妇道,你要让她们死了此心。你是邪恶行为的死敌,忠贞节操的石柱。

这些妇人归你管制,而你又服从她们的指挥;你盲目地执行她

① 古波斯历法,一年分十二个月,赛法尔月是二月。本书波斯古历月份译名均按《回历纲要》(马坚,1955 年 12 月上海中华书局第一版)。——译注

们的一切意旨,同时要她们也盲目地执行家法。你以为她们做最下贱之事为荣。你毕恭毕敬、诚惶诚恐地服从她们正当的命令,你像她们的奴隶那样伺候她们。但是,当你担心用来维持风化与节操的纲纪可能松弛时,你就要像我本人一样,以主子的身份发号施令。

要时刻记住,当你是我最低一级的奴才时,是我使你摆脱卑微,提拔你到今天这个地位,并把我心爱的尤物托付给你。在那些与我同床共枕的女人面前,要极端谦卑,但同时要使她们感到她们完全处于从属的地位。向她们提供一切无伤大雅的娱乐,为她们解忧,用音乐、舞蹈、甜美的饮料给她们消遣,劝她们经常聚在一起。如果她们想去乡下,可以带她们去,但要派人清道,把出现在她们跟前的男人赶走。鼓励她们保持清洁,身体洁净是灵魂洁净的体现。你要时常向她们谈起我,我愿意将来在这个因她们而增色的迷人的地方与她们重聚。

再见。

1711 年赛法尔月 18 号于托里斯

第3封信　扎茜寄郁斯贝克

（寄托里斯）

我们曾命令阉奴总管带我们去乡下。他会告诉你没有发生任何意外。我们需要下轿渡河时，按照习惯，坐在箱子里，两个奴才用肩扛着我们，这样就没有人会看到我们。

亲爱的郁斯贝克，在伊斯法罕你的后房里，在这些不断令我回想起往昔的欢乐，每天日益强烈地激起我的欲念的地方，我怎能生活下去？我从这几间房间徘徊到另一些房间，一直寻找你却总也找不到。目之所及，到处是我过去的幸福所留下的残酷的回忆。我有时来到这个我平生第一次把你拥抱在怀里的地方，有时来到你解决你妻子们之间那场有名的群芳争艳的场所。我们每个人都自以为美过他人。我们挖空心思穿戴装扮来到你面前。你高兴地看着我们的美容化妆所产生的奇迹。你欣赏我们争宠之心如此热烈。但是你不久便要我们去掉这种种做作的冶艳，以显出比较自然的娇媚。你使我们前功尽弃。我们不得不脱掉这些令你感到不便的服饰，以天然本色呈现在你的眼前。我完全不顾羞耻，一心只想争得荣誉。幸福的郁斯贝克，多少娇姿媚态展陈在你眼前。我们看到你目不暇接，欣喜若狂；你久久徘徊，犹豫不决，迟迟不能决定下来。每种新的娇姿，都要你给一份赏赐，于是很快我们的遍体都被你吻遍。你把好奇的目光射到所有最隐秘的角落。你让我们在片刻之间，摆出千百种不同的姿势。你不断发出新的命令，我们总是照你的吩咐办。我要向你承认，郁斯贝克，比野心更为强烈的爱情使我希望能讨你的欢心。我看到我已不知不觉地主宰了你的心：你拉住我，你离开我，你又回来，我知道我已经抓住你了。我取得了完全的胜利，而我的情敌们则是彻底的绝望。这时，仿佛世上只有我们俩，我们把周围的一切都置于脑后。但愿我的对手们有勇气待下来亲眼看看你对我的百般温存。如果她们清楚地看到了我快乐得如醉如痴，那她们就会感受到我的爱情和她们的爱情的差别了。她们就会看到，即使她们能够跟我争奇斗艳，也肯定不如我敏感多情。

但是我怎么啦？这种徒劳的叙述要把我引到何方？未曾被爱是不幸，不再被爱则是耻辱。郁斯贝克，你离开我们到蛮荒之地。怎么！难道你把被爱的好处都不当一回事？唉，你甚至不知道究竟你丢失的是什么！我叹息，可你听不见；我流泪，可你感受不到。似乎爱情仍然洋溢在后房，可你已经冷漠，日益疏远。啊，亲爱的郁斯贝克，如果你知道享受幸福，那该多好啊！

1711 年穆哈兰月[①] 22 日于法蒂墨后房

① 波斯古历的第一个月。——译注

第4封信　泽菲丝寄郁斯贝克

（寄埃泽龙）

这个黑鬼终于决心要把我置于绝境，他无论如何要赶走我的婢女泽丽德——百般热情服侍我，那灵巧的手使我走到哪里都装饰得体、穿戴典雅的泽丽德。分离令人痛苦，可那黑鬼还嫌不够，还要让我出丑。这个阴险的家伙硬说我信任泽丽德是出于罪恶的动机；因为我总是把他撵出房间，他在门外无聊，居然说他听到和看到了一些甚至我自己也想象不出来的事情。我太倒霉了。我深居简出和我的品德都无法免受他无端的猜疑。一个卑贱的奴隶居然要在你心中诋毁我，逼得我不得不自卫。不，我十分自重，不屑于降低身份去与他分辩。对于我自己的品行，我要求的保证，不是别的，而是你自己，是你对我的爱和我对你的爱；此外，亲爱的郁斯贝克，如果必须跟你直说，我只有用我的眼泪来担保了。

1711年穆哈兰月29日于法蒂墨后房

第 5 封信　吕斯当寄郁斯贝克

（寄埃泽龙）

伊斯法罕的人都在议论你，人们谈的都是你出走之事。有的人说这是兴之所至，轻举妄动；有的人则说这是由于你有伤心之事。只有你的朋友们为你辩解，可他们说服不了任何人。人们无法理解你会抛开你的那些女人，离开你的父母，你的朋友，你的祖国，到波斯人从未到过的地方去。谁也劝慰不了里加的母亲，她要向你讨还她的儿子，她说你把她的儿子抢走了。至于我，亲爱的郁斯贝克，我自忖自然是倾向于赞成你所做的一切，但是我无法原谅你的远行，而且不管你会向我解释什么样的理由，我内心永远都不会赞同的。

再见，请永远爱我。

1711 年赖比尔 · 尼勒 · 安德鲁月① 28 号于伊斯法罕

① 波斯古历三月。——译注

第6封信　郁斯贝克寄友人内西尔

（寄伊斯法罕）

从埃里万经过一天的路程，我们离开了波斯，进入了土耳其人的地盘。十二天后，我们到了埃泽龙，在这里我们要待三四个月。

内西尔，我得向你承认，当我看不见波斯，置身于狡猾的奥斯曼人之间时，我内心隐隐作痛。我越走进这些渎神者的王国，越觉得仿佛自己也变成渎神者了。

我的祖国、我的家庭、我的朋友，都浮现在我的心头。我的温情复苏了。某种不安的心绪令我完全心烦意乱，并使我明白我做得过分了。我的心情无法平静下来。

但是最使我痛苦的是我的女人们，我一想起她们，便不禁满怀忧伤。

内西尔，这并非因为我爱她们，在这方面，我已麻木不仁，不会产生什么欲念。在我妻妾成群的后房，我曾防范产生奸情；并在产生之后，以爱情摧毁这种奸情。但是我虽然态度冷淡，却还产生了一种暗暗的妒忌，它煎熬着我。我留下了一群女人，几乎不受约束，而只有一些无耻之徒替我看守她们。即使我的奴隶们忠于职守，那也难保万无一失；如果他们不忠，那会成了什么样子？我在即将远游的地方，会听到什么可悲的消息？对于这种祸患，我的朋友们也无良策，因为后房可悲的隐私，不能告诉他们，何况他们对此能帮什么忙呢？与其严刑重罚，家丑外扬，不如装聋作哑，秘而不宣。这岂不是要好得多？亲爱的内西尔，我向你倾诉我的一切忧伤，在我的目前情况下，这是唯一的慰藉。

1711 年赖比儿·尼勒·阿赫鲁月① 10 日于埃泽龙

第 7 封信　法特梅寄郁斯贝克

（寄埃泽龙）

亲爱的郁斯贝克，你动身已经两个月了，我心如死灰，可至今仍然无法相信此事。我跑遍整个后房，仿佛你仍在府里。我无法抛弃幻想。一个女人，她爱你，习惯于把你搂在怀里，一心只想着向你证明她对你的万般柔情；一个女人，从其出身来说是自由，可由于强烈的爱情却成了你的奴隶；对于这样的女人，叫她怎么办呢？

当我嫁给你的时候，我还没见过一个男人的面孔，你现在还是允许我看到的唯一的男人，因为我不把那些丑恶的阉奴算作男人，他们身上起码的缺陷就是不是男人。当我把你俊美的面孔跟他们

① 四月。——译注

丑陋的面孔相比较时,我不禁觉得自己是幸福的。我再也想象不出有比你的迷人风度更加可爱的了。我向你发誓,郁斯贝克,即使允许我走出这个由于我的身份而必须把我幽禁起来的地方,即使我能够逃脱四周的看守者,即使允许我在这个万邦之都[①]所有男人中任意挑选一个,郁斯贝克,我向你发誓,我挑选的一定是你。世上只有你一个人值得爱。

别以为你不在我便懒于打扮你所珍爱的美丽容貌。虽然我不应当给任何人看到,虽然我用来装扮的饰物无助于你的幸福,我仍然极力保持献媚争宠的习惯。我洒了芬芳的香水才睡觉。我回想起过去幸福的日子,那时你常常来到我的怀里,这是一个充满欢愉、令我心旌摇荡的幻梦,使我看到我亲爱的心上人。在爱欲的煎熬中,我驰骋想象,这种想象又因充满希望而使我喜不自胜。有时我想,由于厌倦了艰苦的远行,你将回到我们身边来。我在半醒半睡的梦幻中度过了黑夜。我在我身旁找你,可仿佛你却躲开我而离去。最后,我身上燃烧的烈火终于驱散了这些梦魇,使我清醒过来,于是我激情难抑……

郁斯贝克,你可能不会相信:在这种状况下生活下去是不可能的,欲火在我血管中燃烧。我深深感受到的真情,有什么不能向你表白,而这种对你一言难尽的情感,我怎么又如此深切地感受到了呢?郁斯贝克,在这种时刻,我宁愿以整个世界来换取你的一吻。一个有着如此强烈欲望的女人,不能跟唯一能够满足其欲望的男人厮守在一起,孤身独处,没有任何东西能够给她排遣相思,她是

① 指伊斯法罕。——译注

多么不幸啊！她只好生活在长吁短叹和情欲亢奋的狂热之中，而且习以为常了。而更为不幸的是她甚至无法以自己的优越条件去为另一个人的快乐服务。她成为后房无用的装饰品，只是为了丈夫的体面而不是为了丈夫的幸福而摆设着。

你们这些男人心肠真狠，你们高兴地看到我们激情难抑而无法满足，你们把我们当做没有七情六欲的人；而我们要是真的这样，你们又要大大生气了。你们相信我们如此长期受到禁锢的欲望，一见到你们男人，就会激发出来。让人爱上自己并不容易。你们想要的东西，你们不敢指望凭自己的长处来得到，于是便先让我们的官能陷于绝望的境地，好让你们更方便地获得。

再见，亲爱的郁斯贝克，你可以相信，我一生只为爱你而活着。我心中只有你，别离不但没有使我忘掉你，相反，使我对你的爱更加炽热，如果我的爱情还能更加强烈的话。

1711 年赖比儿 · 尼勒 · 阿赫鲁月 12 日于伊斯法罕后房

第 8 封信　郁斯贝克寄友人吕斯当

（寄伊斯法罕）

你的信在埃泽龙收到，现在我住在这里。我早就料到我的远行会引起议论，我才不管这些呢。我的敌人有狡猾的计谋，我有我的谨慎打算,你说我该听谁的?

我从幼年起便出入宫廷。可我敢说,我的心并未受宫廷生活的腐蚀,我甚至拟订了一个宏伟的计划,我敢于在宫廷中做有道德的人。我一发现邪恶,便避而远之,可然后我又去接近邪恶,因为我要把它揭露出来。我甚至还把真情上奏国王,我发表了一通迄至当时还没有人说过的话。我使阿谀奉承者惊慌失措,但我同时也使偶像崇拜者惊讶不已。

但是,当我看到我的真诚率直为我树了敌人,我引起了大臣们对我的妒忌而并没有博得君主的宠信,在一个腐化的宫廷中,我只能靠薄弱的德行坚心守志,于是我便决定离开这个宫廷。我佯装极其热爱科学,结果弄假成真。我不再参与政务而隐退于乡间别墅。但这办法本身也有不妥之处:我的敌人随时可以算计我,而我却几乎无法自卫。根据一些人私下的建议,我认真考虑了自身的安全,决定远走异国他乡。而我早已退隐林下,可以为我出国找个差强人意的借口。我去陛见国王,向他表示想学习西方科学的强烈愿望,我委婉陈辞,说明他可能从我的远游中得益。蒙国王恩准,我走成了,于是我便免于成为我敌人的牺牲品了。

吕斯当,这就是我此行的真正缘由。让伊斯法罕的人去议论吧!你只要在爱我的人跟前替我辩护好了。我的敌人所做的种种恶意解释,你可以置之不理!我太高兴这是他们唯一能加害于我的了。

现在人们都在谈论我。也许以后我会完全被人遗忘,而我的朋友……不,吕斯当,我不愿有此伤心的想法。他们一定始终珍惜我的友谊，我相信他们对我忠贞不移，就像相信你一样。

1711 年主马达·勒·阿赫赖月① 20 日于埃泽龙

第 9 封信　阉奴总管寄伊毕

（寄埃泽龙）

你随你的老主人到处旅行，你走遍各个行省，各个王国，忧伤不会给你留下印象，因为每时每刻你眼前都有新的事物。你所看到的一切使你心旷神怡，让你在不知不觉中度过了时光。

我就不是这样了。我被关在可怕的囚牢里，周围天天是同样的事物，内心始终受同样的忧伤的煎熬。五十年来，辛辛苦苦、战战兢兢的日子，犹如一副重担，使我受尽折磨。在我漫长的一生中，我可以说没有一天清静，没有片刻安宁。

我的第一个主人残酷地打算把他的女人们交给我看管，并通过利诱和百般威胁，迫使我永远成为残缺不全的人。那时，我因为厌于干最苦的差役去服侍他人，便准备牺牲我的情欲，以换取安逸和富裕的生活。我是多么不幸啊！我满心想到补偿，却没看到损失。我希望由于我无力满足爱情就可免受爱情之苦。唉！人们在

① 六月。——译注

我身上消灭了情欲之果,而没有消灭情欲之因,因此我根本没能得到解脱,相反,四周的一切,不断地刺激着我的情欲。我进入后房,一切都令我后悔失去的东西:我无时无刻不感到欲火中烧,娇媚的胴体似乎只是为了折磨我,才展陈在我面前。更不幸的是,在我眼前始终有一个幸福的男人。在这段终日使我心情躁动的时期,我每次把一个女人领到我主人的床上,替她脱掉衣服,我总是怒火中烧,带着可怕的绝望回到我的住所。

我悲惨的青年时代就是这样度过的。我别无他人可诉衷曲;我一腔烦恼,满腹忧伤,却只得把苦水往肚里咽。过去我总想温和地看着这些女人,而后来则只是用严厉的目光盯着她们。如果她们猜到我的心情,我就完蛋了。她们利用我的弱点,什么好处不想从中捞取呢?

我记得有一天,我把一个女人放进浴缸时,我如此心旌摇荡,以至于完全丧失了理智,居然把手放到了一个可怕的地方。当时我第一个想法便是,我的末日到了。不过我相当幸运地逃脱了酷刑和惨死。可是我向那个美人暴露出来的弱点,成了她的把柄。为了让她保守秘密,我付出了昂贵的代价,我对她完全失去了权威,她以此迫使我千百次低三下四地冒着生命危险为她办事。

青春的欲火终于熄灭了。我老了,在这方面,我进入了平静的境界。我无动于衷地看着女人们,过去她们让我备受藐视和折磨,现在我也以藐视和折磨回敬她们。我始终记住我生来是指挥她们的,而当我仍然有机会对她们发号施令时,我仿佛变成男子汉了。自从我以冷静的心情观察她们,而我的理智使我看到了她们的一切弱点以后,虽然我看守她们是为了另一个男人,但是让别人服从我,毕竟是个乐趣,令我心中窃喜。我不让她们得到任何自由,仿佛这是为了我自己而如此做的,这样,我总会得到一种间接的满足。内院后房好像是我的小帝国,我的野心——我身上剩下的唯一的欲望——也稍稍得到满足。我高兴地看到一切都以我为中心,时时刻刻我都是必不可少的人物。我心甘情愿地承受所有这些女人的憎恨,这种憎恨使我牢牢地占据着今天这个职位,因此她们别想打一个无情无义的人的主意。凡是无伤大雅的娱乐,我总是迎合她们的意图;但我在她们面前,总是一个不可逾越的障碍:她们想好点子,我突然出来制止住。我的武器就是拒绝,处处一丝不苟,嘴边总挂着义务、道德、廉耻、端庄这些词。我不断跟她们谈到女性的弱点和主人的权威,使她们不敢有任何非分之想。然后我自怨自艾说自己如此严厉实出无奈,我好像要让她们了解:我没有别的用意,只是为她们好,我对她们有着十分深厚的感情。

这并不是说我自己没有无数烦心之事。这些睚眦必报的女人,没有一天不设法加倍地报复我。她们的反戈一击,令人害怕。支配与服从,反复交替,犹如潮起潮落。她们总是让我去干最丢脸的事,她们对我摆出极端藐视的样子,而且根本不管我年已老迈,每天晚上为了鸡毛蒜皮的事让我起来无数次。她们不断对我命令、指挥、差遣:她们想轮番折磨我,而且她们的花样层出不穷。她们经常乐于让我疲于奔命。她们让人给我报假信:有时一个人来对我说在围墙周围出现一个年轻人,另一次则说听到可疑的声音或者要交一封信。这一切使我手忙脚乱,而她们却讪笑不已。她们看到我这样庸人自扰,高兴极了。有一次,她们用链条把我整天整夜拴在房门外。她们善于装病,装得不省人事,装作惊慌的样子，用各种借口牵着我的鼻子走。在这种情况下，我必须盲目服从，百依百顺。像我这样一个人，如果敢说出个“不”字，那是天大的奇闻。而如果我不立即坚决服从，她们就有权惩罚我。亲爱的伊毕，我宁愿不要老命，也不愿受这种侮辱。

不仅如此，我从来没有把握什么时候我仍受主人的宠信。主人有多少心爱的女人，我就有多少敌人，她们一心只想搞垮我。她们与主人亲热的时刻，我的话主人根本听不进去，这时主人对她们是有求必应的，这时我总是有错。我把对我怀有怒意的女人带到主人的床上去，你以为这些女人在床上会为我说话，你以为这时候我是最强的一方？她们的眼泪，她们的叹息呻吟，她们的拥抱接吻，甚至她们床笫之乐，都令我提心吊胆会有不测之事发生，因为她们这时处于稳操胜券的地位。她们的妩媚变得令我害怕。她们此时此刻对主人的服侍，会使我过去的一切效劳顷刻之间化为乌有，而当一个主人已经神魂颠倒、无法自持的时候，没有任何东西可以担保我平安无事的了。

多少次我晚上就寝时还深得主人的欢心，可早上起来却失宠了。那一天，我在后房附近被无端鞭打，究竟为了什么事？原来我把一个女人送到主人的怀抱里，当她看到主人欲火中烧时便痛哭流涕地告我的状，而且告得这么巧妙，她越是激起主人的情欲，这状就越加有力。在这紧要关头，我怎能招架得住？就在我最不提防的时候，我被断送了。在缠绵欢爱、婉转呻吟的交易和协议中，我成了牺牲品。亲爱的伊毕，我一向的处境，便是这么苦不堪言！

你是多么幸福啊！你只用伺候郁斯贝克一个人。你可以轻易地得到他的欢心，保持到你生命的末日。

1711 年赛法尔月最后一日于伊斯法罕内院

第 10 封信　米尔扎寄郁斯贝克

（寄埃泽龙）

你是唯一能够补偿由于里加远离给我造成损失的人，也只有里加能够安慰我对你的遥念。郁斯贝克，我们想念你，你是我们交游圈中的灵魂。情投意合的友谊，除非有极大的暴力干扰，否则是不会破裂的。

我们在这里议论纷纷，所争论的通常都是道德问题。昨天我们谈到一个人的幸福是在于官能的满足和快感，还是躬行美德。我常听你说，人生来是要成为有德之士的，而公正是人们与生俱存的固有品质。你的意思是什么？请指教。

我曾跟几个毛拉们[1]交谈，他们满口成段成段的《古兰经》，真令我无可奈何，因为我不是作为真正的信徒，而是作为人，作为公民，作为人父跟他们交谈的。再见。

1711 年赛法尔月最后一日于伊斯法罕

① 毛拉，对伊斯兰教学者的专称。——译注

第 11 封信　郁斯贝克寄米尔扎

（寄伊斯法罕）

你不运用你的理智而要试问我的看法，你不耻下问，以为我有能力指教你。亲爱的米尔扎，有件事比你对我的称誉更使我高兴，那就是你的友谊。

为了谨遵台命，我认为不应运用十分抽象的说理。有些真理仅仅让人信服还不够，还必须让人感同身受，有关道德的真理就是这样。也许这段故事会比繁琐的哲学更能打动你。

在阿拉伯有个小民族叫做特洛格洛迪特，是古代穴居人的后裔。如果照历史学家所述，这些穴居人三分像人，七分像鬼。其实他们并没有丑到如此地步：并非浑身长毛犹如黑熊，他们并不尖声呼啸，他们也有两只眼睛。不过他们极其凶狠残暴，没有任何公平与正义的原则。

他们有个国王是外族人。他想匡正他们凶狠的本性，对他们十分严厉。特洛格洛迪特人密谋造反，杀死了国王，并灭绝了整个王室。

事成之后，他们聚会选举政府。经过多次讨论，他们设立了一些官职。但是刚把官员选好，他们便感到无法忍受，于是又把这些官员杀死了。

这个民族摆脱了这一新的束缚，便只凭野蛮的天性行事。大家都同意今后再也不服从任何人，每个人只注意自己的利益而不管别人怎样。

这个一致通过的决定使所有人皆大欢喜。他们说："我干吗去替跟我毫不相关的人拼命干活呢？我只顾我自己好了，我会生活得幸福的。别的人是不是幸福干我屁事？我设法获得一切必需品，只要我应有尽有，我才不管别的特洛格洛迪特人穷得精光哩！"

播种季节到了，每个人都说："我只耕我的田，长得麦子够我吃就行。我才不自讨苦吃白费力气哩！"

这个小王国的土地肥瘠不一，有在冈坡上的旱地，也有溪流灌溉的低洼田地。这一年大旱，冈坡上的旱地十分缺水，而有水灌溉的水田大大丰收，山区的人几乎全都饿死，因为平原的人铁石心肠，不肯分给他们粮食。

第二年霪雨连绵，地势高的田大获丰收，而地势低的田全被淹了。有一半人也闹饥荒，可是他们发现另一半人跟他们过去一样心狠。

当地一个有头面的人的妻子十分漂亮，他的邻居爱上了她，把她抢走。两人大吵大骂，大打出手。最后他们同意去请另一个人决断，那人在共和国存在时有一点威望。他们一起去找此人，要向他申诉自己的理由。这个人说："这个女人是你的还是他的，跟我有什么关系？我有我的田要种。我才不会放下我自己的活，花时间去解决你们的争端，处理你们的纠纷哩。让我安静安静吧，别来吵得我不得安宁了。"说完，他便离开他们去自己地里干活了，那个抢走人妻的人身强力壮，发誓宁死也不交还那女人，另外那个看透了邻居如此不义，而那个仲裁者又如此无情，便绝望地回家去。在半路上他突然看到一个年轻美貌的女人从泉边汲水回来。他这时没了老婆，便看上了这个女人，尤其是当他知道这女人就是他去请求充当仲裁而对自己的不幸漠不关心的那个人的老婆时，他更觉得这女人合他的心意了，于是便把这女人抢走，带回家去了。

有一个人有一块相当肥沃的田，他精耕细作。有两个邻居合起来把他从家里赶走，占了他的田地。他们两人结成联盟，谁要是来夺那块地，他们便一同抵御，他们的确也这样维持了几个月。但是后来，其中一个不情愿跟人平分，认为这块地本可独占，便把另一个人杀了，成为这块地的唯一主人。可是他的天下没有存在多久，另外两个特洛格洛迪特人来进攻他，他势单力薄，无法抵御，被他们杀死了。

一个特洛格洛迪特人身上几乎一丝不挂，看到有人卖羊毛，他问价钱多少。商人心中盘算："我的羊毛当然只值买两斗小麦的钱，不过我要卖得贵四倍，好买八斗。"买羊毛的人只得听他漫天要价照价付款。商人说："我很高兴，我现在可有小麦了。"买的人说："你说什么？你要小麦？我有小麦要卖，只怕价钱也许会让你吃惊，因为眼下到处都在闹饥荒，小麦很贵。不过你把钱还给我，我给你一斗小麦，要不我就不卖了，即便你会饿死也罢！"

这时一场可怕的疾病在这地方蔓延。一个医术高明的医生从邻国来到这里。他对症下药，手到病除。疫情解除后，他到他治过病的人家中索取诊金，但是谁都不肯给，他回国走了。经过长途跋涉，到家时已经劳顿不堪。不久后，他听说同样的疾病又在这个忘恩负义的地方流行，而且比以前更为严重。这一次特洛格洛迪特人不等医生去他们那里便跑去找他。他对他们说:“滚吧,忘恩负义的人!你们的灵魂里有种毒素,比你们想治好的病毒更能致命,你们不配在地球上有一席之地,因为你们毫无人道,你们不知道什么是公理准则,你们遭到神谴。如果我反对诸神愤怒的判决,我就会触犯神灵了。”

1711 年主马达·勒·阿赫赖月 3 日于埃泽龙

第 12 封信 郁斯贝克寄前人

(寄伊斯法罕)

亲爱的米尔扎,你已经看到特洛格洛迪特人如何由于他们的凶恶本性而灭亡,成为自己不义行为的牺牲品。那么多家庭中只有两家幸免于民族的灾难。在这个地方有两个人卓尔不群,他们爱民惜物,深明大义,崇尚道德。他们两人心地正直,又都不满他人思想堕落,所以声气相投。看到四处满目疮痍,他们只能发出悲悯的感慨。于是他们重新联合起来。他们为了共同的利益,和衷共济地劳动着。他们之间即使发生争议,也只是由于温和而亲切的友谊。他们避开不配与他们为伍的同胞,在最偏僻的角落,过着与世无争的幸福生活。由这些正直的人耕种的土地似乎会自动长出作物来。

他们热爱自己的妻子，他们的妻子也亲切地爱着他们。他们专心致志地以美德培育子女，不断向子女们指出同胞们的重重灾难，使他们正视这一极其悲惨的前车之鉴。他们尤其使子女们感受到：个人利益总是存在于公共利益之中；想把个人利益与公共利益割裂开来，等于自取灭亡；德行并不会使我们付出巨大代价，不应把美德视为一种苦役；对他人仁义就是为自己积德。

他们很快便得到作为品德高尚的父辈应得的慰藉：他们的孩子都像他们一样。在他们的关注下，年青一代成长起来，并通过幸福的联姻，生殖繁衍。人口增多了，团结却一如既往，道德不但没有因人多而削弱，相反却由于榜样更多而得到加强。

谁能在这里描绘出这些特洛格洛迪特人的幸福呢？一个如此公正的民族理应受到神祇的垂爱。自从这个民族睁开眼睛认识了神，他们也就学会敬畏神，于是宗教便来淳化自然在习俗中留下的过于粗野的民风。

他们建立了敬神的节日。戴着鲜花的少女和青年男子用舞蹈和田园音乐来歌颂诸神。然后举行庆筵，虽是粗茶淡饭，却洋溢着欢乐气氛。正是在这样的集会上，萌发了纯朴的天性；正是在这些场合，少男少女学习以心相许，接受爱情；正是在这些场合，少女害羞地绯红着脸，倾吐爱情的心曲，可巧又被人听见，不过很快便得到父亲们的认可；正是在这些场合，温柔的母亲们很高兴地从远处预见到那些未来的夫妇如何恩爱，忠贞不渝。

人们到庙宇去向神祇祈福。他们祈求的不是自己发财致富，也不是优裕阔绰。这样的求愿是幸福的特洛格洛迪特人不屑为的。他们只知道祈求他们的同胞一道富裕。他们来到神坛下只是为了祈求父母健康，兄弟友爱，妻子温情，子女孝顺。女孩子们来到祭坛前，献上她们温柔的祭品：她们的心，而且只是祈求诸神保佑某个特洛格洛迪特男子幸福。

傍晚，当羊群离开草地，倦牛拖回铧犁，人们聚在一起，在俭朴的晚餐中，他们歌唱，唱到特洛格洛迪特先民的不义行为和不幸遭遇，唱到与一个新民族一道再生的美德和这个民族的至福。他们歌颂诸神的博大胸怀，有求必应，而不知敬畏神祇的人，必然触犯神灵；然后他们描绘田园生活的乐趣和不做亏心事的幸福。很快他们便沉沉入睡，从未因任何操心和忧伤而打断睡眠。

大自然不但向他们提供必需的一切，也满足他们的欲望。在这个幸福的地方，他们不知贪婪为何物。他们互相馈赠，赠者总认为自己占了便宜。特洛格洛迪特民族把自己看作一个家庭，牛羊总是混养在一起。他们通常认为唯一不值得费心烦神之事，就是把各人的牛羊分开。

1711 年主马达·勒·阿赫赖月 6 日于埃泽龙

第 13 封信　郁斯贝克寄前人

特洛格洛迪特人的全部美德跟你说也说不完的。譬如一天，某个人说："我父亲明天要去耕地，我比他早两小时起来。当他到地里时，地全都耕好了。"另一个人想道："我的妹妹好像看上了我们亲戚家的一个小伙子,我得跟我父亲说,让他定下这门婚事。”

有人来告诉另一个人说,一伙小偷偷走了他的牛羊群。他说:“我真气死了,因为有一头纯白色的小母牛,我本要用来祭神的。”

我们听到有一个人对另一个人说:“我父亲很疼爱我弟弟,我也十分喜欢他,我得到庙里去谢神,因为我弟弟身体恢复健康了。”

或者说:“有一块地跟我父亲的地相连,在那块地里干活的人,每天都得顶着烈日,我得去那里栽些树,好让这些可怜的人有时能够在树荫下休息休息。”

有一天,几个特洛格洛迪特人聚在一起。一个老头谈到一个年轻人,他怀疑这个年轻人干了一桩坏事并责备他。另一些年轻的特洛格洛迪特人说:“我们认为他不会犯这样的罪行,可是如果他真有那回事,就让他在全家人中最后一个死掉!”

有人来对一个特洛格洛迪特人说:一群外邦人抢了他的家,把什么都拿走了。这个人回答道:“如果他们合乎正义,我愿诸神保佑他们能比我更久享用这些东西。”

特洛格洛迪特人这么欣欣向荣,不能不令人眼红。相邻的部族集合起来,找一个无聊的借口,决定要去抢他们的牲口。特洛格洛迪特人一听到这个消息,就派了代表到他们那里对他们说了一番这样的话:

“特洛格洛迪特人有什么对你们不起?难道他们抢了你们的妇女,偷了你们的牲畜,毁了你们的田地?没有!我们是公正的,并且我们敬畏神祇。那么你们究竟要我们的什么东西?你们要羊毛做衣裳吗?你们要牛羊奶喂羊羔牛犊吗?或者是要我们树上的果子?放下你们的武器,来我们这里吧,我们把这一切都给你们。

可是我们以最神圣的东西起誓,如果你们作为敌人进入我们的国土,那么我们定把你们看做不义的民族,我们要用对待凶残的野兽的手段对待你们。”

对方以鄙夷的态度不把这些话当做一回事。这些野蛮的部族手拿武器进入了特洛格洛迪特人的家园,他们以为这地方的防卫是不堪一击的。

但是特洛格洛迪特人已经做好自卫的准备。他们把妇女儿童围在当中。他们惊奇敌人的不仁寡义,而不是害怕敌人数目众多。他们心中燃烧起一种新的热情:有的人要为保卫父亲而死,有的人要为妻子儿女去牺牲,有的人为兄弟、有的人为朋友,甘愿献出生命。总之,所有的人都愿意为特洛格洛迪特民族而战。一个人倒下,另一个人立刻守在他的位置上,此时他除了共同的事业外,还要为那个死者复仇。

这便是不义与道德之战。那些卑劣的民族所求无非掠获,不以逃亡为耻,他们面对特洛格洛迪特人的英勇,尚未接触,就大败而遁了。

1711 年主马达·勒·阿赫赖月 9 日于埃泽龙

第 14 封信　郁斯贝克寄前人

由于人丁日增,特洛格洛迪特人认为选举国王的时机已经成熟。他们一致同意应把王位给予最公正的人，于是他们都想到一个德高望重的可敬的老者。这个人不愿参加这个大会，躲在家中，心中满怀忧愁。

人们派代表告诉他他已被选为国王。他说："我不要给特洛格洛迪特人造成这种损害，他们不要以为他们之中就没有人比我公正的了。你们把王冠给我，如果你们一定要这样，我也只好接受。但是请相信，我必然悲痛而死，因为我来到世上时，特洛格洛迪特人还是自由的，如今却要受人奴役了。"说着，他泪如雨下。他说："不幸的生命啊！为什么我活这么大年纪呢？"然后他厉声说道："特洛格洛迪特人，我明白是怎么回事了。你们开始感到道德是个沉重的负担了。在目前情况下，你们没有首领，所以你们只得勉强凭道德行事，否则你们就不能存在下去，就会重蹈你们祖先的覆辙。但是你们可能觉得道德束缚太厉害了，你们宁愿听命于一个君主，服从他的那些法律，因为那些法律还不如你们现在的风俗严格。你们知道那时你们便可以实现你们的野心：发财致富，驰禁纵欲，消闲自在，而只要不犯大罪，你们就无须道德的约束了。"他停了一会，哭得更加伤心，"唉，你们想要我干什么？我究竟要命令一个特洛格洛迪特人去干什么事？如果你们要我命令他干一桩道德高尚的事，那么即使没有我，他们只要根据天性，也会自己去干的。啊，特洛格洛迪特人，我是将死的人了，我的血在血管中已经冰凉，不久就要去见你们的列祖列宗了。为什么你们要我令他们伤心，让我不得不对他们说，我给你们留下的不是道德，而是另一种枷锁呢？"

1711 年主马达·勒·阿赫赖月 10 日于埃泽龙

第 15 封信　阉奴总管寄黑人阉奴雅龙

（寄埃泽龙）

我祈祷上天保佑你无灾无难返回故土。

虽然我几乎从没有体验过所谓的“友谊”，虽然我完全闭塞，茕茕孑立，但你却曾使我感觉到我还有一颗心，而且虽然我对所有受我管辖的奴隶冷酷无情，我却以喜悦的心情看着你从小长大。

主人把目光投注到你身上的时候终于到了。当刀将你天生之物分割开时，你的天性还远未萌生。我且不说，当时我究竟是为你惋惜，还是看到你被提到我的地位而感到高兴。我平息你的哭喊，我认为你是取得了第二次生命，你摆脱了永远要唯命是从的奴隶身份，而达到了可以发号施令的奴隶地位。我一心一意教育你，由于教育总难免严厉，你很长时间不知道我是多么爱你。我的确十分爱你，而且我可以对你说，我爱你就像一个父亲爱他的儿子，如果父子之称能适用于你我的命运的话。

你将周游基督徒居住的国度，这些基督徒是从来没有信仰的。你在那些地方不可能不受到许多玷污。你生活于千百万敌人之中，先知会怎么看待你？我希望我的主人在回国时到麦加朝圣，让你们都在天使的圣土涤净自己。再见。

1711 年主马达·勒·阿赫赖月 10 日于伊斯法罕

第16封信　郁斯贝克寄三墓[①]看守者毛拉穆哈迈德·阿里

（寄科姆）

为什么你生活在坟墓之中，睿智的毛拉？按你的身份，你完全应以星辰为居住之所。也许你要藏形匿影，以免太阳昏暗无光。你像太阳一样纯洁无瑕，但你也像太阳一样以云彩自蔽。

你学识深邃，超过海洋；你思想敏锐，赛过阿里的双锋宝剑朱法加。你知道九个品级的诸神间发生之事，你从我们至睿者的先知胸前辨读《可兰经》，当你遇到晦涩难懂的段落，一名天使便奉先知之命，张开翼翅，飞速从真主的宝座下来，为你阐释该段的奥义。

我可以通过你的帮助跟赛拉番们[②]保持密切的交往。因为无论如何，第十三代伊玛目[③]，难道你不是处于天地交界的中心，地狱与天堂的交接点？

我处在一个渎神的民族之中，请允许我跟你一道涤净灵魂的

① 三墓，指伊斯兰教创始人穆罕默德之墓，伊斯兰教史第四任哈里发、什叶派第一代伊玛目阿里（约600—661）之墓和穆罕默德之女阿里之妻，被什叶派尊称为圣母的法蒂玛（约605—约632）之墓。——译注

② 天使之名。——译注

③ 伊玛目，清真教教长，又指伊斯兰教什叶派的政教首领。——译注

罪恶;请同意我把脸转向你居住的圣地,请把我跟恶人区别开来,就像朝阳升起时分清白线与黑线一样;请你帮助我,给我指点,关心我的灵魂,用先知的思想陶冶我的灵魂,用天堂的知识充实我的灵魂,并请允许我把我的灵魂的创伤呈奉在你的脚下。

请把你的神圣的手谕寄到埃泽龙,我在此地要逗留几个月。

1711 年主马达·勒·阿赫赖月 11 日于埃泽龙

第 17 封信　郁斯贝克寄前人

至睿的毛拉,我平息不下我的急不可耐的心情,我等不及你意高旨远的复信。我有些疑惑应当得到明确的解答。我感到自己的理智误入迷途,请你给我指引正确的道路吧!知识的源泉啊,请你启迪我吧!用你那神妙之笔消除掉我将向你提出来的疑难,让我自己都可怜自己,对我将向你提出的问题感到羞愧吧!

为什么我们的立法者不让我们吃猪肉和一切所谓污秽的肉类呢?为什么他禁止我们触及一个尸体并为了纯洁我们的灵魂,命令我们不断地沐浴呢?在我看来,事物本身没有洁净和不洁之分。我无法设想有任何固有的品质必然导致事物洁净或者不洁。污泥显得脏,只是因为眼睛看上去不舒服或者有损我们的某个感官。至于污泥本身,它并不比黄金和钻石更脏。接触尸体,自己便受玷污的看法,无非由于我们对尸体所自然产生的某种厌恶感。既然不洗澡的人的身体并不妨碍我们的嗅觉和视觉，我们怎能设想他们的身体会是不洁的呢？

至睿的毛拉，那么是不是只有官能感觉才能判断事物是洁净还是不洁的呢？但是由于同样的物体给人的感觉可能并不相同，使某些人感到愉快的东西，可能使另一些人恶心，所以官能的证据在这里并不能作为定规，除非我们可以说，关于这一点，每个人可以随意作出决定，把与自己有关的东西，作出洁净的和不洁的区分。

但是，这种说法，神圣的毛拉，岂不是推翻了我们至睿的先知所确立的区别，推翻了由天使亲手写出的法律的全部基本要点吗？

1711 年主马达·勒·阿赫赖月 20 日于埃泽龙

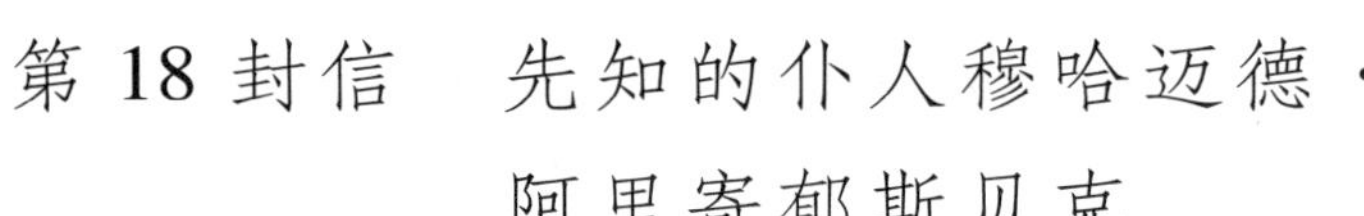

第 18 封信　先知的仆人穆哈迈德·阿里寄郁斯贝克

（寄埃泽龙）

您总是向我们提出别人向我们神圣的先知已提出千万次的问题。为什么您不读读经师们的《圣训集》[①]？为什么您不到这个一

① 《圣训集》也称《穆罕默德言行录》，从 8 世纪下半叶起由圣训学家陆续编纂。逊尼派与什叶派各有自己所推崇的《圣训集》，作为该派教法和民法的根据之一。——译注

切智慧的纯洁源泉去？如果您这样做了，那您会发现，您的种种疑惑都已经解决了。

不幸的人们，你们总是为尘世事物所困惑，从而不曾以确定不移的目光去注视天国的事物；你们崇敬毛拉的身份，却不敢做毛拉，又不敢去追随他们！

渎神的人们啊，你们从不深入了解真主的奥秘！你们的智慧犹如地狱的一片黑暗。你们思想中各种推理如同炽热的舍尔邦月[①]夏日当午时你们的脚所扬起的尘土。

因此你们的思想的最高境界还不及一个最小的阿訇[②]的起码水平。你们无聊的哲学就是宣告风暴和黑暗来临的闪电，你们在暴风雨中随风飘荡。

很容易便可以回答您的难题，为此只要向您叙述我们的神圣的先知有一天所发生的事。当时他受基督教徒的诱惑，为犹太教徒所折磨，也把这两种人混淆在一起。

犹太教徒阿布迪阿斯·伊伯沙龙[③]问他为什么真主禁止吃猪肉。穆罕默德回答说："这不是没有道理的。猪是不洁的牲畜，待我来向你说明这一点。"他用泥捏成人形，把泥扔到地上，喝道："起来！"立刻一个人站了起来说："我乃挪亚的儿子雅弗。"神圣的先知对他说："当你死的时候，头发就这么白吗？"雅弗回答说："不。但是，当你把我喊醒时，我以为审判的日子来到了，我非常

① 八月。——译注

② 阿訇，伊斯兰教宗教职业者通称，一般主持清真寺教务和教授《古兰经》。——译注

③ 见《圣训集》。——孟德斯鸠注

害怕,结果顿时头发白了。”

真主的使者[①]对他说:“那么,跟我谈谈整个挪亚方舟的故事吧。”雅弗遵命,准确地详述了头几个月所发生的一切事情。接着他这样说:

“我们把所有动物的粪便堆在方舟的一侧,方舟倾斜得很厉害,我们吓死了。尤其是我们的妻子们。她们呼天抢地地哭着。我们的父亲挪亚请教真主,真主叫他把象抓来,让象面向方舟倾斜的一侧,这个大动物屙了那么多屎,结果从大便中生了一头猪。”

郁斯贝克,您相信不相信我们从那时起便不吃猪肉并把猪视为不洁的动物?

但是,由于这头猪每天拱这些粪便,方舟臭气熏天,猪自己也禁不住打起喷嚏来,并从它的鼻子里喷出来一只老鼠。老鼠碰到什么便啃什么。挪亚完全无法忍受,认为又该去请教真主。真主命令人在狮子额上重打一记,狮子一个喷嚏,从鼻子里喷出一只猫,您是不是认为这些动物也是不洁的?你有何高见?

因此如果您没有看出某些事物不洁的原因,那是因为您对其他许多事物一概无知,因为您不了解在真主、天使和人之间发生的事。您不知道永恒的历史。您没有读过在天上写的书。真主向您显示的东西,只不过是神的书库中的一小部分,而像我们这样的人,尽管更接近这些天书,也还是处于愚昧和无知之中。

再见,但愿穆罕默德在您的心中。

1711 年舍尔邦月最后一日于科姆

① 指穆罕默德。——译注

第19封信　郁斯贝克寄友人吕斯当

（寄伊斯法罕）

我们在托卡只逗留了八天，步行三十五天后，到达士麦那[①]。

从托卡到士麦那，没有一座城市值得一提。我惊讶地看到奥斯曼帝国的虚弱。这个疾病缠身的躯体不是用温和适度的摄生之道来维持，而是靠不断削弱和损坏躯体的烈性药物强撑着。

帕夏[②]们的官职全靠金钱贿买，到各省时已经倾家荡产，于是像对待被征服的国家那样对治下州县大肆掠夺。禁卫军专横跋扈，胡作非为。要塞只剩下断垣残圮，城市十室九空，乡村田园荒芜，农耕商业完全停顿。

政府统治严酷，但罪犯却普遍可以逍遥法外。耕地的基督徒，收税的犹太人，都惨遭各种横征暴敛。

土地的所有权没有保障，因此，经营土地的热情大为降低。不管是契约证书还是产权，都因当权者恣肆妄为而成为一纸空文。

这些野蛮人完全荒废了他们的技艺，连军事技术也丢到一旁。欧洲各国不断精益求精，而他们仍然停留于往昔的愚昧无知之中。

① 今土耳其的海港伊兹塞尔，濒临爱琴海。——译注

② 帕夏：奥斯曼帝国省长官。——译注

他们只是在新发明千万次被用来对付他们之后才想到要加以采用。

他们对航海毫无经验,根本不会驾驶船只。据说为数寥寥从巉岩间出来的基督徒①,就使所有的奥斯曼人心惊胆战,使他们的帝国疲于奔命。

他们没有能力经商,只好勉强地容忍勤劳敢干的欧洲人来经营。他们让外国人从他们身上发财,还以为是给外国人莫大的恩惠。

我穿越了这整个辽阔的国家,只有士麦那堪称富庶强盛的城市。然而,这是欧洲人使这个城市变得富强的。至于这城市跟它所有城市相似之处,则是由于土耳其人之故。

亲爱的吕斯当,这便是这个帝国给人的确切概念,再过两个世纪,这个帝国将成为某个征服者庆祝凯旋的舞台。

1711 年赖买丹月② 2 日于士麦那

① 可能指马耳他骑士团。——原注。此段指 1565 年奥斯曼帝国围攻马耳他岛遭到失败之事。——译注

② 九月。——译注

第 20 封信　郁斯贝克寄妻子扎茜

（寄伊斯法罕后房）

扎茜，你侮辱了我，我感到心里怒火中烧。假如在我远行期间，你还不改变你的行为，使我强烈的妒火熄灭，令我不再痛苦不堪的话，我会怒气发作的，你得小心会有什么后果。

我听说有人看到你跟白人阉奴纳迪尔单独待在一起，这个阉奴会因不忠不义丢掉脑袋的。既然有许多黑人阉奴供你使唤，而且规定，不允许你在卧室接见白人阉奴，你怎么居然连这点都忘记了？你用不着对我说阉奴不是人，说你谨守妇道，不会由于阉奴半男不女而产生什么邪念，这种话对你对我都无济于事。对你无济于事，因为你做了一件后房家法所禁止的事；对我无济于事，因为你让别人看到，使我丢了脸。让人看到，这意味着什么？这也许意味着某个奸诈之徒犯下罪行玷污了你，更严重的是他心有余而力不足，既遗憾又绝望，使你更受玷污。

你也许会对我说，你对我始终忠诚。但你能够不忠诚吗？你怎能骗过那些对你现在的生活已经非常惊奇的黑人阉奴的警惕？你怎能砸烂幽禁着你的重门巨锁？你的贞洁是迫不得已的，可你还自吹自擂；而且你自夸不已的这种忠贞，由于你肮脏的欲念，已经千万次丧失了它的美德和价值了。

但愿你还没有做出我有理由怀疑的事情，但愿这个奸人没有把他亵渎神明的手放到你的身上，但愿你曾拒绝把他主人心爱的胴体展现在他的眼前，但愿你穿着的衣服，在你和他之间隔着一道薄薄的遮拦，但愿他忽然出于神圣的敬意，在你面前垂下了他的眼帘，但愿他不是色胆包天，想到会自找惩罚便望而却步。即使这一切都确实如此，你还是做了一件违背义务之事。如果你这样不守妇道，又一无所获，没有满足你放荡的禀性，那么你为了满足放荡的禀性又会干出什么事来呢？这个神圣的后房，在你看来是个无情的监牢，而对于你的同伴来说则是个有利于防止恶行损害的处所，是个神圣的庙宇：在这里女性不复软弱无力，尽管有天生的各种不利条件，却是不可战胜的。如果你能从这个地方出去，你又会干些什么呢？你用来保证你自己的，只有对我的爱和你的义务，可是你已如此严重地损害了对我的爱，已经如此可耻地背叛了你的义务，那么如果让你无拘无束，你会干出什么事来呢？在你所生活的国家，风俗是多么圣洁，这些风俗使你免遭最下贱的奴隶的损害！你应当感激我让你承受的约束，因为只有靠这办法，你才配活下去。

你无法忍受阉奴总管，因为他总是注视着你的行为，并向你提出他的明智的建议。你说，他是如此丑陋，所以你看到他便难受，似乎在这种岗位要放上最漂亮的人似的。其实使你心里不舒服的是没有让那个使你脸面丢尽的白人阉奴担任总管职务。但是你的第一个女奴对你做了什么事呢？她对你说跟年轻的泽利德那么狎昵是有伤风化的。这就是你恨她的原因。

扎茜，我本应是个严厉的审判者，但我现在只是作为一个丈夫，力图认为你是清白无辜的。我对我的新妇罗珊娜的爱，并没有占尽我对你的柔情。你的美丽不亚于她，我把我的爱情分给你们两人，而罗珊娜貌美，德行也好，这是她的优点。

1711年助勒·盖儿德①月12日于士麦那

第21封信　郁斯贝克寄白人阉奴总管

当你打开这封信时，你应当颤抖，或者不如说，当你听任纳迪尔的叛主行为时，你就应当颤抖了。你尽管年已老迈，情欲冷却，奄奄一息，可如果你抬眼看我那些惹不起的心上人，仍然有罪；而且从来不准你把亵渎神明的脚，踏进谁都不许看到的可怕的后房。可是你居然容忍你手下的人干出你都不敢干的事，难道你没有看到严厉的惩罚，随时都会落到这些人和你自己头上？

而且，你们是什么东西，你们只不过是我可以随意捏碎的工具，你们只有唯命是从，才得以生存；你们在这世上，只是根据我的法律而活着，我叫你们死，你们就得去死！你们现在活着，仅仅是因为我的幸福，我的爱情，甚至我的妒忌需要你们奴颜婢膝的服务。总之，你们除了服从，不可能有别的命运；除了我的意志，不可能有别的灵魂，除了让我快乐，不可能有别的希望。

① 十一月。——译注

我知道我的女人中，有些人不耐于按严肃的家法恪守妇道。她们腻烦黑人阉奴时刻在她们左右，她们厌于看到这些丑八怪，而这些人的职责，就是使她们不背叛丈夫。这一切我全都一清二楚。可是你，是你助长了这种混乱的局面，你将受到惩罚，以使所有辜负我信任的人发抖。

我对真主的所有先知和其中最伟大的阿里起誓，如果你不履行你的义务，我就要像踩死脚下的小虫那样，对待你的性命。

1711 年助勒·盖儿德月 12 日于士麦那

第 22 封信　雅龙寄阉奴总管

（寄伊斯法罕内院）

郁斯贝克离王府越远，他越是回头想念他那些神圣不可侵犯的女人们。他叹息，他流泪，他痛苦愈烈，猜疑愈重。他想增加看守的人。他将把我和随同他的所有黑人派回去。他不再为他自己担心，他害怕比他自己宝贵千百倍的人会出什么事。

因此我将生活在你的指挥之下，替你分操一份心。伟大的真主啊，仅仅为了一个人的幸福，有多少的事要做啊！

造化之手曾把妇女置于从属地位，又把她们从中解脱出来。男女两性之间产生了混乱，因为双方的权利本是相互的。我们这些人参与执行一种产生新和谐的计划，因为我们将使女人对我们产生憎恨，而使女人和男人间产生爱情。我将摆出严厉的面孔，射出阴沉的目光。我的嘴唇将不会流露出笑意。我将外表平静而内心不安。我无须等到出现老年的皱纹，就将显出老人的忧郁。

我本来很乐意随同我的主人到西方去，但是他的利益就是我的愿望。他要我看守他的女人们，我就忠心耿耿地看守着她们。我知道应该如何对待女人，如果不让她们空虚无聊，她们就会变得十分高傲，可要侮辱女人，并不比毁灭她们容易。

我匍匐在你的注视下。

1711 年助勒・盖儿德月 12 日于士麦那

第 23 封信　郁斯贝克寄友人伊本

（寄士麦那）

经过四十天的航行，我们到达了里窝那[①]。这是座新城市，它证明了托斯卡纳大公们的天才。他们把一个沼泽地的村庄变成了意大利最繁荣的都市。

此地妇女享有极大的自由，她们可以隔着一种称为软百叶的

① 里窝那，意大利城市。托斯卡纳区里窝那省省会，濒临古里亚海。——译注

窗户看男人，她们天天可以由几个老妇人陪着上街，她们只戴一层面纱[①]。她们的姐夫妹夫、大伯小叔、叔父伯父、舅父姨父、侄儿外甥都可以去看她们，而她们的丈夫几乎从不生气。

伊斯兰教徒第一次看见一座基督教徒城市，真感到目不暇接。我不谈人人首先一眼看到的事情，诸如不同的建筑物，不同的衣着以及不同的主要风俗习惯。甚至最微不足道的东西，也有一些独特之处，我能感觉得出，却无法用语言表达出来。

我们明天动身去马赛，在马赛我们不会待很久，里加和我打算立即前往欧洲帝国[②]的首都巴黎，旅游者总是寻找大城市，大城市像是所有外国人共同的祖国。

再见，请相信我永远爱着你。

1712年赛法尔月12日于里窝那

第24封信　里加寄伊本

（寄士麦那）

我们来到巴黎已经一个月了，可我们一直忙碌不停。我们费

① 波斯女人的面纱有四层。——孟德斯鸠注

② 指欧洲。——译注

尽周折,找到要找的人,备齐样样都缺的必需品才安顿下来。

巴黎跟伊斯法罕一样大。房屋高得人们会以为居住的人是星相家。你完全可以想象,一座高耸入云的城市,房屋六七座叠在一起,人口必定极端稠密,而如果所有的人都出门上街,必然拥挤不堪。

你也许不会相信:我到这里一个月来,还没有见到一个安步当车的。世上没有人比法国人更善于利用身体这部机器的了。他们不但奔跑,简直是飞。我们亚洲慢吞吞的车子,步履安详的骆驼,会使法国人急得昏倒。可我,我生来不适应这样的生活方式,我常常慢行,不改常态。我有时像个基督教徒一样暴跳如雷,因为被人从脚到头溅了一身泥;这也罢了,我不能原谅的是我老是不断挨撞。一个人从我后面走来,越过我时把我撞得踉跄向后转,另一个人从另一边又过来,把我撞回原位。我走了不到百步,就浑身散了骨头,比走了十法里[①]路还要累。

别以为我现在就能跟你深入地谈欧洲的风俗习惯,我自己也只不过有一点浮光掠影的概念。逗留的时间还很短,时时都处于惊讶之中。

法国国王是欧洲最强大的君主。他不像他的邻居西班牙国王那样拥有金矿,但他比西班牙国王还富有,因为他会利用他的臣民的虚荣心来取得财富,这个财源比金矿更取之不尽,用之不竭。他进行或者支持一些大规模的战争,除了卖官鬻爵,没有别的资金。可由于人们出奇的虚荣,结果他的军队有饷可发,要塞军需充足,

① 1古法里约等于4公里。——译注

舰队装备精良。

而且,这个国王还是个大魔法师。他甚至左右着臣民的精神。如果国库只有一百万埃居,而他需要二百万埃居,他只要说服臣民一个埃居等于两个埃居,臣民们就相信的确如此①。如果他一场战争打得难解难分,而他又没钱,他只要告诉臣民一张纸片就是钱,他的臣民就立即深信不疑。他甚至可以让臣民们相信,他只要用手摸他们就可以百病皆除。他对于人们的思想有着多大的力量和权威啊!

我前面所说的这个君主的事,不应使你惊讶。还有一个魔法师比他更有力量,他支配国王就像国王支配臣民的精神一样。这个魔法师称为教皇。这个教皇有时令国王相信三等于一,人们吃的面包不是面包,人们喝的酒不是酒,诸如此类的事情不胜枚举。

另外,教皇为了使国王始终听话,毫不放弃信仰的习惯,他不时向他提出一些信条来训练他。前两年教皇给他寄去一份称为《根本法》的文书②,想迫使这位君主及其臣民相信文书中所写的一切,否则处以重罚。在君主方面,他取得了成功:这个君主立即顺从,且以身作则,表率臣民。但是臣民中有些人起而反抗,声称他们根本不愿相信该文书所述的一切。这场抗拒的推动者是妇女们,从而分裂了整个宫廷,分裂了整个王国和一切家庭。这个根本法禁止妇女们阅读一本基督徒说是从天上带来的书,确切地说就是他们

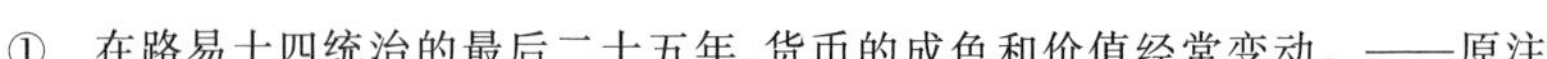

① 在路易十四统治的最后二十五年,货币的成色和价值经常变动。——原注

② 指克雷门通谕。——原注。按教皇克雷门十一世于1713年应法国国王路易十四的请求为谴责杨逊教派而发布的通谕。国王支持教皇和赞成这项通谕的各主教,因而同法院官员日趋对立。——译注

的《古兰经》。妇女们因她们女性受到侮辱而大为气愤，鼓动一切力量来反对《根本法》，并把男人争取到她们一边，而男人此时也不愿享受特权了。不过我们应当承认这个穆夫提[①]的道理并不错，而且以伟大的阿里起誓，他想必学过我们神圣法律的各项原则。因为既然妇女是比男人低劣的人，我们的先知们说妇女根本进不了天堂，那么她们何必多此一举，去读这本专门指点升天的书呢？

我听人说的有关这个国王简直是奇迹的事，我相信你一定难以置信。

据说这位君主由于邻国均联合起来反对他，便与邻国交战，而在国内又受到无数看不见的敌人[②]的包围。人们还说他寻找这些看不见的敌人达三十年之久。尽管那些得到他信任的德尔维希[③]不懈努力，悉心搜索，却连一个敌人也没找到。这些敌人跟他生活在一起，他们就在他的首都里，在他的军队中，在他的法庭内部；然而据说他由于无法破获他们，忧愤而死。

据说这些敌人从整体来说是存在的，而就具体而言，却又不存在。因为这是一个团体，但没有固定的成员。无疑上天是想惩罚这个君主，因为他对降伏的敌人不够宽和，所以上天才使他有看不见的敌人，而且这些敌人的才能和命运都比他强。

我将继续给你写信，告诉你一些跟波斯人的性格或天才相距甚远的事。负载我们两个民族的，的确是同一个地球，但是我所在

---

① 穆夫提，伊斯兰教法说明官。其职责为对各类诉讼提出正式的法律意见，作为判决的依据。此处指罗马教皇。——译注

② 指詹森派教徒。——原注

③ 德尔维希，伊斯兰教僧侣，此处指耶稣会会士。——译注

国的人民跟你所在国的人民却大不相同。

1712 年赖比儿·尼勒·安外鲁月 4 日于巴黎

第 25 封信　郁斯贝克寄伊本

（寄士麦那）

我收到你侄子雷迪的一封信，他告诉我他要离开士麦那去看看意大利，他此行的唯一目的就是学习，以使自己有所长进，无愧为你的侄子。我庆贺你有这样的侄子，日后定是你老年的慰藉。

里加给你写了封长信。他对我说他跟你谈了这个国家许多事。他思维敏捷，所以能迅速地理解一切，而我思想迟钝，还无法跟你说些什么。

我们常常十分亲切地谈到你。承蒙你在士麦那对我们的盛情款待和给我们友好的帮忙，这些说也说不完。

慷慨的伊本，但愿你到处都能找到跟我们一样知恩必报和忠贞不贰的朋友！但愿我不久便能再见到你，跟你一道重温两个朋友之间如此愉快度过的幸福日子。

再见。

1712 年赖比儿·尼勒·阿赫鲁月 4 日于巴黎

第 26 封信　郁斯贝克寄罗珊娜

（寄伊斯法罕）

罗珊娜，你是多么幸福，能住在波斯这么温馨的家乡，而不是置身于腐化堕落的国度，与不知廉耻和道德为何物的人为伍。你是多么幸福，你生活在我的后房，犹如居住于无邪之境。任何人都无法侵犯你。你想失足也不可能，这是你的幸福。从来没有人曾以色情的目光玷污你。即使你的公公，在无拘无束的筵席上，也从未看过你美丽的嘴唇，因为你从来都用一条神圣的布带遮住你的小口。幸福的罗珊娜，当你到乡下去时，总有阉奴走在你面前，把那些见你过来而不回避的大胆狂徒打死。我自己，尽管真主降福于我，把你赐给了我，可你始终顽强捍卫着你的珍宝，而我费尽千辛万苦才成为这个无价之宝的占有者。在我们新婚的日子里，我见不到你，心里何等惆怅；而当我见到你，我又多么心急如焚！但你并不让我的焦急心情如愿以偿。相反，你由于你的贞操受到威胁，处处提防，一再拒绝，从而更令我急不可耐。你不断躲避男人，可你把我跟其他男人混为一谈。你记得那一天吗？你躲在奴婢群中，她们也欺弄我，不让我找到你。又有一天，你看到你的眼泪无济于事，便借你母亲的权威想制止我狂热的爱情。你还记得吗？当你各种办法均不奏效时，便急而生勇，举起匕首，威胁热爱你的

丈夫:如果再要你献出你认为比你的丈夫更珍贵的东西,你就要把他杀死。这场爱情与贞操的斗争持续了两个月。你对你的贞操考虑得过分了。甚至到你已被征服后,你还不屈服。你直至陷于绝境仍然捍卫着根本无望保持的处女之珍。你把我视为侮辱你的敌人而不是爱你的丈夫。你一连三个多月见到我都满面羞红。你那无地自容的神情仿佛是责备我占了你的便宜。我甚至不能从容不迫地占有你,你不让我看到你的一切美妙迷人之处,结果我只陶醉于床笫之乐,而得不到你些微恩爱的表示。

如果你在这里长大,那你就不至于那么局促不安。这里的妇女毫无拘谨之态,她们当着男人之面抛头露面,仿佛她们就是要弄得男人魂不守舍;她们眼波流盼,寻找男子,她们在寺院里,在散步场所,在她们家里和男人见面。她们没有让阉奴服侍的习俗。她们没有你们那样高尚的纯真和可爱的娇羞,而是不加掩饰的厚颜无耻。这是我们根本无法习惯的。

是的,罗珊娜,如果你在这里,看到此间妇女堕落到如此下贱的地步,你会仿佛身受侮辱,你会逃离这万恶的地方,你会为你眼下深居简出的生活而感到如释重负,因为在这安身之处,一切都纯洁无瑕,没有任何危险会使你胆战心惊,总之,你可以爱我而不用担心有一天会失去你对我应有的爱情。

你涂施最艳丽的脂粉,使容颜更加光彩照人;你用最珍贵的香露洒遍全身;你穿上最美丽的衣服装扮自己;你轻歌曼舞压倒后房佳丽;你以优雅的风度跟她们比姿色,比柔情,比活泼可爱,这时,我无法想象除了要讨我欢心外,还有别的目的。而当我看到你粉颊绯红,楚楚可怜;或者目挑心召,邀我青睐;或者甜言蜜语,动我心扉时，罗珊娜，我根本无法怀疑你对我的爱情。

但是，对于欧洲女人我又有什么样的看法呢？她们涂脂抹粉的方式，穿戴的衣装饰物，精心的打扮，不断讨取占有她的人欢心的愿望，所有这一切都是她们道德的污点和对她们丈夫的污辱。

罗珊娜，这并不是说我认为她们的行为已经达到伤风败俗的程度，已经放荡得令人可怕，完全违反夫妇之道，令人不寒而栗。很少女人会完全堕落到这一地步。她们由于出身和家世，心中都铭记着某种贞操观念，虽然这种观念因她们所受的教育而削弱，但并没有完全被摧毁。在外表上她们完全有可能放松了有关贞操的非有不可的义务，可一到最后关头，本性便会起来抵制。

所以，我们把你们如此严密地禁闭着，派那么多阉奴看着你们，我们极力约束你们的欲望，不让这些欲望过分发展，这并不是因为我们害怕你们会做出最不忠实的行为，而是我们知道，再纯洁无邪也不过分，而稍有污点就会破坏了纯洁。

罗珊娜，我同情你。你的贞洁已久经考验，你的丈夫应当永不离开你，而且可以满足你仅靠德行压制着的欲望，这样才不至于辜负你。

1712 年赖哲卜月[①] 7 日于巴黎

① 七月。——译注

第 27 封信　郁斯贝克寄内西尔

（寄伊斯法罕）

我们现在在巴黎，这是个足以与太阳城[①]匹敌的华丽的城市。

从士麦那启程时，我托友人伊本给你寄去一个盒子，其中有几件送给你的礼物。你的这一封信也由伊本转上。虽然我与他相距五六百法里，我会给他写信，而且我接到他的信也很方便，就跟他在伊斯法罕，我在科姆那样。我把我的信先寄到马赛，那里不断有船开往士麦那，寄往波斯的信由每天去伊斯法罕的亚美尼亚骆驼队带去。

里加身体非常健康。他年轻体壮，天性快乐，使他能够战胜各种考验。

我的健康状况不太好，身体虚弱，精神委顿，忧思积郁，日甚一日，令我思念故国，更觉得身处异国他乡，举目无亲。

但是，亲爱的内西尔，我恳求你不要让我的女人们知道我的现状。因为如果她们爱我，我不愿她们为我流泪；如果她们不爱我，我不愿意她们得此消息，更加大胆妄为。

如果我的阉奴们以为我危在旦夕，从而跟女人们可耻地沆瀣

① 指伊斯法罕。——孟德斯鸠注

一气而有望不受到惩处，那么他们很快就会接受女人们的甜言蜜语，这些女人会使铁石心肠的人动心，会使没有生命的东西蠢蠢欲动的。

再见，内西尔，我很高兴能够向你表示我的信任。

1712 年舍尔邦月 5 日于巴黎

第 28 封信　里加寄×××

我昨天看到一件事很奇怪，虽然这种事在巴黎每天都发生。

傍晚，所有的人都聚在一起演一种叫做“喜剧”的戏，大的活动在一个叫“戏台”的高台上表演的。两边，在称为“包厢”的隔间里，男男女女在一起演哑剧①，大致跟我们波斯常见的哑剧相同。

这里，一个情场失意的女子满怀悲伤，郁郁相思；另一个女子相当激动，眼睛瞪着她的恋人，恨不得一口把他吞下，男的也一样瞪着她。各种感情都用面部表情来表达，虽然无声，却更为生动。在包厢里，女演员只露出半身，为了端庄起见，通常都用袖筒盖住双臂。台下有许多人站着，对戏台上的人评头品足，而台上的人也嘲笑着台下的人。

但是最辛苦的却是这么几个年轻人，他们经得起劳累，所以特

① 指观众，一边看戏，一边与人眉来眼去。下文的“女演员”所指同。——译注

地雇来干这种活。他们不得不到处跑;他们从只有他们知道的角落钻来钻去,以惊人的敏捷,从这一楼奔上另一楼;他们出现在楼上,在楼下,在每个包厢;简直可以说如泅水一般沉没在人群中,忽而不见,忽而重现。他们往往离开这一剧场,赶到另一剧场去表演。甚至还有的人,拄着拐杖,以难以想象的敏捷,像其他人一样走来走去。最后我们来到另一些客厅[1],那里演出一种特殊的喜剧:开始时互相鞠躬行屈膝礼,然后是互相拥抱,据说即使只是泛泛之交,也允许互相紧紧拥抱得透不过气来。似乎在这场合,令人产生温柔的感情。确实,据说统治这个地方的公主们并不粗暴,一天中除了在两三个小时内脾气相当难惹外,其余时间可以说都是平易近人的,因为据说舞台上演戏的一时狂醉,是可以容易地消除的。

有关喜剧院的一切几乎同样也在另一地方发生,这地方叫做歌剧院。不同之处就在于人们在喜剧院里说话而在歌剧院里唱歌。有一天我的一个朋友把我带到一个主要女演员的化妆室。我们谈得很投机,以至于第二天我收到她这样一封信:

先生:

我是世上最不幸的女子。我曾经一直是歌剧院品行最好的女演员。七八个月前,在你昨天见到我的化妆室,我正在上妆扮成迪安娜[2]女祭司。一个年轻神父又来找我。他不顾我

---

① 演员的会客室,也成了社交场所。——译注

② 古罗马神话中的女神,相当于希腊神话的阿尔忒弥斯,是司狩猎、生育的女神。——译注

穿着白衣,戴着面纱和扎着束带,竟玷污了我的清白之身。后来我对他极力诉说我为他作出的重大牺牲,但也枉然。他笑了起来并且硬说他认为我完全亵渎了神明。可我现在肚子已经这么大了,我不敢再登台表演,因为,我非常顾忌我的面子问题。

而且我始终认为使一个出身清白的良家女子失去体面,比夺走她的贞操更不容易。以我这样的正派作风,您完全可以想象,这个年轻神父若不是应允跟我结婚,他是绝不会得逞的。他提出结婚这个理由是完全正当的,所以我就不计较普通小节,结果未经明媒正娶,便委身于他了。但是由于他不守诺言使我名誉扫地,我不愿再在歌剧院生活下去了。而且不妨私下跟您说,在歌剧院挣的钱也不够我维生,因为现在我年纪渐大,红颜衰老,我的薪水一直没有增加,看来还会逐日减少。听你的一个仆从说,在您的国家,非常重视好的舞蹈演员,如果我在伊斯法罕,我会很快发财。假如您愿意保护我,把我带到您的国家,那您便对一个女子做了好事,凭我的品德和行为,我决不会有辱您的善行的。我是……

1712年闪瓦鲁月[1]2日于巴黎

① 十月。——译注

第29封信 里加寄伊本

(寄士麦那)

教皇是基督徒的领袖。这是个古老的偶像,人们出于习惯至今依然对他顶礼膜拜。从前连君主也害怕他,因为他可以轻而易举地废黜君主,就跟我们卓绝非凡的苏丹弃黜伊里默特和格鲁吉亚国王一样。但是,现在人们不再怕他了。他自称是最早的一个基督徒名叫圣彼得的继承人,而且他继承的财产无疑非常多,因为他拥有无数财宝和统治着很大的地方。

主教是属于教皇的执法人员,在教皇领导下,承担两个很不同的职务:当他们集合起来开会时,主教跟教皇一起制订教规戒律;而当他们单独行动时,他们唯一的工作就是免除他人履行教规。因为你一定知道基督教充满无数清规戒律,极难奉行;因此人们认为既然履行这些义务不容易,那么更方便的办法就是由主教来免除人们奉行这些教规,结果这后一种办法,便被视为公益。这么一来,如果有人不愿斋戒,不愿办结婚手续,想取消许愿,想违反教规去结婚,甚至如果想收回誓言,那他们便去找主教或教皇,主教或教皇立刻给予免除。

主教们并不主动去制订戒律。有无数经师,其中大部分是修士,彼此就宗教问题提出千百个新问题。人们让他们久久争论不休，直至做出一个决定才结束彼此间的战争。

因此我可以向你保证，从来没有一个王国其内战之多能与基督的王国相比。

提出某个新论纲的人，开始时被视为异端分子。每个异端邪说都有一个名称，对于加入异端的人，这名称便犹如集合于大纛之下的口令。但是不愿做异端分子的人可以不成为异端分子，只要把争论者分成两派，然后替那些有异端倾向的人作一番分辩，不管这分辩的内容是什么，也不管别人能否听懂这分辩，它便可以使这个人洁白如雪，于是这个人便可以自称为“正统派”了。

上述情况仅适合于法国和德国，因为我听说在西班牙和葡萄牙某些教士听不得玩笑的话，他们火焚一个人就像烧稻草一样轻易。如果落入这些人的手，那么要是你总是手捻数珠，口中祈祷上帝，身上披着两块用两条布带系起来的毡毯，并且曾经到过加利西亚省[①]，那就算你走运。否则，一个可怜人麻烦就大了。即使他像个异教徒似地发誓自己是正统派，对方完全可以不同意他正统派的身份，而把他作为异端分子烧死。他即使提出分辩也没用。根本没有分辩的余地！当人们想听听他的分辩时，他已化为灰烬了。

别的裁判者先推定一个被告是无辜的，而这些裁判者则总是先推定被告是有罪的。如果拿不定主意，总是从严处理，这是一条定规，显然因为他们认为人性是恶的。但是另一方面，他们对有些人又信赖有加，认为他们从不撒谎；他们接受十恶不赦的人、娼妇、

① 加利西亚，西班牙省名，曾是欧洲基督徒朝圣之地。——译注

从事下贱职业的人的证词,他们在判决书中对穿硫黄衬衣的罪人[①],稍作赞扬,说自己很遗憾看到他们穿得这么差,说自己温柔敦厚,厌恶流血,作此判决出于无奈。但是为了自慰,便把这些不幸者的所有财产没收归为己有。

先知的后裔居住的地方多么幸福啊! 在我们的故土,没有这些悲惨的场面。天使们给我们送来的神圣宗教,靠真理来捍卫,而不需要用这些暴力手段来维持自己。

1712 年闪瓦鲁月 4 日于巴黎

第 30 封信　里加寄前人

巴黎的居民好奇到荒诞的地步。我初到巴黎时,被视为天外来客:男女老幼无不以目睹为快。我一出门,所有的人都趴在窗户上看我;我到杜伊勒里宫[②],四周立刻围上一圈人,甚至女人也围着我,她们穿着五颜六色的衣裳,仿佛是七彩长虹。我去看戏,立刻就发现千百把长柄眼镜对着我。总之,从没有一个人像我这样被那么多人观看过。有时,听到一些几乎向来足不出户的人互相谈着:"说真的,这个人的神气活像个波斯人。"我不免心中暗笑。

① 被异端裁判所判处火刑的人,身涂硫黄,以便燃烧。——译注

② 杜伊勒里宫,法王亨利二世王后卡特琳·德·美第奇的宫室,位于巴黎卢浮宫旁。1871 年被焚毁,现仍有宫前广场和花坛。——译注

我发现到处有我的相片，我分身有术出现在各个小店里，被放置在壁炉上。人们只怕没有把我看个够。这可真是了不起的事哩！

如此的殊荣不免成为一个负担。我不认为自己是个如此稀奇、如此罕见的人，而且虽然我自视甚高，但我万万没料到一个谁也不认识我的大城市居然被我闹得鸡犬不宁。于是我决定脱下波斯装，穿上欧洲服，看看我改装后的面貌究竟还有没有什么令人赞赏的东西。这一试验使我认识到我的真正价值。换下了全身的外国打扮，人们便能最正确地评论我了。我有理由埋怨我的裁缝，他使我顷刻之间不再成为公众注意和尊敬的对象。我一下子落到可怕的毫无价值的境地。有时，我跟人相处一个小时之久，竟没有人看我一眼，也没有人给我机会张口说话。但是，如果偶尔某个人告诉大伙我是波斯人，我立刻听到四周叽叽喳喳地说："啊！啊！先生是波斯人吗？这可真是桩稀奇事！波斯人怎么会是这样的呢？"

1712年闪瓦鲁月6日于巴黎

第31封信　雷迪寄郁斯贝克

（寄巴黎）

亲爱的郁斯贝克，我目前在威尼斯。人们即使到过世上所有的城市，到了威尼斯仍会大吃一惊：看到一座城市、高塔和教堂从水中钻出，看到这块本来只合水族聚居的地方，如今人群熙熙攘攘，比肩接踵，人们总不免感到诧异。

但是这座俗不可耐的城市缺乏世上最珍贵的财富，那就是淡水。在这里连一次符合教规的净礼也无法进行。所以，我们神圣的先知憎恶这座城市，他从天上看到这座城市，总是愤怒不已。

要不是这样，亲爱的郁斯贝克，我就会很高兴在这座城市生活了，因为在这里，我的思想日益成熟。我学习经商的诀窍，明白君主们的利益所在，了解他们政府的形式。我甚至也没有忽略欧洲的迷信行为。我钻研医学、物理学、天文学；我研究各种艺术。总之，我在故乡，那是云遮雾障，闭目塞听，而如今仿佛云开见日，豁然开朗了。

1712年闪瓦鲁月16日于威尼斯

第32封信　里加寄×××

日前我去看一所房子，那里养着大约三百个人[①]，过着粗茶淡饭的生活。我很快便参观完了。因为里面的教堂和房舍都不值得一看。住在这个收养院的人倒过得很愉快，其中不少人在打牌或者玩别的我不懂的游戏。我出去时，有一个人也走出来。他听到

① 指“三百收养院”。——原注

我打听去巴黎最远的区马雷区怎么走,便对我说:“我也到马雷去。我给您带路,跟我走吧。”他带路带得非常好,指点着我避开各种障碍,灵活地不让我被车马撞着。快要到达时,我突然产生了好奇心,便对他说:“好朋友,我能不能知道您是谁呢?”他回答道:“先生,我是瞎子!”我对他说:“什么,您是瞎子?那您为什么不请刚才跟您一道玩牌的那个彬彬有礼的人带我去呢?”他回答道:“他也是瞎子。在您遇到我的那幢房子里,四百年来一直住着三百个瞎子。不过现在我得跟您告别了。那里就是您要去的那条街。我要钻到人群中去,走进这座教堂。我敢发誓,在那里别人还没有我行动得这么自在哩!”

1712 年闪瓦鲁月 17 日于巴黎

第 33 封信　郁斯贝克寄雷迪

（寄威尼斯）

巴黎由于酒税很重,酒贵得要命,似乎人们打算借此执行神圣的《古兰经》禁止饮酒的戒律了。

想到这种饮料所能产生的悲惨后果,我不禁把它视为造化赠予人类的最可怕的礼物。如果说有什么东西能损坏我们君主们的生命和名誉,那就是酗酒,而这正是他们治国无道和行为残暴的最有害的根源。

即使人类会因此蒙羞受辱,我还是要指出:教规禁止我们的君主们饮酒,可他们却狂饮无度,从而使自己甚至失去了人的尊严。与此相反,基督教的教规允许基督徒君主饮酒,我们却没有看到他们因此犯下任何过错。人类的精神就是矛盾:肆无忌惮地纵酒无制时,人们丧失理性地反叛了教规圣训,而本来为匡正民风而制订出来的教规,往往却只能使我们更加罪孽深重。

但是,我虽然不赞成饮用这种令人丧失理智的酒浆,却也并不谴责这些能使人精神愉快的饮料。人们寻求医治最危险的疾病的良药,人们也寻求解忧之物,这是东方人睿智之处。当一个欧洲人,遇到不幸之事,他别无良策,只有阅读一个名叫塞内加[①]的哲人的著作。而亚洲人比欧洲人有见识,而且在这方面是更优秀的物理学家,亚洲人喝的饮料可以令人心欢意得,而忘掉痛苦的往事。

苦难难免,药石无效,命运无常,天意难违,人生本是不幸。再没有什么比用这些来自解自慰更令人痛苦的了。以苦难与生俱来为由,那就是根本不想减轻苦难。因此不如使精神从各种思考中超脱出来,而把人作为感情的人而不是作为理性的人来医治。

精神跟身体结合在一起,不断受身体的折磨。如果血液流动过缓,呼吸不够洁净,或者数量不足,我们就会陷于消沉忧郁。但如果我们喝一些使身体改变上述状况的饮料,那么我们的精神就又能接受令它欢愉的各种印象,于是它看到自己的机器可以说恢

① 塞内加(公元 4—65 年),古罗马的政治家、作家和哲学家。——译注

复了动作和生命,便暗自欣喜了。

1713年助勒·盖儿德月25日于巴黎

第34封信 里加寄伊本

（寄士麦那）

波斯女人比法国女人美丽,但法国女人比波斯女人娇俏。不可能不爱上波斯女人,而跟法国女人在一起也不能不开心。前者比较温柔端庄,后者比较开朗活泼。

波斯女人气色如此红润,是因为她们在波斯过着有规律的生活。她们不赌博,不熬夜,不喝酒,几乎从不抛头露面。必须承认,后房内院与其说宜于行乐,不如说宜于养生。这里生活平静,毫不刺激,一切都受服从与义务的约束。这里甚至欢娱也是庄重的,喜乐也有节制,而女人领略这些欢娱喜乐时,从来只是把这些视为权威和服从的标志。

至于男人,在波斯没有在法国快乐。从波斯男人身上,根本看不到这里各个等级各种身份的人都有的这种思想自由和心情舒畅。

土耳其的情况更糟。那里有些家庭里,从建立帝国以来,世世代代没有人笑过。

亚洲人的这种不苟言笑是由于他们之间很少交往。他们只是迫于礼仪才不得不见面。友谊这种以心相交的关系，在此地使生活和美，而亚洲人几乎不知道其为何物。他们深居简出，家中时时都有妻子在等待着他们，以至于可以说每个家庭都是与世隔绝的。

一天，我跟这个国家的一个人谈及这个问题。他对我说："你们的风俗中最使我反感的是你们不得不跟奴隶们生活在一起，他们的内心和思想总令人感觉到他们身份卑贱。这些卑劣的人削弱你们心中得自于自然的道德感，加上他们从你们童年时代就纠缠着你们，便把你们的这种道德感毁掉了。总之，你们必须摆脱掉陈腐之见。这种无耻之徒以替别人看管女人为荣，以干人类最卑贱的工作而沾沾自喜，这种人正由于忠心耿耿——这是他们唯一的道德——而益发可鄙，因为他的忠心是出于羡慕，出于妒忌，出于绝望；这种人因为自己男不男，女不女，便渴望对男女两性进行报复，所以只要能够折磨弱者，便同意受最强者的暴虐对待；这种人利用自己的生理缺陷，自己的丑陋和自己的畸形，来博取他这种身份的全部荣誉；他受到倚重只是因为他根本不配受到尊重；总而言之，这种人，叫他守在门口，他便须臾不离，顽固得胜过合页和门闩，还洋洋自得从事了五十年这可耻的职务；他为了替主子看守唯恐失去的东西，施尽卑劣的伎俩。从这种无耻之徒那里，究竟能够指望得到什么样的教育呢？"

1713 年助勒·希哲月[①] 14 日于巴黎

① 十二月。——译注

第35封信　郁斯贝克寄托里斯宏明修道院德尔维希表兄热姆希德

崇高的德尔维希，你对基督教徒有什么看法？你是否认为在最后审判之日，他们会跟不忠不信的土耳其人一样，给犹太人当驴子骑，驮着犹太人奔向地狱？我很清楚他们不可能到先知们所住的地方去，伟大的阿里也不是为了他们而来到世上的。但是，他们相当不幸，在他们的国家找不到清真寺，你是否认为他们因此将受到永罚？你是否认为他们由于没有信奉真主向他们启示的宗教，将受到真主的惩处？我可以告诉你，我经常观察这些基督徒，我曾询问他们，他们究竟对伟大的阿里、世上最崇高的阿里有没有什么概念。我发现他们从来没有听说过这一切。

他们像那些因为拒绝相信真主的奇迹而被我们神圣的先知用剑刺死的不信教的人，或者不如说他们像是生活在偶像崇拜的黑暗之中的不幸者，神的光辉还没有向他们照亮我们伟大先知的面孔。

况且，我们如果进一步考察他们的宗教，就会发现我们的教条好像跟他们同源。我常常钦佩真主的奥秘，他似乎曾想以这种办法使基督徒做好思想准备，以便日后全体一齐改宗。我曾听到人们谈到他们经师的一部名为《胜利的多妻制》[①]的书，书中证明上

① 《胜利的多妻制》，作者狄奥菲拉斯·阿尔修昔，出版于1682年。——原注

天命令基督徒实行一夫多妻制。他们的洗礼颇像我们的法定净礼了。而基督徒的错误就在于他们认为第一次净礼有很大效用，于是，以后就可以不必再行净礼了。他们的神父和僧侣跟我们一样一天祈祷七次。他们希望通过身体的复活进入天堂，去享受万千乐趣。他们跟我们一样作规定的斋戒和苦修，希望以此来求得主的宽宥。他们礼拜善良的天使，提防凶恶的天使。他们真心相信天主通过其仆人所做出的奇迹。他们跟我们一样承认自己德薄能鲜，而需要有人向主求情替他们斡旋。虽然在这里找不到伊斯兰教徒，却到处都可看到伊斯兰教教义。可见无论如何，真理总要显露出来并穿透四周笼罩着的黑暗。总有一天，真主看到世人皆是真正的信徒。因为，时间消磨一切，也必定消灭掉错误本身。所有的人将惊讶地看到大家都站在同一大纛之下；一切，乃至教规圣典，都将归于湮灭，神圣的范例将从地球送到天上，存入天国的档案库中。

1713 年助勒·希哲月 20 日于巴黎

第 36 封信　郁斯贝克寄雷迪

（寄威尼斯）

巴黎饮用咖啡极为普遍，许多公共场所出售咖啡，这些咖啡店，有的是供人谈天说地，有的供人下棋对弈。其中一家[①]咖啡煮得非常好，人喝了都大长才智，至少是从店里出来的人，没有一个不自认为才智比进去时增长四倍。

但是这些风雅之士令我不顺眼的是，他们不思报效祖国，而把才智浪费于无聊的事情。譬如，我刚到巴黎时，发现他们为了一桩再也想象不到的芥末小事——一个希腊古诗人[②]的地位——争得不可开交。两千年来，人们一直不知道这个诗人生于何地，死于何时。双方都承认这是个杰出的诗人，问题只在于究竟他有多大的贡献，每个人都想给诗人出一个价格。但是在这些授予名誉者中，有的人稍占上风，于是便争吵起来，吵得相当凶，因为双方都激烈地粗鲁谩骂，辛辣嘲讽。我既不欣赏争论的内容，也不欣赏争论的方式。我心想："如果有人傻乎乎地到希腊诗人的某个捍卫者面前诽谤某个正直公民的名誉，他一定会受到严厉驳斥的，而且我相信，人们一定会燃烧起这种为死者名誉辩护的高尚热情，来保卫生者的名誉的。"我又想："但是不管怎样，真主保佑千万别让我惹起这位诗人的批评者们的敌意，因为他已经躺在坟墓里两千年了，还不能免受人们如此刻骨的仇恨哩，他们现在是向空挥拳，要是他们真的面对一个敌人而怒气填膺，那将如何得了！"

我前面谈到的那些人是以通俗语言来争论的。必须把这些人

① 普洛科普咖啡馆。——原注

② 指荷马。拉莫特(1588—1672，法国独立的思想家和作家。——译注)攻击荷马，而达西埃夫人(1654—1720 翻译的荷马史诗，在被称为"古今之争"的法国文学史论战中，起了重大作用。——译者)则为荷马辩护。——原注

跟另一类的争论者区别开来。后者使用的是一种野蛮的语言[1],这种语言似乎加剧了争论者的狂热情绪和顽固态度。在某些区,我们看到这类人黑压压、密麻麻的一大群,他们以“争辩”为食粮,靠晦涩的推理和错误的结论为生。干这一行业本应饿死的,但他们都所得甚丰:我们曾看到整个民族[2]从本国被赶出来,渡海来到法国定居,为了应付生活所需,他们随身带着的只是可怕的争吵才能。

1713 年助勒・希哲月最后一日于巴黎

第 37 封信　郁斯贝克寄伊本

(寄士麦那)

法国国王[3]垂垂老矣。在我们的历史上,还没有一个君主在位这么久的例子。据说他有极高的本领,能令人对他唯命是从。他以同样的天才管理他的家庭,他的宫廷,他的国家。人们常听他说世上所有的政府中,他最喜欢土耳其人的政府,或者我们尊严的苏丹的政府。可见他对东方的政治是何等的重视。

---

① “通俗的语言”指由俗拉丁语衍变成的法语:“野蛮的语言”指古拉丁语、经院拉丁语。——译注

② 当时有许多爱尔兰教士移居到法国。——原注

③ 指路易十四(1638—1715 年),法国国王,1643—1715 年在位。——译注

我研究了他的性格，发现其中有些矛盾我无法说明缘故。例如，他的一个大臣只有十八岁[①]，而他的一个情妇年已八十[②]；他爱他的宗教，但谁要是主张应该一丝不苟地恪守教规，他又无法忍受；他虽然远离喧嚣的城市而且很少跟人交谈，但他矻矻终日为了让大家谈论他；他喜欢打胜仗，喜欢战利品，但是他害怕他的部队由好将领率领，就跟他害怕敌军将领才能优秀一样。我相信从来没有人像他那样，富得任何君主都不敢希冀，同时又穷得连平民都无法忍受。

为他效劳的人，他乐于赏赐，但他既慷慨地酬谢将领们的艰苦战斗，同样也慷慨地酬谢侍奉左右的廷臣的殷勤，或者不如说酬谢他们的饱食终日，无所事事。比起一个为他征城略地或者打胜仗的人来，他往往更喜欢在他就餐时为他更衣或给他递上餐巾的人。他认为君主的威严不应在施赐恩典时受到约束，他不问他赏赐有加的人有无贤才，他认为既然他选中此人，这个人也就确有贤才了。因此，他给一个败逃八里的人一笔小小的年金，而把省督的职位赏给另一个败逃十六里的人。

他喜欢豪奢，他的宫殿尤其华丽辉煌，御苑中的雕像多于大城市的居民。作为无敌于天下的君主，他的卫队无比强大，他的军队兵多将广，他的资源无穷无尽，他的国库用之不竭。

1713 年穆哈兰月 7 日于巴黎

① 卢瓦的第五个儿子巴柏齐厄侯爵，生于 1668 年，因此不止十八岁。——原注

② 曼特农夫人生于 1635 年，与这里所说的年龄相去不远。——原注

第38封信　里加寄伊本

（寄士麦那）

对于男人来说，究竟是不给女人自由好还是让她们自由好，这是个大问题。在我看来，赞成或反对，都完全有道理。如果欧洲人说使所爱的女人不幸，这不厚道；而我们亚洲人便会回答说，放弃造化赋予男人控制女人的权利，那才是卑贱的表现。如果有人对亚洲人说，把大量妇女禁闭起来是件麻烦事，亚洲人就会回答说，一个不服从的女人比十个服从的女人更麻烦。而如果反过来，亚洲人也提出反对意见说，欧洲人跟不忠贞的妻子在一起不可能幸福，那欧洲人便会答复说，亚洲人如此津津乐道的忠贞，在情欲满足之后，不免会令人感到腻味；一种如此平静的占有，不会引起我们的任何欲望，也不会让我们有任何担心，而女人稍带风骚，则犹如食盐，可以刺激口味，防止腐化。比我聪明的人恐怕对此也难以决断，因为如果说亚洲人的长处是善于设法减轻不安，那么欧洲人的长处则是根本没有什么不安。

欧洲人说："不管怎样，如果我们成为倒霉的丈夫，那么我们可以作为情人而得到补偿。除非世上只有三个人，一个男人才有理由埋怨妻子的不忠，如果有四个人，他便总能遂自己的目的。"

自然的法律是否规定女人要服从男人，这是另一个问题。一天，一个十分风流的哲学家对我说："不，自然从来没有定出这样的法律。我们对女人的支配是真正的专横。女人之所以让我们支配，无非因为她们比我们温和，因此比我们人道和理智。如果我们男人讲道理的话，这些优点无疑会使女人占有优势，可是因为男人根本不讲理，结果这些优点却使女人失去了优势。然而，如果我们确实对女人只有一种专横的权力，那么女人对我们则拥有自然的威力，她们的威力就在于美丽。我们男子的支配权并不是在任何地方都存在，而美丽的威力则无所不在。因此，我们为什么拥有特权，是因为我们比谁都强？但这是真正不公道的事。我们施尽一切手段来打击她们的勇气。如果男女教育平等，那么，就会势均力敌。你可以试试女人未经教育削弱的各种才能，就可以知道我们究竟是否比她们强了。"

应当承认，虽然这有悖于我们的风俗习惯，在最文明的民族中，妻子对丈夫总是有权威的，这种权威，埃及人为了崇敬伊西斯①，巴比伦人为了崇敬塞米拉丁丝②，以一条法律规定了下来。据说罗马人号令各族人民，对他们的妻子俯首听命。更不用说索洛玛人③，他们完全受女人的支配，不过他们过于野蛮，不必举他们为例了。

亲爱的伊本，你看，我沾染了此地的爱好了，此地人们喜欢发表奇谈怪论，对一切都标新立异。先知已经解决了这个问题并确

① 伊西斯，古代埃及女神，司医药、庄稼与婚姻，是温情之妻的象征。——译注
② 塞米拉丁丝，传说亚述和巴比伦女王，建立了巴比伦和空中花园。——译注
③ 古代北欧民族，3 世纪为哥特人所灭，一部分并入斯拉夫族。——译注

定了男女两性的权利。他说:“妻子应当尊敬丈夫,丈夫应当尊敬妻子,但是丈夫的权利比妻子高一级。”

1713年主马达·勒·阿赫赖月25日于巴黎

第39封信　哈吉·伊比[1]寄改宗伊斯兰教的犹太人本·约书亚

(寄士麦那)

本·约书亚,在我看来,天将降生非凡人物时,总有明显迹象作为预兆,似乎自然骤然痛苦万分,全能的真主为生产此人也煞费辛劳。

没有任何事情比穆罕默德的诞生更神奇的了。真主根据其神意法令,从世界伊始,便决定向人类派遣这个伟大的先知以擒缚撒旦,于是在亚当之前两千年便创造了一种智慧之光。穆罕默德列祖列宗中的首选人物[2]世代相传,终于传到了穆罕默德,作为他是历代族长后裔的真实凭据。

也是由于这个先知,真主要求除非女人净洁,男人经过割礼,

① 哈吉是一个去麦加朝圣的人。——原注
② 指神明预先选定的人,即宗教与政治领袖。——译注

否则不能生儿育女。

他来到世上时,包皮已经割除,呱呱坠地后,便已满面喜色。此时大地震动三次,仿佛自己正在分娩。所有神祇匍匐在地,列国君主王位倾夏。路济弗尔[①]被掷入海底,泅游四十天,才出深渊,逃到卡贝斯山上,以可怕的声音呼唤着天使们。

那天晚上,真主在男女之间划出界限,不得逾越。巫师魔士之术顿失法力。天上有声音这样说道:“我派遣我的忠实朋友降生人间。”

据阿拉伯历史学家伊斯本·阿本考证,当时百鸟齐集,云涌风起,队队天使,会聚一堂,皆欲抚养这个孩子,并彼此争此权利。众鸟啁啾说,它们更便于哺育这个孩子,因为它们易于从各地采撷果实。熏风轻声细语说:“抚育之责,不如由我们承担,因为我们可以给他从各个地方带来最香的气味。”云说:“不,不,不,小儿应交由我们照顾,因为我们可以让他随时领略到水的清凉。”听了这些,天使们愤然大呼:“那么,我们还有何事可做!”此时,真主发言,声从天降,一切纠纷才告结束。“绝不可从凡人手中夺走此儿,因为给他哺乳的乳房,触摸他的手,他住的房屋,他睡卧的床,凡此一切,均将获得幸福。”

在听了这么多无可争议的证据之后,约书亚,只有冥顽不灵的人才会不相信先知的神圣法律。为了委以至睿的使命,为了说明先知的神圣使命受之于天,真主还能用别的什么办法?莫非必须

① 路济弗尔是作为天使的撒旦在堕落为魔鬼前的名字。古罗马神话中指启明星。——译注

颠倒自然,使欲加说服的人统统死亡不成?

1713 年赖哲卜月 20 日于巴黎

第 40 封信　郁斯贝克寄伊本

(寄士麦那)

一个大人物一死,人们便聚集于清真寺中,有人致悼词,颂扬死者,但悼词中人们很难正确地判断死者的功德。

我想取消殡仪,因为应当在人诞生时,而不是在逝世时为这个人痛哭。对于一个生命垂危者,在他弥留之际举行各种仪式,摆出一套殡仪用品,乃至他家人的眼泪和他朋友的痛苦,除了向他夸大他行将造成的损失之外,还有什么用呢?

我们盲目到不知道何时应当悲伤,何时应当快乐,我们的悲或乐几乎从来都只是假悲或假乐。

当我看到那个莫卧儿人每年呆头呆脑地坐在大盘秤上像头牛似的让人称自己的体重时,当我看到老百姓因为这个君主日益笨重,也就是日益失去统治能力时,伊本,我真为人类荒诞到这种地步而感到可怜。

1713 年赖哲卜月 20 日于巴黎

第 41 封信　黑人阉奴总管寄郁斯贝克

高贵的老爷,您的一个黑阉奴伊斯马仪最近死了。我不得不另找人代替他。由于目前阉奴极少,我想使用您在乡下的一个黑奴。但是,我迄今仍无法使他同意献身这一工作。由于我认为归根到底这对他有好处,日前我想对他采取稍微严厉的手段,于是在您的花园总管的配合下,我命令不管他愿不愿意,必须使他能够为您办最贴心的差事,并能跟我一样生活在这些他连看也不敢看一眼的可怕的地方。但是,他大声号啕,就像谁要剥他的皮一样,拼命挣扎,逃脱了我们的手,避免了致命的一刀。我刚刚听说他要给您写信求饶,硬说是因为他曾经尖刻地嘲笑过我,我出于强烈的报复欲望,才想出这个主意。但是,我面对十万个先知向您发誓,我这样做完全是为您效劳,这是我唯一重视之事,除此之外,我别无他念。

匍匐在您的脚下。

1713 年穆哈兰月 7 日于法蒂默内院

第 42 封信　法浪寄大老爷郁斯贝克

高贵的老爷，如果您在这里，我将浑身披着白纸出现在您眼前，即使这样恐怕也写不尽自从您走后，您的黑人阉奴总管，所有人中最恶毒的一个，对我的侮辱。

他硬说我曾嘲笑他的不幸地位，便以此为借口，对我不断施加报复。他煽动您那残酷的花园总管来对付我，此人自您走后强迫我干无法忍受的苦活，当时，虽然我一时也没失去为您效劳的热情，我曾千百次想了结我的性命。多少次我对自己说："我有一个心肠仁慈的主人，可我却是世上最不幸的奴隶。"

高贵的老爷，我向您承认，我没想到命运还要我受更大的苦难。这个阴险的阉人想坏事做尽。前几天，他擅自决定派我去看守您那些圣洁的妻子们，就是说，要对我进行在我看来比死更残酷千百倍的腐刑。那些出生时不幸在他们残酷的父母手下受到这样待遇的人，也许他们因为除了他们的现状外，根本不知道有别的境况而不会感到多大痛苦。可是有人要使我不成为人，使我失去人性，那么即使我不死于这种野蛮行为，我也要痛苦死的。

高贵的老爷，我极其谦卑地吻您的脚。您的德行向来受人尊敬，请您开恩，让我身受您的恩德，而不要让人说由于您的命令，世上又多了一个不幸的人。

1713 年穆哈兰月 7 日于法蒂默花园

第 43 封信　郁斯贝克寄法浪

（寄法蒂默花园）

你要从心底感到欢乐，认明这神圣的字迹。你叫阉奴总管和我的花园总管亲吻这手谕。我不准他们再对你采取任何行动。告诉他们去买个阉奴补缺。你要克尽阙职，就好像我始终在你面前；因为你要知道，我愈仁慈为怀，那么如果你借此而放纵行为，惩罚也必愈重。

1713 年赖哲卜月 25 日于巴黎

第 44 封信　郁斯贝克寄雷迪

（寄威尼斯）

法国有三种职业，教士、军人和法官。每种人对其他两种人都极端藐视。例如某个人本应因为是蠢材而受藐视的，却往往只因为他是法官而为人所不齿。

就是最卑贱的工匠也无不争相夸耀自己所选择的手艺。每个人越自以为自己的职业优于他人,就越要凌驾于从事不同职业的人之上。

世上的人或多或少都像埃里万省[1]的这个女人,她得到某个君主的一点恩宠,便在给这个君主的祝福中,千百次祈求上天让他成为埃里万的省督。

我在一份报道中读到,一艘法国船停泊在几内亚海岸边,几个船员想上岸买几只绵羊。他们被带去见当地的国王,国王在一棵树下审理其臣民的案件。他坐在宝座上,也就是说,坐在一块木头上,顾盼自雄不下于坐在大莫卧儿皇帝的金銮椅上一样。他有三四个手持木矛的卫士,一顶华盖状的阳伞给他遮日。他和他的王后,除了黑色的皮肤和几个指环,别无其他饰物。这个君主一文不名却虚荣十足,他问这些外国人,人们在法国是否时常谈论他。他以为他的名字一定已从南极传到北极。他与那个使整个世界噤声不语的征服者[2]不同,他认为他应当使整个宇宙都谈论他。

每当鞑靼可汗用罢晚餐,一个传令官高喊道:世上所有的君主如果愿意,可以去吃晚饭了。这个吃的只有乳品、居无房屋、完全靠抢劫为生的野蛮人,居然把世上各国国王视为他的奴隶,而且规定每天总要辱骂他们两次。

1713 年赖哲卜月 28 日于巴黎

---

① 埃里万,今亚美尼亚城市。——译注

② 指亚历山大大帝。——译注

第 45 封信　里加寄郁斯贝克

（寄×××）

昨天早晨，我还在床上，听到有人拼命敲门，突然门开了，或者说被一个人撞开了。这个人我跟他曾经有些交往，这时看来十分激动。

他的衣着连简朴都说不上。歪戴着的假发甚至梳都没梳。黑色紧身短上衣的破绽来不及找人补缀。他平时总是小心翼翼地设法把穷酸样掩盖起来，这一天也顾不上了。

“起来吧！”他对我说，“我今天一整天都需要您。我得买好多好多东西，我很高兴跟您一块去。首先我们得去圣奥诺雷路跟一个公证人商谈，他代人出售一块土地，价值五十万利弗[①]，我要他优先卖给我。在来这里时，我在圣热尔曼郊区耽搁了一会儿，用两千埃居[②]租了一所公馆，我希望今天签订租约。”

我一穿好，或者说几乎还没完全穿好，那人就要我赶忙下楼。他说：“我们先去买一辆四轮豪华马车，再配齐车夫和马。”果然，我们在不到一小时内，不但买了马车，还买了价值十万法郎的东

① 利弗，法国古货币，相当于一古斤银的价格。——译注

② 埃居，法国古银币，一埃居等于三个利弗。——译注

西。一切飞快办好,因为那人丝毫不讨价还价,甚至连钱也不数,所以他原地不动便办成事了。这一切使我如在梦中,当我细看那人,发现他集富有与贫穷于一身,使我不知所以。但我终于打破了沉默,把他拉到一旁对他说:“先生,这些东西由谁付款呢?”“我!”他说,“到我房间里来,我给您看看不计其数的宝藏,可以令最大的君主也会羡慕的财富。但这远不会使您眼红,因为我将永远和您共享。”我跟着他走。我们爬到了他那座房屋的六楼,然后又从一个梯子爬到七楼。这是一间四壁通风的小室,室内只有二三十打土盆,装着各种液体。他对我说:“我一大早起来,干我二十五年来一直干着的事,那就是去查看我的作品。我看到伟大的日子终于来到了。我将变为世上最富有的人。看到这盆朱红色的液体了吗?这种液体具有炼金术士所要求的一切性能,可以点铁成金。我从这液体中取出了这些颗粒,你已经看到了。这从色泽来看已是真金,虽然从重量来说,还不够十全十美。这个秘密,尼古拉·佛拉梅尔发现了,可是雷蒙·吕尔和千百万人却一直没找到,现在被我掌握了,我今天成为一个幸运的成功者。但愿上帝让我专门为了增进它的荣誉而享用他赐给我的这么多财宝。”

我气死了,走出房间,我走下楼,或者不如说奔下楼梯,把这个如此富有的人留在他的收容所里。

再见,亲爱的郁斯贝克,我明天去看你,如果你愿意,我们一道回巴黎来。

1713年赖哲卜月最后一日于巴黎

第 46 封信 郁斯贝克寄雷迪

（寄威尼斯）

我看见这里一些人为宗教问题争论不休，不过在我看来他们同时在竞相比试谁最不信奉宗教。

他们不仅不是较好的基督徒，甚至不是较好的公民，正是这一点，使我感触颇深。因为不管你信奉什么宗教，遵守法律、热爱人类、孝顺父母从来都是首要的宗教行为。

因为，既然神建立了他宣扬的宗教，一个虔诚笃信的人的首要目的，难道不应是赢得神明的欢心？而达到这个目的的最可靠的办法，无疑便是遵守社会的规矩，履行人类的义务。因为不管你信什么宗教，只要你假定有一个宗教，那就也要假定神热爱人类，因为神建立一个宗教就是为了使人类幸福；如果神热爱人类，那么我们只要也热爱人类，也就是说对人类履行仁慈和人道的义务，不违反保障他们生活的法律，那就一定能博得神的欢心。

这样做，就比举行这种那种仪式，可以更有把握使神高兴，因为仪式本身并不表明仁慈的程度；仪式之所以好，只是人们设想神命令举行这种仪式，而且重视神的这个命令。然而，这一点就存在着激烈的争论，在这一点上，人们很容易搞错，因为必须从无数宗教仪式中选出一种宗教仪式来。

一个人每天向神这样祈祷:“主啊!人们关于您而争论不休的问题,我一点也弄不明白。我愿意根据您的意愿来为您服务,但是我去求教的每个人,都要我按他的方式为您服务。我要向您祈祷时,我不知道该用何种语言跟您说话,我也不知道我该用什么姿势。一个人说我要站着向您祈祷,另一个人要我坐着,还有一个人非要我跪着不可。不仅如此,有的人认为我每天早晨要用冷水沐浴,另一些人坚持说如果不割掉身上的一小块肉[①],您就会厌恶我。一天,我在行商客栈吃一只兔子。我身旁的三个人把我吓得发抖。他们三人都说我严重地冒犯了您。一个人[②]说因为这动物不洁净;另一个[③]说,因为这兔子是闷死的;最后一个人[④]说,因为我吃的不是鱼。一个婆罗门经过那里,我请他裁断,他对我说:‘他们都错了。因为您肯定没有亲手杀死兔子。’‘是我杀的!’我说。‘啊!您干了一件大逆不道的事,神永远不会宽恕您的!’他厉声对我说,‘您怎么知道您父亲的灵魂不是投生在这个动物身上?’主啊,凡此种种令我处于无法想象的困惑之中,我只怕连摇摇头也会冒犯了您。但是,我愿使您高兴,并愿意为此献上您赐给我的生命。不知道我对不对,但我相信为达到这目的,最好的办法就是在您令我出生的这个社会做个好公民,在您赐给我的家庭中,做个好父亲。”

1713 年舍尔邦月 8 日于巴黎

---

① 指割礼。——译注

② 指犹太人。——孟德斯鸠注

③ 指土耳其人。——孟德斯鸠注

④ 指亚美尼亚人。——孟德斯鸠注

第 47 封信　扎茜寄郁斯贝克

（寄巴黎）

我有一个重大的消息告诉你：我跟泽菲丝言归于好了。因我们不和而分裂的后房又团结起来了。在这充满和平的地方，缺的就是你一个人了。来吧，亲爱的郁斯贝克，来让爱情在这里奏凯旋之歌吧！

我为泽菲丝举行了一个盛大的宴会，邀请了你母亲，你的妻子们和主要侍妾。你的姑母们和许多表妹也到了。她们是骑马来的，她们面纱和衣服像乌云遮月一样把她们盖了起来。

第二天，我们到乡下去，我们希望在那里更自由些。我们骑上骆驼，每个坐厢四个人。由于这次出游是临时决定的，来不及派人去四周清道。但阉奴总管总是有办法，采取了另一防范措施：除了不让别人看到我们脸上的面纱外，再加上一层很厚的帘子，这样我们就绝对看不见任何人了。

到了要渡河时，按习惯，我们每个人都坐在一个箱笼里，让人拉到船上，因为据说河上都是人。一个好奇的人过于走近我们被关闭的地方，挨了致命的一击，眼睛再也看不见东西了。另一个人被发现脱得精光在河里洗澡，也得到同样下场。你的忠实的阉奴牺牲这两个不幸的人，来保存你的荣誉和我们的荣誉。

请继续听我们惊险的故事的下文。我们渡到河中间时，狂风骤起，乌云蔽空，舟子们开始绝望。面对危险，我们吓得几乎全都昏倒。我记得听到我们的阉奴在说话和争吵，有的说应当告诉我们险情，把我们从牢笼里放出来。但是，他们的头头坚持说他宁死也不愿让他主人蒙耻，说谁敢再提出这样大胆的建议，他就用匕首插进谁的心脏。我的一个女奴张皇失措，没穿好衣服就跑来救我，但是一个黑人阉奴粗暴地拉住她，把她赶回原处。这时我已不省人事，危险过后才苏醒过来。

对于女人来说旅行是多么不方便啊！男人只会遇到性命的危险，而我们则时时提心吊胆，既怕失节，又怕丧命。

再见，亲爱的郁斯贝克，我始终都爱着你。

1713年赖买丹月2日于法蒂默后房

第48封信　郁斯贝克寄雷迪

（寄威尼斯）

喜欢学习的人从来不会无所事事。虽然我并不肩负任何重责，却一直忙碌不停。我的生活就是观察，晚上我把白天所见、所闻、所注意到的事记录下来。一切都引起我的兴趣，一切都令我惊讶。我就像一个小孩，官能尚嫩，最微小的事物，也能给我强烈的刺激。

也许你不大相信:在所有聚会和各种社交场合,我们都受到很好的接待。我想我是沾了里加不少的光,因为他性格活跃,天性乐观,结交面广,大家也乐于与他交往。我们的外国人举止不再令人感到刺眼,人们甚至发现我们颇有礼貌而大为惊奇,这使我们感到高兴,因为法国人想象不到我们那地方也会产生有教养的人来。不过说实话,是该让他们醒悟醒悟的。

我在巴黎附近一所别墅住了几天,主人是有名望的人,他很高兴家里来了客人。他的妻子十分和蔼可亲,不但十分谦虚,而且活泼欢快,我们波斯女人由于过着与世隔绝的生活,是从来没有这种心情的。

身为外国人,我没有什么更好的事可干,便去观察不断来到此地的成群宾客,从他们身上,我不断发现新的东西。我首先注意到一个人,我喜欢他的淳朴。我和他亲近,他也和我亲近,我们俩总是待在一起。

一天,在大庭广众中,我们两人单独交谈。我对他说:“也许您发现我过分好奇,有失礼貌,但请允许我向您提几个问题,因为我对情况一无所知,对周围的人不明底细,实感无聊。两天来我一直在想,这些人中没有一个不令我穷思苦索,可我即使猜度千年,也猜不出他们的究竟。这些人对我来说,比我们伟大君王的后宫佳丽更难识别真面目。”他回答说:“您尽管问好了,您想知道什么,我全都告诉您,而且我相信您定会守口如瓶,不会辜负我对您的信任。”

我问道:“这个滔滔不绝跟我们讲他如何宴请权贵,跟你们的公爵亲密无间,跟你们的大臣们经常攀谈的人是谁呢?我听说这些人都很难以接近,按照说此人应当出身贵族,可他面容如此委琐,并不会给有身份的人增添什么荣光。况且我看他毫无教养。我是外国人,可是我觉得,一般来说各种民族是有着共同的礼貌的,而从他身上,却根本找不到。是不是你们有身份的人要比其他人更少教养呢?"他笑着回答道:"这个人是个包税商,论钱嘛,他比其他人都有钱,论出身,他比所有的人都低贱。如果他决心绝不在家里吃饭,他可以吃遍全巴黎最好的菜肴。您已经看出他十分傲慢无礼,可他却因为有个好厨师而出名。他对他的厨师倒不是无情无义的,因为您听他今天一整天都在夸他的厨师。"

我问道:"那个穿黑衣服的胖子,这位太太特地让他坐在她旁边,他神采飞扬,满面红光,别人一跟他说话,他就和蔼可亲地微笑着,他的衣饰简朴,却收拾得比你们的妇女的打扮更好。可为什么穿着这种丧色的衣服呢?"他回答道:"这是个布道者,更糟的是个指导神甫。就像现在所看到的关于妇女们的事,他比那些丈夫们了解得更多。他知道女人的弱点,女人们也知道他有他的弱点。"我说:"怎么他嘴上老离不开他称为恩宠的这件事?"他回答道:"他并不老是说那件事。在一个漂亮女人的耳边,他更乐意谈自己如何动了凡心。在公众场合,他激昂慷慨,而个别交谈时,他温顺如羔羊。"我说:"似乎人们对他毕恭毕敬,很尊重他。""什么似乎对他恭敬?这是一个不可或缺的人。他使别人深居简出的生活过得温馨些。出点小主意,嘘寒问暖,专诚拜访,他比交际场上的老手更善于给人治愈头痛病。这是非常好的人。"

"但是,要是您不嫌我啰嗦,请告诉我,坐在我们对面的那个人，衣冠不整，有时做做鬼脸，用的语言也跟别人不同，没有风趣，却要谈天说地，卖弄风情，这个人究竟是谁？”“是个诗人，”他回答道，“也就是人类中的可笑人物。这种人说他们生来就是现在这副样子，这倒是真的，而且他们一生几乎永远是这副德行，就是说，几乎永远是最可笑的人。所以人家都对这种人不客气，对他们毫不留情地鄙视。我们对面这位肚子饿极了，才到这里来。这家主人和主妇对任何人都亲切有礼，也殷勤地接待了他。他们结婚时，这诗人替他们写祝婚诗，这是他一生中干得最出色的作品，因为这门婚姻美满，正像他所预祝的那样。”

他又说道：“您囿于东方的成见，也许不会相信，我们法国人也有美满的婚姻，也有恪守妇道、贞洁自持的妇女。我们谈到的这对夫妇，彼此和睦相处，这种生活不会受到破坏。大家都爱戴他们，尊敬他们。只有一个问题，即由于他们天性善良，他们在家中款待各式各样的人，结果他们有时交上了坏人。这不是说我不赞成他们的行为，因为必须跟各式各样的人一道生活。世上所谓十分有教养的人，他们的恶习往往更隐蔽，也许就像毒品一样，越是不易察觉就越危险。”

“那么这个愁眉苦脸的老人是谁呢？”我低声地问他，“我起初把他当做外国人，除了他的穿着与众不同外，他对法国发生的一切都大加指摘，连对你们的政府也不满意。”“这是一个老军人，”他对我说，“他为使听众忘不了自己，总是滔滔不绝地大谈自己的战功。他无法忍受的是法国有哪些胜仗他没有参加，或者有人炫耀某次围城战，而没提他曾如何飞壕越堑。他以为法国历史绝少不了他，以至于他想象他的故事完结之处，也就是法国历史结束之时。他把他所受的某些伤视为如同君主制的解体。而且,他与这样一些哲学家不同,这些哲学家说人只享有现在,过去毫不足道,而他则相反,他享有的只有过去,他只存在于他曾经参加的战役中。英雄应当活在后人心中,而他则活在已经流逝的年代。”“但是,为什么,”我说,“他离开军役了呢?”他回答说:“他并没有离开军役,而是军役离开了他。人们给了他一个小小的职位。他可以在那里叙述他的冒险经历以度过有生之年,可是他再也不会有什么前途了,对他来说,通往功名、荣誉之路已经封闭了。”我问:“为什么呢?”他回答道:“我们法国有一句格言:绝不应提升在低级职位、锐气已堕的军官。我们把这些军官视为思想狭隘、谨小慎微、习于小事而不能胜任大事的人。我们认为,而立之年尚不具备将军品质的人,此生就不可能再有作为了。一个人若无敏锐眼光对方圆数十里战场的各种不同地形一目了然,若不能指挥若定,胜利时充分扩大战果,失利时尽量设法挽救,那他以后永远也不会获得这些才干了。因此,我们有显要的职位,给那些得天独厚,不但具有英雄胆略,而且具有英雄才干的伟大而高尚的人物;同样也有卑下的职务,给予才薄能鲜的人,其中包括在战争中碌碌无为、年岁已老的人。他们所能完成的,至多只是他们毕生所做的那一套,所以不应在他们已经年老体衰之时,开始让他们承担重责。”

过了一会,受好奇心的驱使,我又问他:“我保证再也不向您提问题了,请您再忍受这一次吧!这个头发浓密,才智不足但十分傲慢的高个子年轻人是谁呢?为什么他说话嗓门盖过其他人,而且对于踏入上流社会那么高兴?”“这是个博得女人欢心的幸运儿。”他回答道。就在这时,进来了一批宾客,另一些则告辞而去。

大家站了起来，一个人过来跟我认识的这个绅士说话。于是我就跟原来一样茫然无知。但是过了一会，偏巧这个年轻人在我的身旁出现，并跟我攀谈。“天气很好，先生，愿不愿意到花坛那里去走走呢？”我彬彬有礼地答复了他，然后我们一道走了出去。他对我说：“我这次来到乡下，是为了讨这家女主人的欢心，我跟她处得不坏。当然世上会有另一个女人不高兴。可这有什么办法？我跟巴黎最漂亮的女人都有来往，但我没有定情于某一个，我要让她们对我有个想头，因为，跟您实说吧，我是个微不足道的人。”“看来，先生，”我对他说，“您有某个职务或者某个工作，所以您没时间跟她们走动得更勤些。”“不，先生，我除了使某个丈夫气得发疯，或者使某个父亲伤心绝望之外，没有别的工作。我喜欢让自以为我已成为她掌中物的女人提心吊胆，只怕差一点就要失掉我。我们有几个年轻人，就是这样分别进攻整个巴黎的女人，让全巴黎都注意着我们的一举一动。”“如果我理解得正确，”我对他说，“你们比最英勇的战士还更引起轰动，比一个严肃的法官还更受人重视，你们如果在波斯，那就不可能占这些便宜的。你们会变成更适合于看守我们的女人而不适合于讨女人的欢心的人①。”我怒气上升，脸涨红了，而我相信，要是我再说下去，我就忍不住要对他无礼了。

对于容忍这样的人，让一个干这样一种行当的人活下去的国家，对于连不忠、私通、诱拐、奸诈不义行为都会令人重视的国家，对于一个人因为从父亲手中抢走女儿，从丈夫怀里夺走妻子，扰乱

① 意思是说像这样的人在波斯可能被阉掉充当太监或阉奴。——译注

最美好、最圣洁的人际关系而得到尊重的国家，你有什么感想呢？阿里的子孙是何等幸福，因为阿里使他们的家庭免遭侮辱和诱惑，阳光并不比我们妇女心中燃烧的火焰更加纯洁。贞洁使我们的少女像天使和无形的天神一样，她们一想到有一天她们会失掉贞洁，便胆战心惊。我们可爱的故乡，太阳将其视线首先投向的故乡，你没有被可憎的罪行所玷污，这些罪行使得太阳一出现在黑暗的西方，立刻就躲藏起来。

1713 年赖买丹月 5 日于巴黎

第 49 封信　里加寄郁斯贝克

（寄×××）

前几天，我正在房子里，一个僧侣走了进来。他长须垂腰，光着双脚，穿着奇特，腰扎绳子为带，灰色粗衣多处呈尖形。这一切使我感到如此古怪，以致我第一个念头就是去找个画家来，画一幅写怪图。

他首先对我大大恭维一番，同时告诉我他是个有价值的人，而且还是嘉布遣小兄弟会①修士。他接着说："先生，听说您不久将

① 天主教方济各会的一支，其会服有尖顶风帽。——译注

回到波斯宫廷，您在那边身居要津。我来求您庇护，请您恳求波斯国王在卡斯宾附近，赏赐我们一所小的住所，给两三个修士居住。”我问他：“神父，那么您想到波斯去吗？”他说：“我？先生，我才不去呢！在这里虽然我是外省人，可我不会用我的这种地位去跟世上所有的嘉布遣会修士交换。”“那么究竟您向我请求什么呢？”他回答道：“那是因为如果我们有这个栖身所，我们意大利的神父们就可以把他们的两三个修士送到那里去。”“那么你大概认识这些修士啰！”我对他说。“不，先生，我不认识他们。”“见鬼，那么他们去波斯究竟跟您有什么关系呢？让两个嘉布遣会修士去呼吸卡斯宾的空气，这个计划太妙了。此举对欧洲和亚洲都将是十分有用的。很有必要引起君主们的兴趣。这就是所谓地道的殖民地。算了！您和您同类的人是不适于移民的，您最好还是继续趴在你们出生的地方吧！”

1713 年赖买丹月 15 日于巴黎

第 50 封信　里加寄×××

我见过有些人，懿德美行，出于自然真情，令人甚至感觉不到他们身怀美德；因为他们恪尽厥职，毫不勉强，躬行实践，如出本能。他们根本不吹嘘自己罕见的优点，因为他们仿佛对自己的优点毫无所知。我喜欢的就是这样的人，而不是那些道貌岸然并对自己的德行似乎惊叹不已的人。他们把做一件好事视为一个奇迹，叙述起来非让人大吃一惊不可。

如果说对于上天授予过人才略的人，谦虚是不可或缺的一种美德，那么对于居然摆出傲睨万物的样子，使最伟大的人物也以为耻的那些虫豸，人们又有什么好说的呢？

我到处都看到一些人喋喋不休地谈论自己，他们的言谈就是一面明镜不断照出他们厚颜无耻的嘴脸，他们跟你谈自己最微不足道之事。他们对此津津乐道，想提高这些事在你们心目中的价值。他们什么都做过、见过、说过、想过。他们是全天下的楷模，他们是无穷无尽的比喻对象，他们是提供范例的不竭源泉。唉！夸奖自己的话，出于自己的口，那是多么乏味啊！

前几天，一个这样性格的人，大谈自己，谈他的价值，谈他的才能，整整谈了两个小时，把我们都腻烦透了。但是，因为世上没有永远不停的运动，他终于住了口。于是我们才有机会谈话，便又谈了下去。

一个神情抑郁的人，开始埋怨一般谈话中的沉闷气氛。"怎么！老是有些蠢货为自己涂脂抹粉，把什么事都要归结到自己身上！"那位夸夸其谈者突然又接了过去说："你说得有道理！像我这样就好了。我从来不吹捧自己。我家财万贯，我出身高贵，我花钱大方，我的朋友说我颇有才智，可我从不说这些。如果说我有某些优点的话，那么我最重视的优点，就是我的谦虚。"

我真佩服这个厚颜无耻的家伙。于是当他高声谈话时，我轻声地说道："对自己知耻自爱，绝不自夸；对听众存敬畏之心，不放肆狂言；不自损价值去伤害他人的自尊，这样的人多么幸福啊！”

1713 年赖买丹月 20 日于巴黎

第 51 封信　波斯派驻莫斯科维亚[1]的使臣纳古姆寄郁斯贝克

（寄巴黎）

接伊斯法罕来信，说你已离开波斯，今在巴黎。为什么我要从别人而不是从你那里得到你的消息呢？

奉总王之王的命令，我派驻这个国家已经五年，我在此地完成了几件重要的谈判。

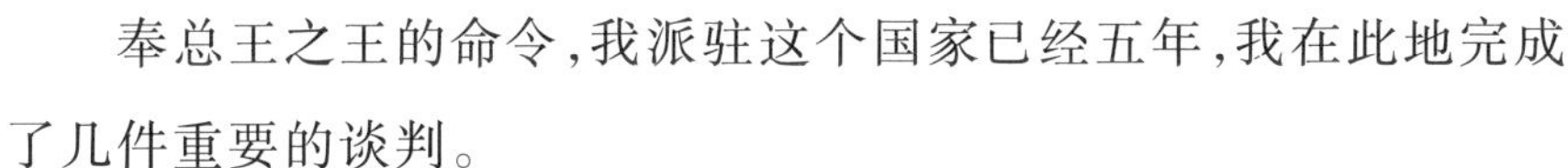

你知道在基督徒君主中只有沙皇与波斯有某些共同利益，因为他跟我们一样，和土耳其人势不两立。

他的帝国比我们大，因为从莫斯科至接近中国边界的最远的要塞有一千法里。

他是其臣民生命财产的绝对主宰，除四个家族外，全都是他的奴隶。以天为台阶的众王之王、先知的副手都没有行使这么可怕的权力。

① 莫斯科地区的古称。泛指整个俄罗斯。——译注

就莫斯科维亚恶劣的气候来说,人们会认为从那里被流放出来绝不是一种刑罚。但是大人物每逢失宠,便被流放到西伯利亚。

就像我们先知的法律禁止我们饮酒一样,此地君主的法律禁止莫斯科维亚人饮酒。

莫斯科维亚人款待客人的方式跟波斯人迥然不同。外来客人进家中,丈夫就把妻子介绍给他,客人吻他的妻子,这算是对丈夫致礼。

虽然父亲们在女儿的婚约上通常都要规定婚后丈夫不得鞭打妻子①,可是,莫斯科维亚的女人多么喜欢挨打,简直无法置信。要是她们的丈夫不切切实实地鞭打她们,她们无法理解是否占有了丈夫的心。而丈夫如果不打妻子,那就是表示对妻子冷漠,这是不可原谅的。下面是一名莫斯科维亚女人最近写给她母亲的一封信:

亲爱的母亲:

我是世界上最不幸的女人。我千方百计让我丈夫爱我,可我没能成功。昨天我家里有许多事情,我出门了,在外头待了一整天。我相信我回家时他一定会狠狠揍我,但是他却一句话也不跟我说。我妹妹受到的待遇就完全不同。她丈夫每天打她,她只要瞧男人一眼,她丈夫就会冷不防把她痛打一顿。他们相爱如胶似漆,生活得再和睦不过。

所以她非常自豪。但是,我不会永远让她有理由瞧不起

① 这种风俗现已改变。——孟德斯鸠注

我的。我决心不惜任何代价,让我丈夫宠爱我。我要气得他七窍生烟,使他不得不给我一些友谊的表示。那时人们就不会说我没挨过打,就不会说我虽然生活在这个家中,可男人心中并没有我。只要我丈夫轻轻动我一下,我就要扯开喉咙大喊,好让人想象我丈夫狠狠地打了我,这时如果有个邻居跑来救我,那我一定会把他卡死的。亲爱的母亲,请您务必告诉我丈夫,他这样待我,实在令我难堪。我父亲为人忠厚老实,从前待你也不像这样。我记得,我还是小姑娘的时候,我似乎觉得他有时爱你爱得太过分了。

我吻你,亲爱的母亲。

莫斯科维亚人不能走出帝国,即使是去旅游。他们由于本国的法律与别的国家隔绝,便认为世上不可能有别的风俗,所以他们更加依依不舍地保持自己的老风俗。

但是,目前统治莫斯科维亚的君主①想进行彻底改变:关于胡须问题他跟他的臣民曾发生严重争执。僧侣和教士同样也为维护他们的无知而进行斗争。

他致力于繁荣技艺,同时也没有忽视要把其国家的荣誉远扬欧亚两洲,因为迄至今日,这个国家都被人遗忘,只有他们自己知道。

他不安现状,又不断受到刺激,他在辽阔的国家巡游,到处都留下他天性严厉的印记。

---

① 指彼得大帝。——原注

仿佛他的城邦已经不够容纳下他,他离开他的国家,到欧洲去寻找新的省份和别的王国。

亲爱的郁斯贝克,我拥抱你。告诉我你的信息,我恳求你。

1713 年闪瓦鲁月 2 日于莫斯科

第 52 封信　里加寄郁斯贝克

(寄×××)

有一天,我在一个交际场所玩得很痛快。那里有各种年龄的女人,一个八十岁,一个六十岁,一个四十岁,她的外甥女年纪在二十至二十二岁之间。出于某种本能,我走近这最年轻的一个,她在我耳边说:"我姨妈年纪这么大了,还打扮得那么娇丽,想找情人,你有什么看法?""她错了,"我对她说,"这种打算只有您才适合。"过了一会,我来到她姨妈旁边,她对我说:"这个女人至少六十岁了,可她今天花了一个多小时梳妆打扮,您有什么看法?""这是白费时间,"我对她说,"要有您这样风韵那才值得装扮。"我向那个不幸的六十岁女人走去,心里对她充满同情。突然她悄悄地对我说:"还有比这可笑的吗?瞧那个女人,八十岁了还扎着火红饰带。她想打扮得年轻些,她倒是成功了,因为这么一来她就像个孩子了。"

“啊，真主啊！”我心里说，“难道我们永远只能觉得别人可笑吗？”接着我又想：“从别人的弱点中找到自我安慰，也许这就是幸福吧！”我感到这很好玩，便想：“刚才是从年纪小往上看年纪大的，现在从年纪最大的开始！”

“夫人，您和刚才跟我谈话的那个夫人那么相像，以致我觉得你们是两姐妹，而且我相信你们年龄不相上下！”“真的，先生。”她对我说，“我们两个中一个人死掉，另一个人一定很害怕，因为我相信她跟我前后差不了两天。”当我套出了这个风烛残年的女人的话后，我走到六十岁女人那里。“夫人，我跟别人打了赌，得由您来判定输赢：我敢担保，那个太太，”说着，我指着四十岁的女人说，“跟您岁数一般大。”她对我说：“真的！我认为我们之间差不了六个月。”我心想：“好哇！果然不出我所料。我再继续往下试。”

我又降了一级，到四十岁女人那里。“夫人，请告诉我，您是不是开玩笑，喊坐在那张桌子旁边的小姐外甥女？您跟她一样年轻；她甚至脸上还有点老相哩，您是根本没有的，您的脸色是这么鲜艳……”“且慢，”她对我说，“不错，我是她的姨妈，可她母亲至少比我大二十五岁，我们不是同母所生。我听我死去的姐姐说，她的女儿跟我是同年生的。”“我说嘛，夫人。所以我感到惊讶是完全没错的！”

亲爱的郁斯贝克，失去姿色的女人感到自己虽死犹生，便想退回到青春岁月。唉，她们怎能不设法欺骗别人呢？她们就这样千方百计欺骗自己，以回避令自己最痛心的想法。

1713年闪瓦鲁月3日于巴黎

第 53 封信　泽丽丝寄郁斯贝克

（寄巴黎）

再没有比白人阉奴科斯努对我的婢女泽利德的感情更强烈更热切的了。他狂热要求跟泽利德结婚，使我无法拒绝。况且既然她母亲都不反对，既然泽利德本人似乎都满意这种有名无实的婚事和虚有其表的男人，我干嘛不同意呢？

这个不幸的人作为丈夫将会受嫉妒心的煎熬；他丢掉惯常的冷漠，只是为了陷入徒劳的绝望之中；他将一直回想着自己原先曾是什么样子，从而令他想到自己已今非昔比，尽管无时无刻不准备报效妻子，献身枕席，却再也无法做到，只好不断地欺骗自己和欺骗其妻子，并使她时时刻刻备尝由于他的境况而带来的一切不幸。那么泽利德要这个不幸的人做什么呢？

至于她自己又怎样！她始终存在于幻影与空想之中，只靠想象过活。床笫之乐始终近在咫尺，可是一直不能享受到，无精打采地躺在一个不幸者的怀抱中，不是呼应着他的喘息，而只能陪着他抱恨终身！

这种人的唯一的用处是看守而不是占有女人，这种人多么应当受到鄙视！我寻求爱情，但我看不到爱情何在。

我对你直抒己见，因为你喜欢我的天真，而且比起我的同伴们忸怩作态，故作害羞，你更喜欢我不加矫饰的神情和对生活乐趣的敏感追求。

我曾听你说，阉奴从女人身上享受到一种我们无法理解的官能快感，他们的天性可补偿他们的损失，有办法弥补他们的不利条件；他们完全可以虽不再是男人，却仍然不失性感，因此在这种情况下，他们仿佛有着第三种官能，从而可以说只是换了一种快感而已。

如果确是如此，我觉得泽利德就不至于过分冤屈了。因为跟比较不算最不幸的人生活在一起，还是不错的事。

此事如何处理，听你的吩咐，告诉我你是否愿意婚礼就在内院举行。

再见。

1713 年闪瓦鲁月 5 日于伊斯法罕后房

第 54 封信　里加寄郁斯贝克

（寄×××）

今天早上我在房间里，你知道的，这房间跟别的房间只隔着很薄的板墙，而墙上还有好几处洞孔，所以隔壁房间说的话都能听得一清二楚。有一个人大步踱来踱去，对另一个人说：“我不知道这究竟是怎么回事，不过一切都跟我作对。三天多了我没有说过一句为我增光的话，每次谈话，我总是局促不安，语无伦次，根本引不起别人的注意，也没有人再跟我攀谈。有时我准备了几名解颐妙语，好为我的谈吐生色，可别人从不给我说出这些妙语的机会。我想叙述一个很动听的故事，可是当我正要扯到这上头来时，别人却不再谈这个话题，好像是有意避开似的。我有几句风趣的话，四天来在我脑子里已经陈旧不堪了，可一下也没能派上用场。长此以往，我相信最终我要变成傻子，似乎这便是我的命运星宿，我无法逃避。昨天我原希望在三四个老太婆面前显显身手，因为这些老太太肯定不会对我摆架子的，我打算说出世上最最漂亮的话。我花了一刻多钟时间想把谈话引到我可以发挥的问题上来，可是她们从没有说一句前后联贯的话，她们像司命女神帕尔卡①一样，老是剪断我演说的线索。“你要我告诉你吗？风趣之士的称誉是很不容易维持的。我不知道你是怎么做到这一点的。”“我有个想法，”另一个人说，“我们两人通力合作，使我们都变得谈笑风生，为此，我们联合起来。每天我们要说些什么，先互相约定。我们互相支持，如果在我们谈话中，有人打断我们的话锋，我们自己把他拉到我们谈的内容上来，要是他不甘心就范，我们就强迫他这样干。我们约定谈到什么地方该表示赞成，什么地方该微笑，什么地方该纵声大笑。你看看吧，所有的谈话，都将由我们左右，别人将会欣赏我们才思敏捷，巧于应付。我们以点头示意互相呵护。你今天大出风头，明天就做我的帮手。我跟你一道走进一家人家，然

① 帕尔卡，希腊罗马神话中司掌生死命运的三个女神的统称。其中克洛托掌生，拿着纺纱杆；拉盖西丝转动纺锤；阿特洛波斯剪断纱线。——译注

后我指着你大声说:‘我得告诉你们,这位先生刚才在路上遇到一个人,回答了一句很逗趣的话。’然后我转向你:‘那个人没料到回答得这么妙,他不胜惊奇之至!’我把我的诗背诵几句,你就说:‘当他作诗的时候我正在场,这是在吃夜宵的时候,他只想了片刻,可真是才思敏捷,不费思索。’你我二人甚至可以互相嘲笑,那别人就会说:‘瞧他们如何互相攻击,如何自卫,他们彼此不留情,且看他如何脱身,棒极了!多么沉着应对!这才是真正的一场舌战哩!’可人们不会说我们头一天已经做了小演习。我们得买几本为没有才智而又想卖弄才智的人编写的妙语集,因为一切全靠有没有范例可循。我要做到不出六个月,我们能够谈一个小时的话,通篇妙语连珠。但必须注意一点,那就是要让这些妙语被人传诵。光是说一句妙语还不够,必须把这句话公之于众,让它传开,否则,说了等于白说。说真的,看到蠢人对一句隽语无动于衷,耳进耳出,让它无声无息地消亡,这是再令人懊丧不过的了。的确,往往有失也有得,那就是我们也说了许多蠢话,而谁也没有注意,在这种情况下,这是唯一可以聊以自慰的。亲爱的,以上所说的就是我们应当采取的办法。照我说的办吧,我保证你不出六个月,就会进入法兰西学士院。这就是告诉你,你无须劳作很久,因为到那时候,你可以不再从事此道,你将成为风趣之士,尽管你现在就有隽智。人们注意到在法国,一个人,凡加入某个团体,首先就要采用人们所谓的‘团体的精神’。你也会这样的,而我担心的倒是你得到的掌声太多,不胜其烦。”

1713 年助勒·盖儿德月 6 日于巴黎

第55封信 里加寄伊本

(寄士麦那)

欧洲各民族的新婚之夜,开头十五分钟一切困难便都已解决,举行婚配祝福[①]之日,夫妻恩爱便臻于顶点。欧洲女子在这方面,不像我们波斯女人,拼命抗拒,寸土不让,有时达几个月之久。欧洲女子新婚之夜,最易对付不过:她们之所以毫无损失,就因为她们没有什么丧失的东西。但是说来也丢人,人们都知道她们破瓜的时刻,而且用不着占卜算卦,就可以准确地预言出她们孩子出生的日期。

法国人几乎从来不提他们的妻子,因为他们怕听众中有人比自己更了解自己的妻子。

在法国有这样一些十分不幸、可没有人会去安慰的人,那就是好吃醋的丈夫;有被大家憎恨的人,那就是好吃醋的丈夫;有受大家藐视的人,那还是那些好吃醋的丈夫。

所以在法国,吃醋的丈夫比任何国家都少。法国人对妻子的事处之泰然,并不是因为他们信任自己的妻子,相反是基于他们对女人的不好看法。亚洲人的一切明智的预防措施,遮盖女人的面

① 婚配是天主教的圣事之一,由神父祝福。——译注

纱,禁闭女人的囚牢,看守女人的阉奴,在法国人看来,这些办法更适合于训练女人耍花招诡计,而不会使她们厌于偷人养汉。这里的男人采取宽容的态度,把妻子的不忠,视为是自己命运星宿照临,在劫难逃。一个丈夫,若想独占其妻子,则会被视为公共欢乐的破坏者和企图不让人人分享阳光的疯子。

这里,一个热爱妻子的丈夫,是个没有本事让别的女人爱上自己的人,一个滥用强制的法律来弥补自己吸引力不足的人,一个利用自己的一切有利条件而不顾整个社会因此受损的人,一个把只在契约中赋予他的东西据为己有,并竭尽自身之所能,破坏造福男女双方的默契的人。美妇之夫这一称号,在亚洲,唯恐被人知道;在这里,则泰然唯恐他人不知。因为人们感到,到处都可以失之东隅,收之桑榆。一个君主失去一块地盘,可以夺取另一地盘来安慰自己。当土耳其人夺走了我们的巴格达时,我们不是从莫卧儿帝国夺取了坎大哈要塞吗?

在一般情况下,容忍妻子不忠的人,不会受人非难,相反别人还称赞他处事谨慎;只有特殊情况,才有损体面。

不是说法国没有谨守妇道的女人,而且可以说这些女人品行卓绝。我的车夫总是把她们指给我看。不过这些女人全都奇丑无比。只有圣徒才不会厌恶她们的贞德。

我跟你谈了这个国家的风俗之后,你不难设想法国人是不大在乎夫妇是否忠贞不贰的。他们认为,对一个女人发誓永远爱她,就跟肯定自己会永远健康或者始终幸福一样可笑。当他们答应一个女人,说自己永远爱她时,他们假设这个女人也答应永远令人感到可爱;那么如果这个女人不守诺言,男人也就不必履行自己的保证。

1714年助勒·盖儿德月7日于巴黎

第56封信 郁斯贝克寄伊本

(寄士麦那)

欧洲盛行赌博,因为赌徒就是一种身份。仅凭这个头衔便可以不问出身、财富和是否正直。戴上这个头衔的人便可以不经任何考察,跻身于正派人之列,虽然无人不知如此判断人十有九失,但是大家都一致不改变这一态度,都同意恪守不渝。

女人们尤其沉湎于赌博。诚然她们年轻时赌博只是为了促进一种更心爱的感情,但是随着韶华流逝,年龄渐老,她们对于赌博的热情似乎重新焕发了青春,而这种热情填补了其他感情的空虚。

女人们想使她们的丈夫倾家荡产。为达此目的,她们在不同的年龄,从妙龄女子到龙钟老媪都有不同的办法:青年妇女衣着香车开始使丈夫们穷于应付,中年妇女幽会偷情进一步使之捉襟见肘,老年妇女呼幺喝六,毕其功于一役。

我经常看到九个十个女人,或者不如说这些女人九个或十个世纪以来,围坐在牌桌前,我从她们满怀希望、担心害怕、乐不可支，尤其是狂怒不已中看出了她们。你也许说她们永远没有时间平静下来，而且还没等到她们陷于绝望之前，生命便将离开她们而去。你可能会怀疑，接受她们付款的那些人，究竟是她们的债主，还是她们的遗产继承人。

我们神圣的先知主要的意图似乎是不让任何事物扰乱我们的理智。他禁止我们饮酒，因为酒会令人失去理智；他特地制订一条专门的戒律，不许我们赌博，而且虽然他无法消除引起各种欲念的原因，他抑制这些欲念。在我们国家，爱情不会引起躁动，也不会产生狂想，这是一种恹恹的情欲，使我们的心灵处于平静状态。多妻使我们免受女人的支配，而且缓和我们的强烈的情欲。

1714 年助勒·希哲月 18 日于巴黎

第 57 封信　郁斯贝克寄雷迪

（寄威尼斯）

在巴黎，浪荡公子养着无数妓女，而善男信女养着无数教士。这些教士有三愿[①]：一愿听命，二愿神贫，三愿贞洁。据说所有的

① 三愿或称“三绝誓愿”，即神贫愿（不具资产），又称“绝财”；贞洁愿（不结婚）又称“绝色”；听命愿（服从长上），又称“绝意”。——译注

教士遵守得最好的是第一愿。至于第二愿,我可以担保他们不执行。第三愿如何,我让你自己去判断。

但是,这些教士不管何等富有,却绝不放弃穷人这个身份。倒是我们光荣的苏丹,宁可放弃他那些至大至尊、至高无上的头衔。那些教士做得对,因为有了穷人这个身份,他们便不会成为穷人了。

医生和被称为告解司铎的教士,在此间总是或受过尊敬,或受过藐视。不过,据说财产继承人跟医生比跟告解司铎配合得好。

有一天,我到了这些教士住的一座修道院里。其中一人白发苍苍,令人肃然起敬。他彬彬有礼地接待我,带我参观了整个修道院。我们走进了花园,我们交谈起来。我对他说:“神父,您在修院里干什么职务?”“先生,”他答道,看样子对我的问题十分满意,“我是罪孽审辨师。”“罪孽审辨师?”我说,“自从我来到法国,我还没听说过这个职务。”“什么!您不知道罪孽审辨师是什么?好吧!听我说来:待我给您一个大致的概念,这样您对这个职务就一清二楚了。罪孽可分两类:重罪和轻罪:重罪绝对无法进入天堂;轻罪虽然事实上触犯了主,但并没有使主震怒到会褫夺犯者在天堂的真福[1]。而我们的全副本领就在于审辨这两类罪孽,因为除了某些不信教者外,所有基督徒都想进入天堂。但谁都想以尽可能便宜的代价赚开天堂的大门,当人们清楚知道什么是重罪时,就设法避免犯这种罪孽,其他的不妨放手去干。有的人不求成为完人,而且他们别无大志,不为名列前茅而殚精竭虑,只想尽可能勉

① 基督教教义之一,认为有八类人将得到恩宠,而享天堂“真福”。——译注

强跻身天堂，只要能进去便已心满意足，因为他们的目的在于干得不多不少，及格便行。这些人与其说是获得，不如说是抢得天堂的一席之地。他们对主说：‘主啊！我严格地执行了各种条件，您就得履行您的诺言；我所做的并没有超过您的要求，您也只要把应允的一切给我，再多的也不必了。’因此，先生，在这种情况下，我们就是在所必需的人。不过还不仅如此，您再听我说下去。行动并不构成罪孽，而在于做出这一行动的人，只要他能够相信这不是件坏事，他便可以问心无愧。而且由于无数行动的善恶界限不明，一个罪孽审辨师便可以宣布这些行动是善行，从而给根本不好的行动添上一定程度的善的成分；而只要他能说服别人，这些行动不含有邪恶，他便使这些行动完全不是恶行了。我毕生干这一行，头发都白了，现在把其中的秘密告诉你，我让你明白这秘密的奥妙，那就是对一切事情都可以耍个花招，即使是看来最不可能耍花招的事情。”“神父，”我对他说，“这太妙了。但是您怎么能够做到跟你们的天主不发生龃龉呢？如果萨非朝廷[①]中有这么一个人像您欺骗你们的天主一样欺骗他，把萨非的命令区别对待，告诉臣民在什么情况下应当执行命令，在什么情况下可以违抗命令，那么萨非一定立刻将那个人处以锥刑了。”我不等他答话就向这个教士行礼告别。

1714 年穆哈兰月 23 日于巴黎

① 萨非王朝(1502—1736)，伊朗的一个王朝。创建者为伊斯梅尔一世伊本·海达尔。——译注

第58封信　里加寄雷迪

（寄威尼斯）

亲爱的雷迪，巴黎有许许多多行业。

在巴黎，一个助人为乐的人走来，只要你给他几个铜板，他就会把点石成金的秘密告诉你。

另一个人答应让你跟仙女睡觉，只要你仅仅在三十年内不近女色。

你还会找到一些占卜者，能说出你一生的经历，只要他们仅仅跟你的仆人先谈上那么一刻钟。

一些伶俐乖巧的女人可以把处女之宝变成一朵花，每天凋谢而又重新开放，而且在第一百次被采摘时比第一次更疼痛。

还有的人以高超的手艺，弥补岁月带给人的无情的摧残，善于使半老徐娘恢复美貌，甚至使老态龙钟的女人重新成为妙龄少女。

所有这些人生活在或者设法生活在这样一个产生一切发明的城市里。

这里公民的收入不依靠任何恒产，靠动脑筋和使手段，各人有各人的办法，各人都竭力施展以谋利。

谁如果想数一数究竟有多少教会的人在追逐某个教堂的收入，那他立刻就会发现这像是恒河沙数和我们王国的奴隶那么多。

无数语言教师、艺术教师和科学教师讲授他们根本一窍不通的东西，这真是了不起的才能，因为展示自己知道的东西用不着多少才智，而要传授自己茫然无知的东西，那就需要无穷的本领。

在这里人们只能猝死暴卒，死亡无法充分支配人们，因为在每个角落都有人掌握灵丹妙药来医治一切可以想象出来的疾病。

所有的店铺都挂着看不见的、让顾客们自行投入其中的罗网，不过有时可以不高的代价从中脱身。一个年轻的女商贩，向一个男顾客说了整整一个小时的甜言蜜语，为的是叫他买一包牙签。

任何人从这个城市出来时，比进入时更加小心提防，由于自己的财产被别人分享了，人们学会了如何保存自己的财产，这是外国人在这座迷人的城市所得到的唯一好处。

1714 年赛法尔月 10 日于巴黎

第 59 封信　里加寄郁斯贝克

（寄×××）

日前我在一人家做客，那里聚集了一群各种各样的人。我发现有两个白花了一个上午时间想使自己变得年轻一些的老太婆垄断了整个谈话。其中一个说：“得承认，今天的男人跟我们年轻时候大不相同了。那时候的男人彬彬有礼，举止优雅，善解人意，可今天，我觉得他们粗鲁得不堪忍受。”这时，一个看来备受风湿病折磨的男人接着说：“一切都变了，时代已经不像四十年前那样了。那时人人身体健康，人们安步当车，心情愉快，只想笑，只想跳舞。可如今人人都愁容满面，简直无法忍受。”过了一会，谈话转到政治方面。“见鬼！”一个年老的贵族老爷说，“国家现在没人管了。你们现在给我找出一个像柯尔贝尔[①]这样的大臣来！这个柯尔贝尔，我跟他熟悉得很。他是我的朋友。他总是叫人把我的年金比任何人都先发。那时财政多么井井有条！大家很宽裕。可今天，我是倾家荡产了。”这时一个教士说：“先生，您谈到我们战无不胜的君主[②]最近乎奇迹的时代。还有什么比他那时消灭异端更伟大的事业[③]？”“难道您认为取消决斗不是件了不起的事[④]？”另一个始终没开口的人带着满意的神情说道。“他这个意见提得很对，”一人在我耳边轻声说，“这个人对这个敕令很满意，而且遵守得太好了，以致半年前，他因为没有违反敕令而挨了一百大棍。”[⑤]

郁斯贝克，在我看来，我从来都只是暗地里根据自身的经历来判断事物的。黑人把魔鬼画成皮肤雪白耀眼，而他们的神黑得如炭。有些民族的维纳斯双奶拖到屁股[⑥]，总之所有的偶像崇拜者都让他们的神祇长着人的面孔，并把自己的一切好尚禀性加在神

① 柯尔贝尔（1619—1683），法国政治家，路易十四时代的财政大臣。——译注

② 指路易十四。——译注

③ 指1685年废除《南特敕令》。——原注

④ 指1679年废除决斗的敕令。——原注

⑤ 嘲笑怯懦的人，借口执行禁止决斗的敕令，宁愿挨打受辱。——译注

⑥ 古意大利司掌农林和园林的女神，象征着爱情和女性美。——译注

祇身上,对于这些我并不感到惊奇。有人说得很对:“如果三角形也要创一个神,那么这些偶然崇拜者就会给他们的神三条边。”

亲爱的郁斯贝克,当我看到一些人趴在一粒原子上,也就是说趴在地球上,因为地球无非浩瀚宇宙的一个点而已,居然自命为神明所创造的典范时,我真不知道这种极度荒诞的夸张跟人类极度的渺小如何能协调起来。

第 60 封信　郁斯贝克寄伊本

(寄士麦那)

你问我法国有没有犹太人。你得明白,凡有银钱之处就有犹太人。你问我这些犹太人在法国干些什么?他们在这里干的就是他们在波斯干的事。亚洲的犹太人跟欧洲的犹太人完全是一个德行。

他们在基督徒中,一如在我们中间那样,对自己的宗教,表现得顽固不化,近乎疯狂。

犹太教是古老的树干,长出两根枝桠,荫蔽全世界:这就是基督教和伊斯兰教。或者不如说一母生下两个女儿。可这两个女儿却把母亲侵凌得百孔千疮:因为在宗教方面,最接近的派别,彼此却是最大的敌人。但是,不管犹太教受到基督教和伊斯兰教何等的虐待,她却始终以生下这两个女儿为荣,并利用这两个女儿拥抱整个世界；同时在另一方面，她又以自己的悠久历史，拥抱各个时代。

因此，犹太人自视为一切圣道的源泉，宗教的发端。反过来，他们把我们视为改变了教规的异端分子，或者不如说把我们视为离经叛道的犹太教徒。

如果这变化是在不知不觉中完成的，那么他们会以为自己是轻易地受骗了。可是，由于变化出于突然，气势汹汹，他们甚至可以指出这两个宗教的诞生的日期和时刻，所以当他们发现我们的宗教居然已经历了若干世纪，便愤愤然死抱着一个他们认为先于世界而存在的宗教不放。

在欧洲，犹太人今天享受着前所未有的安宁。基督徒开始摆脱过去充沛于心中的不宽容精神。人们已经感到西班牙把犹太人赶走，法国迫害跟君主的信仰稍有不同的基督徒，这些事做得不妥。人们发觉，热衷于发展宗教事业，跟对这个宗教所应有的热爱是两回事，而热爱自己的宗教和遵奉这个宗教，没有必要仇恨和迫害不皈依这个宗教的人。

但愿我们的穆斯林在这个问题上的看法跟基督一样明智，在阿里和阿布·伯克尔[①]之间建立和平，而让真主去决定这些神圣的先知们的功德。我希望人们以崇拜和恭敬的行动来纪念他们，而不是毫无意义地争个高低；我希望不管真主给这两位先知指定什么位置，是在他的右边或者在真主宝座的踏板下面，大家都尽力

① 阿布·伯克尔（573—634年），四大正统哈里发之一。伊斯兰教史上的第一任哈里发（632—634年在位）。——译注

不辜负他们所赐予的恩宠。

1714 年赛法尔月 18 日于巴黎

第 61 封信　郁斯贝克寄雷迪

（寄威尼斯）

一天，我走进了一座称为圣母院的著名教堂。当我欣赏着这座美轮美奂的建筑物时，碰巧我有机会跟一个教士交谈，他跟我一样，也是出于好奇而来到那里。谈着谈着，我们谈到了教士职业的平静。

他对我说："大多数人羡慕我们这一行的幸福。他们是有道理的。不过我们这一行也有烦恼。我们并不是完全与世隔绝，我们有千百次机会被召到社交场合上去，在那里我们很难一直保持着我们的角色。

"社交场合的人令人诧异：他们无法容忍我们表示赞同和谴责的事。如果我们想纠正他们的言行，他们便觉得我们可笑；如果我们赞许他们，他们便以为我们是自贬身份。想到那些目无宗教的人，都不把我们放在眼里，真觉得再没有比这更丢人的了。因此，我们的举止谈吐，不得不模棱两可。我们使放荡之徒对我们肃然起敬，不是靠刚毅果断的性格，而是对他们的议论不置可否，使他们觉得我们莫测高深。要做到这一点，需要十分机敏，因为这种左右逢源的态度，是很难把握的。社交场合的人们，不惜一切，以求一逞。他们故作各种惊人之谈，并且见风使舵，顺则愈说愈远，逆则偃旗息鼓，故更易取得成功。

"不仅如此，我们这种大家交口称誉的幸福和安静的境况，在社交场合是保留不住的。我们一出现于社交场合，人家就要我们参加争论，比如要我们设法证明，对于一个不信天主的人祈祷大有用处，对于另一个一生都否定灵魂的人，斋戒实属必要。这种工作十分艰苦，而那些哄然起笑的人，显然并不赞成我们。更有甚者，我们总想博取别人赞同我们的意见，这种愿望不断地折磨我们，而且可以说，这种愿望是跟我们的职业不可分的。要是我们看到有些欧洲人为了人类的利益极力要使非洲人的面孔变白，那我们的所作所为，就跟他们一样可笑。为了使人们接受某些并非根本性的宗教观点，我们使国家动荡不安，我们自寻烦恼，结果我们就像征服中国的这个征服者一样，为了迫使其臣民剃发或者逼其就范，而引起了大规模的反抗。

"我们出于宗教热情，想使由我们负责指导的人履行我们神圣教会的义务，可这种宗教热情，往往也是危险的，而只能极度的谨慎。从前一个名叫狄奥多西[①]的皇帝，杀死一座城市的居民，甚至妇女和儿童，无一幸免。后来，他想进入一所教堂，一个名叫安布罗斯[②]的主教把他作为凶手和渎神者看待，叫人紧闭大门不让

① 狄奥多西一世(347—395 年)，罗马帝国皇帝。——译注

② 安布罗斯(约 339—397 年)，基督教米兰主教。——译注

他进入。在这件事上，主教做了英勇的举动。后来，这个皇帝为这样的罪行作了必要的苦修补赎，才被允许进入教堂，去和教士们站在一起。上述主教把他从教堂赶出去。在这件事上，他有了狂热者的举动。我们的确应当提防，勿使宗教热情过度。那位君主在教士中有没有立足之地，对于宗教，对于国家，有什么要紧呢？”

1714 年赖比儿·尼勒·安外鲁月 1 日于巴黎

第 62 封信　泽丽丝寄郁斯贝克

（寄巴黎）

你的女儿已经七岁，我认为该叫她进入内院了，而不必等到十岁时才交给黑人阉奴。剥夺幼女的童年自由，让她在充满贞洁的神圣墙垣之内接受圣洁的教育，这是绝不嫌过早的。

因为，我不同意那些母亲的意见，她们只是在女儿即将嫁人时，才把她们禁闭起来。由于她们是把女儿强迫禁闭在后房，而不是奉献给后房，这样，她们本应启发女儿接受一种生活方式的，结果却采用了粗暴的手段。难道一切都得靠理智的力量而不能由习惯来潜移默化吗？

人们告诉我们，造化把我们置于从属的地位，这样说并没有什么用处。让我们感觉到这种从属地位还不够，必须让我们身体力行，以便我们在情窦初开、促使我们要求独立的紧要时刻，这种感觉能够支持着我们，使我们不至于堕落。

如果我们仅仅靠义务而从属于你，那么我们有时会忘掉这个义务；如果我们只是出于爱而依附你，那么某种更强烈的爱慕之心也许会削弱对你的爱。但是，如果法律把我们给予了一个男人，那么它就会使我们不去接近其他男人，把他们拒于千里之外。

造化为了男人的利益无所不能：它不仅给男人以欲望，并且要我们女人也有欲望，要我们成为男人享受乐趣的活工具。造化使我们受情欲之火的煎熬，以便让男人放心地生活着。如果男人对我们不再表现冷漠，造化便用我们使他们恢复冷漠，我们使男人处于这种幸福的状态，可我们却从不能领略到这种状态的幸福。

但是，郁斯贝克，别以为你的处境比我幸福。我在这里尝到了万千乐趣，这是你享受不到的。我一直浮想联翩，极力使我认识这些乐趣的价值。我生活充实，而你却只有惆怅。

你把我禁闭在牢狱中，可我甚至在这里也比你自由：你加倍注意，让人看守我，却只能使我以你的不安为乐；你的猜疑，你的妒忌，你的忧伤，都表明你无法自主。

亲爱的郁斯贝克，你再继续下去吧！派人日夜看管我吧。你别以为普通的防范措施已经万无一失。你的幸福能确保无虞，这便增加了我的幸福感，而且你要知道，我别的不怕，只怕你对我漠不关心。

1714 年赖比儿·尼勒·安外鲁月 2 日于伊斯法罕后房

第 63 封信　里加寄郁斯贝克

（寄×××）

我想你是打算在乡下度过一生了。开始你只和我别离两三天，可现在已经两个星期没见到你了。当然啰，你住在一家可爱的人家，你在那里结交了跟你意气相投的人，你可以饶有兴致地高谈阔论；你称心如意，别无他求，这便使你把整个宇宙抛在脑后了。

至于我，我的生活跟你以前见到的大致相同，我出入社交界，试图了解上流社会的情况。我精神上残余的亚洲成分，不知不觉地消失了。我毫不费力地适应了欧洲的风俗。看到一间屋子里，五六个男人跟五六个女人在一起已经不以为怪了，而且我觉得这个主意并不坏。

可以这么说，我只是到了这里之后才认识了女人。我在一个月内对女人的了解比我在后房三十年所了解的还要多。

在我们波斯，人的性格千篇一律，因为都是做作出来的。我们看不到人们的真面目，看到的只是矫揉造作的样子。在心灵受压抑和思想受束缚的情况下，我们听到人们谈的只是恐惧而不是人性；表达恐惧的语言只有一种，而表达人性的方式千差万别，而且人性是以多种多样的形式体现出来的。

弄虚作假这种艺术，在我们国家如此常用，在所必需，在这里却根本不存在。什么都可以说出来,什么都看得见,什么都听得到,心里怎么想,脸上就表现出来。在风俗道德、甚至陋习恶癖中,人们都可以看到某些纯真的成分。

要讨女人的欢心,得有某种才能,这与那种更能讨女人欢心的才能,却又不同,那就是精神上的调侃;它似乎时时刻刻都应允她们什么,可应允的事都要过很长时间才能兑现。这使女人觉得很好玩。

这种戏言趣语,本来只适用于妆台私室之间,但似乎最后却形成了这个民族的通性:人们在枢密院调侃,在军队指挥部打趣,和外国大使开玩笑。各种职业,从业者越是严肃对待,越显得滑稽可笑;因此,一个医生,如果穿着不像戴孝似的[①],如果开着玩笑把病人治死,那他就不再是可笑的医生了。

1714 年赖比儿·尼勒·安外鲁月 10 日于巴黎

第 64 封信　黑人阉奴总管寄郁斯贝克

（寄巴黎）

高贵的老爷,我现在处境为难,不知该如何向您报告才好。后房动荡,混乱不堪。您的妻子们争吵不休,阉奴也分成几派。到处

① 那时医生着黑色服装,犹如丧服。——译注

是埋怨、牢骚、指摘。我的告诫根本没人听。似乎在这放纵的时日，一切都可以为所欲为，而我在内院的职位形同虚设。

您的妻子们中，没有一个不根据自己的出身、美貌、财富、才智以及您对她的宠爱，自恃胜过他人；没有一个不利用其中的某些条件，以求在各个方面占别人的上风。我虽然长期一忍再忍，不幸还是惹得她们全都不满意我，而如今我时刻都无法忍耐下去了。尽管我小心谨慎，甚至曲意逢迎（这对于我所任的职务，是十分罕见而又十分奇特的品德）也都无济于事。

高贵的老爷，您是否愿意我向您揭示这种混乱的原因？原因完全在于您的心肠太软和您对她们温情的照顾。如果您放手由我处理，如果您让我使用惩罚的手段，而不是采取告诫的办法，如果您不被她们的埋怨和眼泪所打动，而是叫她们到我面前来哭，我可绝不会心软的。那么，我会让她们很快对应该戴上的枷锁服服帖帖，并使她们不再有颐指气使和桀骜不驯的脾气了。

我十五岁就被人从非洲的内地我的故国掳出，先是卖给一个主人，他有二十个妻妾。由于我神态稳重，沉默寡言，主人认为我适合于后房内院的差事，便令人为我创造条件，对我动了手术。这在开始令我痛苦不堪。而后来却使我感到幸运，因为这一手术使我成为主人的耳目和心腹。我进入内院后房，那对我来说是新的天地。阉奴总管，我平生见到的最严厉的人，以绝对的权威管理着内院。没有听说过有什么分裂和争吵。到处是一片寂静。所有这些女人一年四季在同一时间睡觉，在同一时间起床。她们轮流入浴，我们略一示意，她们就从浴池出来。其余时间她们几乎都关在自己房里。他有一条规定，就是要这些女人保持高度清洁。为此他十分留意,稍不照办就毫不留情地惩罚。他总是这么说:“我是奴隶,没错,不过是主人的奴隶,他是你们的主人。我对你们行使他给我的权力。惩罚你们的是他,而不是我,他是假我的手惩罚你们。”那些女人未奉召唤,从不走进主人卧室。她们高兴地得到这种恩宠;如果得不到,也不抱怨。至于我,在那个平静的内院,是地位最低的阉奴,而在这里,所有的人都归我指挥,可我当时受到的尊敬却千百倍于在你的后房。

这个阉奴总管发现我的天才,便垂青于我。他向我的主人谈到我,说我是能按主人意见办事的人,可以接替他的职务。虽然我还十分年轻,他毫不介意,他认为我兢兢业业,可以弥补经验的不足。最后呢?我日益取得他的信任,终于他不再有任何顾虑,把他看守了那么久的那些可怕的处所的钥匙,交到我手里。正是通过这位大师傅的言传身教,我学会了不易掌握的指挥艺术,我以毫不通融的严加管束作为我立身处世的箴言。我在他的指导下,研究女人的心。他教我利用女人的弱点而不要把她们的高傲放在心上。他往往很高兴地看着我使得这些女人们对我百依百顺,然后他又使她们在不知不觉中恢复原先的地位,并让我在一段时间内显得恭顺的样子。不过,他只是在看到这些女人在一边祈求,一边受责备而濒于绝望时才这样处理的,他不管女人们如何流泪都毫不心软,并且以这种胜利洋洋自得。他以满意的神气说:“就应当这样管理这些女人们!她们人再多我也不感到为难。我对我们伟大主人的所有女人都一样对待。一个男人怎能希望征服女人的心,如果他所重视的阉奴不一开始便让她们从思想上服服帖帖?”

他不但坚定不移,而且洞察入微。他能看出她们的想法,她们

的矫饰；她们做作的姿态，她们虚假的面部表情，都逃不脱他的眼光。他知道她们一切最隐蔽的行动和最秘密的话。他利用她们中的某些人来刺探另一些人的情况。对于哪怕是微不足道的告密，他都乐于给予报酬。由于她们不得到通知不得接近丈夫，而阉奴愿意通知谁就通知谁，从而使主人的眼睛垂顾于阉奴选中的人；而这选择便是对揭露某一秘密的奖赏。他使他的主人相信，为了授予他更大的权力，让他作这样的选择，是顺理成章的事。高贵的老爷，一个我认为曾经是波斯最有规矩的后房，就是这样管理的。

请让我放手去做吧！请允许我设法使大家服从我。只要一个星期，便可以在一片混乱中重建秩序。为了您的光荣，需要这样做；为了您的安全，也要求这样做。

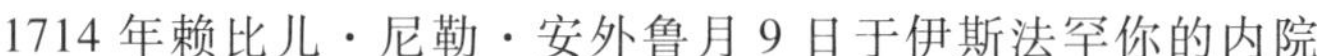

1714 年赖比儿 · 尼勒 · 安外鲁月 9 日于伊斯法罕你的内院

第 65 封信　郁斯贝克寄他的妻子们

（寄伊斯法罕后房）

我听说后房秩序混乱，内部一片争吵和分裂。我动身时如何吩咐你们的？不是要求你们和睦相处、融洽无间吗？你们答应了我，难道你们的应允是骗我的？

如果我采纳阉奴总管的建议，如果我运用权力迫使你们按我的告诫生活，那么受骗的就是你们自己了。

不过，我只会在试用所有其他办法之后，才会使用这种强硬的手段。因此，你们即使不愿替我着想，而是替你们自己着想，也得这么办。

阉奴总管完全有理由抱怨。他说你们对他毫不尊重。你们这种行为怎么能跟你们低下的身份相称呢？在我不在家期间，你们的品行不是都交给他管的吗？他保管的是一种神圣不可侵犯的财富。但是，你们对他的藐视，表明你们把他当做一种负担，可他正是负责使你们按荣誉的准则生活的人。

改变你们的行为吧！你们要洁身自好，这样在下次给你们去信时，我就可能不采纳人们向我提出的不利于你们的自由和安宁的建议。

因为我想让你们忘记我是你们的主人，而仅仅记住我是你们的丈夫。

1714 年舍尔邦月 5 日于巴黎

第 66 封信　里加寄×××

此间人们十分喜爱科学，但我不知道他们是否都很博学。一个人作为哲学家怀疑一切，而作为神学家，却什么也不敢否定。这种自相矛盾的人，只要人们说定什么是优点，便总是以自己具有这些优点而扬扬得意。

大部分法国人狂热追求的是有聪明才智，而想有聪明才智的人的狂热追求，就是著书立说。

但是，这种想法是再糟不过的：造化似乎已经巧妙地作了安排，使人的愚蠢言行只是过眼云烟，而书籍却把这些言行垂之永久。一个傻瓜可使跟他一道生活的人感到无聊可厌，他本应知足了；可他还想折磨后代人：他愿他的愚蠢言行不会被人遗忘，仿佛他从坟墓中还会为此感到高兴似的。他想告诉后代过去曾经有他这么一个人，而且让后代永远记得他是个傻瓜。

在所有作家中，我最鄙视的莫过于编书的人了。他们四处寻找别人著作中的断简残篇，然后把这些剪剪贴贴收在自己的作品中，就像在一个花圃内拼凑上几块草坪。他们并不比只用双手来排字、排版、印书的印刷工人高明。我希望人们尊重原著。在我看来，从存书的圣坛上，摘引若干片段，使它们受到不该有的藐视，这是一种亵渎行为。

既然一个人说的话毫无新意，那他为什么不闭起嘴巴呢？人们干嘛要读这二手货呢？“不过我想做新的编排。”“您是个能干的人，您来到我的藏书室，您把上边的书摆到下边，把下边的书搬到上边，这真是一部优秀的杰作！”

×××，关于这问题，我给你写了这些话，因为我刚才气得把一部书扔掉了，这部书厚得似乎把全世界的科学都包罗在内，可是我读得头都要炸裂了，却一无所获。再见。

1714 年舍尔邦月 8 日于巴黎

第 67 封信　伊本寄郁斯贝克

（寄巴黎）

有三艘船来到这里，但没有带来你的消息。你病了吗？还是你喜欢让我惦挂？

如果你在举目无亲的他乡，尚且不爱我，那么当你回到波斯国内和回到你家中时，情况会是怎么样呢？不过也许我错了。你和蔼可亲，到处都可以找到朋友。人心无畛域，各国都相通。一个正直的人怎么会不去建立新交呢？我向你承认，我尊重旧的友谊，但我也不会不愿意到处缔结新交。

不管我到何地，我都把生活安排得仿佛我要在那里过一辈子。我对有道德的人都一样谦恭，对不幸者都一样同情或者不如说都一样爱怜，对不因得志而忘乎所以的人都一样尊敬。我的性格就是这样。郁斯贝克，在能找到人的地方，我都要选择一些人做我的朋友。

这里有个盖布尔人[①]，在我心中是除你之外占居首位的人：这个人可以说是正直的化身。出于某些特殊的原因，他不得不隐遁在这个城市里，跟他心爱的妻子一道过着平静的生活，靠诚实的买

① 盖布尔人，波斯的琐罗亚斯德教徒；在印度称为帕西人。——译注

卖为生。他一生乐善好施，虽不求闻达，但他的心灵比最伟大的君主更有英雄气概。

我跟他千百次谈到你，我把你的信给他看，我注意到这使他高兴，因此我看你已经有了一个你还不认识的朋友了。

下面是他的主要经历，虽然他很不愿意把这些经历写出来，但是出于对我的友谊，他不好意思拒绝。而我相信你的友谊，所以把这些材料寄给你。

阿费里同和阿丝塔黛的故事

我出身于信奉拜火教的盖布尔族，这个宗教可能是最古老的。我极端不幸，在还不明事理的年龄，便已堕入情网。我刚刚六岁，就跟我的姐姐难舍难分。我的眼睛总是恋恋不舍地盯住她，她只要离开我一会，回来时便会看到我泪水盈眶。我的爱情与我的年龄一起增长。我父亲惊讶地看到我如此钟情，本来愿意照由冈比斯[1]引入于盖布尔人的古老习俗，让我们成婚。可是，我们民族生活在穆斯林的桎梏之下，我们害怕他们，我们不敢想到这种神圣的联姻；而我们的宗教不仅允许，而且明令举行这种婚事的，因为这真实地体现了天意造成的结合。

我父亲看到如果听任我和她的爱情发展下去，必然会有危险，便决心扑灭他以为正在萌生而其实已经达到最高程度

[1] 冈比斯，居鲁士二世之子，古波斯国王，公元前 529 年至前 521 年在位。——译注

的爱情火焰。他借口旅行,把我带在身边,而把我姐姐托付给一个亲戚,因为我的母亲已经去世两年。那次离别多么令人悲痛欲绝,我不说了。总之,我拥抱我的姐姐,她哭得像泪人儿一样,可是我没有掉泪,因为痛苦已使我木然。我们到达特弗利斯[1],我父亲把我的教育托给一个亲戚,把我留在那里,自己回家了。

不久后,我听说靠着他一个朋友的举荐,他把我姐姐送入国王的后宫去伺候一个王妃。如果别人告诉我她死了,我也不会比听到这一消息更吃惊,因为除了我无望再见到她之外,她进入后宫便成了穆斯林,而按照这个宗教的偏见,她必然以厌恶的目光来看我。这时我厌于我的处境,厌于这种生活,无法再在特弗利斯住下去。我见到我父亲便劈头盖脸说出尖刻的话:我责备他把女儿放到只有改变宗教才能进入的地方。我对他说:“你引起主神和照耀你的太阳对你一家的愤怒,你亵渎了你女儿的跟诸善端[2]一样纯洁的灵魂,所以做了比亵渎诸善端更严重的事。我将因痛苦和爱情而死,可是,但愿我的死是主神使你身受的唯一惩罚。”说完,我便走出家门。以后的两年中,我的生活就是去观看后宫的墙垣,设想我姐姐可能在什么地方。我每天千百次冒着被太监杀死的危险,因为他们一直在这些可怕的地方巡逻。

后来,我父亲死了,我姐姐服侍的那个妃子看到我姐姐一

① 特弗利斯,即今格鲁吉亚共和国的梯比里斯。——译注

② 琐罗亚斯德教认为火、光明、清静、创造、生是善端;黑暗、恶浊、不净、破坏、死是恶端。——译注

天天出落得更加漂亮，产生了妒忌之心，便把她嫁给一个热烈想娶她的太监。这样，我姐姐出了后宫，跟那个太监住在伊斯法罕的一间屋子里。

我花了三个多月时间都无法跟我姐姐说上话。那个太监，妒忌心比谁都强，总是以各种借口，不让我跟我姐姐见面。最后，我进入了他的内府，他让我隔着百叶帘跟我姐姐说话。再锐利的眼睛也无法看清她，因为她浑身上下用重重衣服和面纱裹着，我只能从她的声音中认出她来。我跟她相距咫尺，却又相隔天涯。我心中是多么激动啊！我克制住自己，因为有人在监视着我。至于她，我觉得她似乎流了几滴泪。她丈夫想跟我说几句搪塞的话表示歉意，可我把他当做最下贱的奴隶对待。当他看到我用他听不懂的语言跟我姐姐谈话时，他十分尴尬。我们用的是波斯语，是我们的圣语。我对我姐姐说："怎么？姐姐，你真的放弃你祖先的宗教了？我知道在进入后宫时，你必须公开表示信奉伊斯兰教。但是告诉我，你是不是真的心口如一，同意抛弃那个准许我爱你的宗教？那么，你为了谁放弃了这个对我们来说如此可贵的宗教呢？为了这个身上还带着腐刑耻辱的无赖？这个无赖，如果还算个男人，那也是最低劣的男人！"她说："弟弟，你说的这个人是我的丈夫，尽管在你看来根本不配敬重，我必须敬重他，而我也是最下等的女人，如果……""啊！姐姐，"我对她说，"你是盖布尔人，他不是你的丈夫，也不可能是你的丈夫。如果你像你祖先一样虔诚，那你就应当把他看作是个怪物。""唉，这个宗教对我来说已经是那么遥远的事了。"她对我说，"我刚刚

知道一点这个宗教的教义,就得把那些全都忘掉。我用这种语言跟你说话已经很不熟练了。我很难表达我想说的话。不过你可以相信,关于我们童年的回忆,一直令我神往。而从那以后,我的快乐都是虚假的。我没有一天不想念你。关于我的婚姻,你有着很大的干系,这是你想象不到的,我之所以同意这门婚事,是希望能再见到你。可是,这一次见面,我付出了这么大的代价,今后还将让我付出代价的。我看你怒不可遏,而我丈夫又气又妒,浑身颤抖。我再也不见你了。无疑今天是我今生最后一次跟你说话。如果是这样,弟弟,我的命也不会长了。”说完,她肝肠寸断,觉得自己支持不了,无法再谈下去,便和我分别,剩下我这个世上最痛苦的人。

三四天后,我要求见我姐姐。那个野蛮的太监本想不让我进屋的,但是这类丈夫对他的妻子们没有其他丈夫那样的权威,除此之外,他爱我的姐姐,如醉如狂,不敢拒绝她的任何要求。我仍在原处会见她,她罩着同样的面纱,并由两个奴隶提防着。这样我就得使用我们特殊的语言。我对她说:“姐姐,为什么我得在这么一种讨厌的环境中才能见到你呢?囚禁你的墙垣,这些门闩和栅栏,这些监视你的卑鄙的看守者,全都使我愤怒欲狂。为什么你失去了你祖先所享有的美好的自由呢?你的母亲是那么端庄的女人,也只是以自己的贞洁本身来向她丈夫担保自己的德行。他们彼此信任,生活幸福。对于他们来说,淳朴的风俗,比起你在这所豪华的房子里似乎享有的虚假的荣誉来,是更可贵千百倍的财富。你丧失了你的宗教的同时,也丧失了你的自由,你的幸福,以及为女性增光的那可贵的平等。但更可悲的是，你不是妻子（因为你不可能是妻子），而是失去了做人的尊严的奴隶的奴隶。”“啊！我的弟弟，”她说道，“请你尊敬我的丈夫，尊敬我信奉的宗教吧！根据这个宗教，我听你说话，跟你谈话都是有罪的。”“什么，姐姐，”我气急败坏地说，“这么说来你把这个宗教信以为真了？”“唉，如果它不是真的，那对我来说就好多了！我为这个宗教作的牺牲太大了，我不能不信它，而且，如果我的怀疑……”说到这里，她不说了。“是的，姐姐，你的怀疑，不管是什么样的怀疑，都是很有根据的。这个宗教，使你在现世生活不幸，对来世，又不给留下任何希望，你还指望它什么？你想想吧，我们的宗教，是世上最古老的宗教，这个宗教在波斯曾经一直繁荣，而且只植根于波斯帝国，它起源于何时已茫然无考，而伊斯兰教只是纯属偶然传入波斯的。伊斯兰教并不是靠说服而是靠征服才在波斯建立起来的。如果我们原来的君主不是如此软弱，那么你会看到我们古代的麻葛[①]的礼拜仪式。如果你置身于远古时代，一切都向你显示麻葛之道，而丝毫没有伊斯兰教的痕迹。而从那时起，过了几千年之后，这伊斯兰教还只是处于童年时代而已。”“但是，”她说，“虽然我的宗教比你的宗教创立得晚些，它至少更为纯洁，因为它只礼拜真主，而不像你们还礼拜太阳、星辰、火，乃至各个本原。”“姐姐，我看得出来，你从伊斯兰教徒那里，学会了诬蔑我们圣洁

① 麻葛，古波斯祭司阶层的称号，意为“从神那里得到恩惠或恩施的人”。琐罗亚斯德教沿用此称。——译注

的宗教。我们并不崇拜星辰，也不崇拜本原。我们的祖先从来没有崇拜这些东西，从来没有为星辰和本原建起庙宇，从来没有向它们供献牺牲，它们只是对这些作宗教的礼拜而已。但这是低级的礼拜，是把它们作为神的作品和神的显现而行的礼拜。不过，姐姐，看在照耀我们的主神的面上，请收下我给你带来的这本圣书，这是我们的立法者琐罗亚斯德的书，请你不带偏见地读这本书吧。在读这本书时，请接受照亮你心灵的光辉吧！请你记住，你的祖先长期在巴尔赫圣城①礼拜太阳，最后请你记住我，我不希望得到安宁、财产和生命，我只希望你改变信仰。"我十分激动地离开了她，留下她独自一人，对我平生可能有的最大的事情作出决定。

两天后我又去找她，我没跟她说话，我默默无言地等待着决定我生死的判决。她对我说："弟弟，一个女人，一个盖布尔女人爱着你。我内心斗争了很久。但是，诸神啊！爱情解决了多少困难！现在我心情是多么轻松，我不再害怕过分爱你了；我可以不必束缚我的爱情。爱情即便过火，也属正当。啊！这些是多么适合我的心情啊！但是你，你已经砸烂束缚我精神的锁链，但是什么时候你能够砸烂捆缚着我双手的锁链呢？从此刻起，我便把自己交给你了。你要迅速接受我的爱情，让人家看看我的这个赠品对于你来说是多么珍贵！弟弟啊，当我第一次能够拥抱你时，我相信我就会晕死在你的怀

① 阿尔赫，今阿富汗北部的一个省份。省会（马扎里沙里夫）以西数英里的巴尔赫村，被认为是古代巴克特里亚（大厦）的首都巴克特拉所在地，传说琐罗亚斯德教发源于此。——译注

抱里。”我永远无法很好地表达出当我听到这些话时的欢乐心情，因为，我相信，而且确实看到自己顷刻之间成为世上最幸福的人；我发现我在二十五年的岁月中满怀着的愿望，几乎都实现了，而一切使我活得如此苦涩的忧伤，都化为乌有了。可是，当我对这些甜蜜的想法稍稍习惯之后，我便发现我的幸福并不像乍想起来那样近在咫尺，虽然我已经克服了所有障碍中的最大障碍。还必须麻痹看守人员的警觉，令他们措手不及。我不敢把我生命攸关的秘密告诉别人。我只有我的姐姐，而我的姐姐只有我。要是我一着不慎，我就有被处极刑的危险。但是，我认为事若不成，则是最残酷的刑罚。我们商定：她派人来向我要我父亲留给她的一座钟，我在钟内放上一把锉和一根绳子，锉用来锯断朝街一扇窗户的铁栏，绳子用来坠人下去，我从此不再去看她了，只是得夜夜都在这窗户下面，等待她实现计划。我整整守了十五个夜晚，可什么人也没见到，因为她没有找到合适的机会。最后，第十六夜，我听到锯子的声音，这项工作时断时续，在间断的时候，我恐惧得无以名状。像这样工作了一个小时后，我看到她系好绳子，沿绳子溜下来，倒入我的怀抱里。我忘掉了危险，久久地一动不动。我把她带到城外，在那里我预先准备好了一匹马，我把她放在我身后的马背上，以难以想象的速度离开了对我们存在性命危险的地方。天亮前，我们到达一个盖布尔人家，他隐居在杳无人迹的地方，靠双手劳动过着俭朴的生活。我们认为躲在他家并不妥当。遵照他的建议，我们进入一个大森林，躲在一棵老橡树的洞里，直到我们逃亡的风声渐渐平息下来。

我们两人生活在远离人烟的地方，四周没有旁人，我们不断互诉爱情，表示要终身相爱，同时，等待机会由某个盖布尔司祭来为我们举行圣书规定的婚礼。我对她说："姐姐，我们的结合是多么神圣啊！上天把我们结合在一起，我们神圣的教规将要把我们进一步结合在一起。"就在我们情爱绵绵，急不可耐时，终于来了一个祭司，他在一个农夫家里，为我们举行了全部婚礼。他向我们祝福，并千百次地祝愿我们如古斯塔普一般健壮，如霍罗拉斯普一般圣洁。不久后，我们离开了波斯，因为那里不安全。我们躲到格鲁吉亚，住了一年，两情缱绻，日益炽热。但是，我的钱快完了，我自己倒无所谓，我怕我姐姐过贫困生活，便离开她去到我的一个亲戚那里求助。临别依依，难分难舍。但是，我此行不但徒劳跋涉，而且结局可悲。因为一方面，我家的财产全被没收，另一方面，我的亲戚们几乎都无力帮助我，我所得的钱，仅够回程的费用。但是，更使我无比悲痛欲绝的是，我找不到我的姐姐了。在我到家的前几天，鞑靼人入侵了她居住的城市，他们看到我姐姐漂亮，便把她掳去，卖给了去土耳其的一帮犹太人，只留下了她几个月前生下的一个小孩。我去追赶这些犹太人，并在离城二法里的地方赶上他们。我的恳求，我的眼泪都不起作用，他们一直要我付三十个托曼[1]，一个也不能少。我向所有的人求情，我请求土耳其阿訇保护，却没人理睬。最后，我去和一个亚美尼亚商人商量，把我女儿连我自己都卖给他，卖了三十

① 托曼，古波斯金币。——译注

五个托曼。我到犹太人那里，给了他三十个托曼，然后把余下的五个托曼给我姐姐，在这以前，我一直没能见到她。我对她说："你自由了，姐姐，现在我可以吻你了。这是我给你带来的五个托曼。我很遗憾别人不肯出更多的钱把我买下。""怎么！"她说，"你把自己卖了？""是的！"我回答道。"啊！不幸的人！你干了什么事，难道我还不够命苦，还要你再设法给我增加罪受？你有自由，我还宽慰些，可你现在卖身为奴，这等于把我送进坟墓！啊，弟弟，你的爱情是何等残酷！我的女儿呢？我怎么看不到她？""我把她也卖了。"我对她说，我们俩痛哭流涕，连说话的力气都没有。最后，我去找我的主人，我姐姐几乎跟我同时到达。她跪在我主人膝下，说："别人请求自由，我请求为奴，收下我吧！您把我拿去卖，可以比我丈夫卖更好的价钱。"我们俩争相兜售自己，令我的主人也不禁流下了眼泪。我姐姐说："不幸的人！你以为我会同意牺牲你的自由来换取我的自由吗？老爷！您看我们这两个苦命人，要是您把我们拆散，我们谁都活不成了。我把自己交给您，您付我钱吧！也许有一天，靠着这笔钱和我的服侍，我能从您那里得到我不敢要求的东西。不要把我们拆散，这对您是有利的。请您相信，我的生死，掌握在我自己手里。"那个亚美尼亚人是个善良的人，我们的不幸遭遇使他产生了恻隐之心："你们两人都来为我干活吧！要是你们诚实、热情，那么我答应你们，一年后，还给你们自由。我看你们两人，谁都不该当奴隶。等你们恢复自由之后，如果你们获得你们应有的幸福，如果你们交了好运，你们肯定会补偿我的。"我们俩吻了他的

膝盖，跟他走上旅途。在仆役的工作中，我们互相帮助，我总是很高兴能分担我姐姐的分内工作。

到了年底，主人信守诺言，释放了我们。我们回到了特弗利斯，我找到我父亲的一个老朋友，他在城里行医小有名气。他借钱给我经商。后来因生意关系，我来到士麦那，在这里定居下来。我在此地生活六年了，交往的人都极其善良和气，我的家庭也和睦团结。即使全世界的君主把王位给我，我也不愿把我的地位拿去交换。我很幸运，居然找到了那个对我恩重如山的亚美尼亚商人，于是我给了他一些重大的帮助，作为报答。

1714 年主马达·勒·阿赫赖月 27 日于士麦那

第 68 封信　里加寄郁斯贝克

（寄×××）

承蒙一位法官多次盛情邀请，前几天，我到他家吃晚饭。谈天说地之余，我对他说：“先生，我似乎觉得您的职业十分辛苦。”他回答道：“并不像您所想象的那样。从我们干这一行的方式来说，只不过是儿戏而已。”“您这话是什么意思！你们脑子里不是整天装着他人的事情吗？你们不是一直忙着并不有趣的事情吗？”“您说得有道理,这些事并不有趣,因为我们对这些事一点也不感兴趣,可正因此,这个职业并不像您所说的那么令人厌倦。”我看到他如此玩世不恭,便继续说道:“先生,我还没见过您的工作室哩。”“我相信您没见过,因为我根本就没有工作室。为了取得这个职务,我要花许多钱来购书,我卖掉我的藏书。买下这些书的书商,从我的大量的藏书中,只给我留下我的账本。这并不是说我对那些书感到惋惜,我们这些法官,没必要以无用的知识来装填自己。我们要这些法律书籍有什么用?几乎所有的案情都是建立在假设的基础之上,而且背离一般的准则。”“但是,先生,”我对他说,“难道不正是你们使一切案情背离准则的吗?因为,归根到底,如果有法不依,那么世上各国何必要有法律?而如果法官不了解法律,他们又怎能执行法律呢?”那位法官回答道:“倘若您了解法院的情况,您就不会这么说了。我们有活的书本,那就是律师,他们为我们工作,并且负责教导我们。”“可是,难道他们不是有时也以欺骗你们为己任?”我这样顶他,“因此,你们本应该保证自己不受他们的伏击才是的。他们手持武器,进攻你们公正的态度,最好你们也有武器,保卫你们的公正无私,最好你们不是仓促披挂上阵,跟武装到牙齿的人混战一团。”

1714 年舍尔邦月 13 日于巴黎

第 69 封信　郁斯贝克寄雷迪

(寄威尼斯)

你可能再也想象不到,我变得比以前更像玄学家了;可情况正是如此,而你在领略了我对不应涉及的问题所采取的哲学态度,那你就会深信不疑了。

最明达的哲人,在思考了神的性质之后,说神至善至美,但是他们极度滥用了这一概念。他们列举了人可能具有和可能想象出来的各种不同的完善品质,并把这些完善品质加在神明身上,而没想到这些属性往往相互抵触,不可能存在于同一对象上而不互相抵消。

西方的诗人们说,有一个画家[①]要画美神的肖像,便把希腊最美丽的女子集合在一起,并采取各人身上最好看的部分,画成一个女子,认为这就像最美丽的女神了。如果一个人由此得出结论,说那女神头发既棕且黄,眼睛又黑又蓝,性格既温柔又傲慢,那此人势必被众人所嗤笑。

神往往缺少某种完善,而如有这种完善,便可能使他极不完善;但是神只受自己的限制,决不接受其他限制:因为神的必要性,

① 指宙克西斯(活动时期公元前 5 世纪末),古希腊最著名的画家。——译注

便是神自己。因此,尽管神是万能的,他也不能毁弃诺言,不能欺骗世人。甚至神之所以无能为力,往往可能并不在于神本身,而在于有关的事物,正因此,神无法改变事物的本质。

因此,我们某些经师敢于否定神的无限预见性,其根据就在于这种预见性与神的公正性互不相容,对于这种想法,我们用不着感到惊讶。

不管这种想法如何大胆放肆,玄学与此极其适合。根据玄学的原则,神不可能预见某些有赖于自由原因决定的事物,因为尚未发生的事物根本不存在,故无法认识。这原因就在于:“无”没有任何特性,是无法觉察到的。这些经师认为,神不能在某一不存在的意志上识别出一个本身并不存在的事物,也不能在灵魂中看出这一事物。因为,直至这个事物决定之前,决定该事物的行动本身并不存在。

灵魂是自己决定自己;但是在某些场合,灵魂是如此犹豫不决,乃至连从哪一方面作出决定都不清楚。往往灵魂作出决定,甚至只是为了运用自己的自由而已,结果神无法从灵魂的行动中,也无法从事物对灵魂施加的影响中,事先看出这个决定来。

神怎能预见这些有赖于自由原因决定的事物呢?他只能通过两种方式来预见这些事物:通过推测,而推测是与无限的预见性相矛盾的;或者,他把这些事物作为某一原因所自动产生的并必然随原因而来的结果来预见,但这更是自相矛盾,因为根据假设,灵魂是自由的,而事实上,灵魂就像台球一样并不自由,一个台球只有当另一个台球碰上它时,才能移动。

但是,别以为这些经师们想把神的知识局限于一定范围内。

由于神随心所欲地支配造物,他想了解什么,便能了解什么。可是,虽然神洞烛一切,他并不时时使用这一能力;他通常把决定行动或不行动的能力交给造物,从而让造物决定自己够不够格。此时神放弃了对造物施加影响和决定造物的权力。但是,神想了解什么时,总能了如指掌,因为他只要要求事物按照他所看到的那样而发生,只要按自己的意志来决定万物就行。就这样,神从纯粹可能的事物中,抽出必然要发生的事物,同时以他的意旨,把各人精神将要作出的决定固定下来,并使各人不再具有他给予他们的行动或不行动的能力。

姑且让我们对一个无可比喻的事物用一个比喻来说明:一个君主不知道其大使对一件重要事务会如何处理;如他想知道,他只要命令大使以某种方式行事,那么他便可以确信,该事情将会按他的设想进行。

似乎《古兰经》和犹太人的经书都不断反对绝对预见的教条:在这些经典中到处都可以看到,神好像都不愿知道各人将作出什么决定,而且这是摩西教给人类的第一条真理。

神把亚当置于人间天堂中,条件是亚当不吃某种果子。对于一个可能了解各人灵魂将要做出何种决定的神来说,这是个荒谬的告诫:因为,归根到底,神在他的恩惠上附加条件,岂非可笑之举?这也就像一个人,明知巴格达会陷落,却对另一个人说:“如果巴格达没有陷落,我给你一百托曼。”这岂不是完全莫名其妙的玩笑?

亲爱的雷迪,絮絮叨叨这么些哲学干什么?神高高在上,我们连他的座位甚至都看不见。我们只能通过他的教诲来了解他。神其大无边,其智无比,其在无穷。但愿神的伟大使我们记住自己的渺小。永远谦卑自律,就是永远敬仰神明。

1714 年舍尔邦月最后一日于巴黎

第 70 封信　泽丽丝寄郁斯贝克

(寄巴黎)

你喜爱的索立曼不久前受了侮辱,现在正痛不欲生。一个年轻的冒失鬼,名叫苏非斯,三个月来,一直求他把女儿许配给他。有些妇人曾经见过童年时代的索立曼的女儿,而根据她们的叙述和描绘,苏非斯似乎看上了那姑娘的容貌。嫁妆已经商定,其他一切也都进展顺利。昨天,第一部分仪式结束后,那姑娘由一个阉奴陪着,并照习俗从头到脚都遮盖起来,骑马出门。可是,她到新郎家大门时,新郎叫人把门关起来,并发誓说,如果不增加妆奁,他决不接纳新娘。双方父母都赶来调解。几经抗拒,索立曼才同意给女婿一份小礼物,这样婚礼才得以完成,然后人们用了相当大的强硬手段,把姑娘送上床;但是一小时后,那个冒失鬼气冲冲地起床,把女人的面部砍了好几刀,声称她已不是处女,便把女人送到父家去了。这个侮辱是无法忍受的最大打击。有些人认为那姑娘是无罪的。做父亲的真不幸,会有受到这种侮辱的危险。如果我的女儿受到这样的待遇，我相信我会痛苦死的。

再见。

1714 年主马达·勒·巫拉月[1] 9 日于法蒂默后房

第 71 封信　郁斯贝克寄泽丽丝

我为索立曼打抱不平，尤其是这灾难已无可弥补，而且他的女婿只不过是行使法律给予的自由。我觉得这条法律相当无情，因为他把一家的荣誉交由一个疯子任意左右。人们说掌握确实的迹象，可以了解真情，可这也是枉然：这是一种古老的错误，今天我们已经认识到这个错误了，而且我们的医生可以提出不可驳斥的理由，说明这些证据并不可信。甚至连基督徒也把这些证据视为痴人说梦，虽然在他们的圣书中明确规定了这些证据，而且他们古代的立法者还把这些证据作为所有女子是清白还是该受处罚的根据。

我听说你认真教育你的女儿，我甚为欣喜。但愿真主使她的丈夫觉得她跟法蒂玛一样美丽纯洁，但愿有十个阉奴看守着她，但愿她出嫁后，成为夫家后房的荣誉和光彩，但愿她头上完全是金碧辉煌的屋顶，脚下到处铺着华丽无比的地毯，而作为最高的预祝，

---

① 五月。——译注

但愿我亲眼看到她天福无量。

1714 年闪瓦鲁月 5 日于巴黎

第 72 封信　里加寄郁斯贝克

（寄×××）

有一天，我在一群人中，看到一个人非常踌躇满志。在顷刻间，他解决了三个道德问题、四个历史问题和五个物理学的难点。我从未见过如此博古通今的决断者：他的思想从不因丝毫疑惑而有所迟疑。大家不谈科学，而谈时事新闻，他就解决有关时事新闻的问题。我存心为难他，便这么想："我必须发挥我之所长，以我的国家为藏身的壕堑。"于是我跟他谈波斯。可是我刚说出四个字，他就两次表示反对，并以塔维尼埃和夏尔当[①]的权威说法为依据。我心里想："啊！至善的真主啊！这是些什么样的人啊！他们很快比我都更熟悉伊斯法罕的大街小巷了。"我立刻打定主意，不再说话，我让他说去，他还在那里下他的断语呢！

1715 年助勒·盖儿德月 8 日于巴黎

① 塔维尼埃（1605—1689），法国商人，旅行家。1676 年发表《土耳其、波斯、印度游记六则》。夏尔当（1643—1713），《巴黎伊斯法罕游记》的作者。——译注

第 73 封信　里加寄×××

我听人谈到一种法庭,名叫法兰西学士院[1]。世上没有一个法庭比它更不受尊敬的了。因为,据说这个法庭作出决定,人民便把它推翻,而且把一些法律强加给它,它却不得不遵守。

前些时候,为了确立其权威,它颁布了一部法典[2],这个由许多父亲生下的孩子,几乎在呱呱坠地时便成了老人。而且,虽然他是合法的儿子,可一个比他早出世的私生子[3],就几乎要把他闷死于襁褓中。

这个法庭的成员,除了喋喋不休地高谈阔论,便无所事事,在他们名垂千古的废话中,自然免不了有赞语颂词,而等到他们明白了其中的奥秘,他们便狂热于赞颂,而且乐此不疲。

该团体有四十个脑袋,每个脑袋都充满着辞藻、比喻、反衬用语。这些人,口之所言几乎全是惊叹的话语,耳之所闻总是韵律整

---

① 法兰西学士院,枢机主教黎塞留 1634 年建立的文学院,1635 年成为独立机构,经常讨论法语语法和词汇问题,就用法、意义等作出决定,全国应奉为圭臬,但实际上它所作出的决定,往往脱离语言实际,人民在日常语言中并不遵守,相反,日常语言中的一些用法却约定俗成,迫使院士们在讨论中不得不采取。——译注

② 指《法兰西学士院词典》1694 年第一版。此词典经学士多年讨论,出版时已经不符合实际,故下文说“呱呱坠地时便成了老人”。——译注

③ 指《费卡蒂埃词典》,1688 年出版。该词典比较切合当时的语言实际,故使《法兰西学士院词典》大为逊色。——译注

齐、音调和谐的句子。至于研究,那就谈不上了,似乎这个团体的存在就是为了说话,而不是观察事物。它站立不稳,因为时间,它的这个天敌,随时都在动摇它的基础,毁坏它所做的一切。从前有人说,它的手是贪婪的。关于这一点,我不对你说什么,我让比我更了解情况的人来断定。

×××,上述这些稀奇古怪的事,在我们波斯根本看不到。我们根本没想到建立这样奇特怪诞的机构,我们总是在我们质朴的风俗和单纯的方式中寻找自然。

1715 年助勒·希哲月 27 日于巴黎

第 74 封信　郁斯贝克寄里加

(寄×××)

几天前,一个熟人对我说:“我曾答应您带您去见识见识巴黎的名门大户。现在我领您去一个大老爷家,他是我们王国最有代表性的人物。”

“先生,您这话什么意思?是说他比其他人更有礼貌,更可亲?”“不。”他对我说。“啊,我懂了,那就是说,他让人时时刻刻感觉到他比所有与他接近的人都优越。果真如此的话我何必去呢?让他去自命不凡吧,而且我对他的行为不以为然。”

可我还是得去。我看到一个矮个子的人。这个人的态度是那么傲慢,他吸鼻烟的神气那么不可一世,他擤鼻子的声音肆无忌惮,他吐痰的动作那么旁若无人,他抚摸他那些狗的样子,对人简直是侮辱,以致我只能不倦地钦佩他的举止。“啊! 至善的真主啊!”我心里想,“倘若我在波斯宫廷上这样表现,那我活像个大傻瓜了。”里加,一个人势必天性恶劣,才会对每天来我们家向我们致意的人卑鄙地百般侮辱。那些来访的人完全明白,我们的地位高过他们,而如果他们不明白,我们对他们的恩惠,每天都可以使他们知道这一点。我们完全用不着谋求别人尊敬自己,我们应不遗余力,使自己和蔼可亲。我们与最微贱的人倾心交谈,这样,声势煊赫虽总不免令人有冷酷无情之感,但他们尽管置身于这样的环境中,却感到我们富有同情之心;他们只看到我们的心比他们高尚,因为我们屈高就下,照顾他们的需要。但是,当在公开礼节中,必须维护君主的尊严时;当必须使外国人尊敬我们的国家时;最后,当在危难关头必须鼓舞士气时,我们较之平时的谦卑,显得百倍的高傲,我们脸上重新表现出傲慢神态,于是别人有时就会认为我们的表现相当出色。

1715 年赛法尔月 10 日于巴黎

第 75 封信　郁斯贝克寄雷迪

(寄威尼斯)

我得向你承认,我在基督徒中,没有看到像我们穆斯林那样对自己宗教的确信。在基督徒中,从说教到信教,从信教到坚信,从坚信到力行,存在很大的距离。宗教与其说是修身成圣的问题,不如说是大家争论的题目:廷臣官吏、军旅将士,甚至妇女,群起反对教士,并要求教士向他们证明他们自己决心不信的事物。这并不是因为他们经过理智的思考而作出这样的决定,也不是因为他们曾用心考察这个宗教的真伪而抛弃了这个宗教,而是因为他们是叛逆者,他们在认识这个枷锁之前,便对这枷锁感同身受而把它挣脱。因此,他们的信仰和不信仰,同样都不坚定;他们生活于时涨时落的潮流中,不停地被潮流时而推向信仰,时而推向不信仰。有一天,其中一个人对我说:"我相信灵魂不灭,但得看季节。我的意见绝对取决于我的身体状况。按照我精神中兽性的多少,按照我胃消化的好坏,按照我呼吸空气的纯杂,按照我吃的事物是清淡还是油腻,我是斯宾诺莎派、索齐尼派[①]、天主教派、不信宗教者或

① 斯宾诺莎(1632—1677),17 世纪唯理论主义者,否定上帝的超然存在,否定上帝的人格、天意天命、自由意志及意图。索齐尼派,16 世纪欧洲宗教改革运动的派别之一,主张上帝一位论,创始人为莱利奥·索齐尼(1525—1562),后由其侄弗斯都·索齐尼(1539—1604)继续宣扬。——译注

笃信宗教者。当医生在我床边时,告解司铎觉得我易于摆布。当我身体健康时,我善于抵制宗教,不让它来折磨我;但我生病时,便允许宗教来安慰我,因为我在那一边已毫无指望,这时宗教便出来,以它的许诺来争取我,于是我便把自己交给宗教,而死在有希望的这一边。”

很久以来,基督教君主解放了其国家内的所有奴隶,因为他们说,基督教使人人平等。的确,这一宗教行动对他们十分有利。他们借此削弱封建领主,把庶民从他们的权力下拉过来。然后君主们看到了某些地方有奴隶,便把这些地方征服下来,他们认为这对他们是有利的。他们允许买卖奴隶,而把过去曾经使他们如此感动的宗教原则置之脑后。你要我说些什么呢?彼时的真理,到了此时成为谬误。为什么我们不像基督徒那样行事呢?我们头脑过于简单,不肯在气候宜人的地方进行轻而易举的征服和建立殖民地,只因为那里的水不够纯洁,不能用来按神圣的《古兰经》的原则沐浴净身[①]。

我感谢全能的真主,他给我们派来了他的伟大先知阿里;我感谢真主,因为我所宣扬的宗教,从天上降到人间,像天宇一样纯洁,比人类的一切利益,更受人喜爱。

1715 年赛法尔月 13 日于巴黎

① 穆斯林不想夺取威尼斯,因为他们认为在那里没有水给他们净身洁灵。——孟德斯鸠注

第 76 封信　郁斯贝克寄伊本

（寄士麦那）

欧洲的法律，对自杀者非常残暴：拖着尸体游街，对着死人咒骂，没收死者的财产，可以说是再一次把他们处死。

伊本，我觉得这样的法律很不公正。我身心痛苦，生活贫困，受人藐视，为什么别人不让我脱离苦海，而残忍地夺走我自己手中的救药？

既然我已不打算再作为社会的一员，为什么别人要我去为这个社会劳动呢？社会是建立在互利的基础之上的。但是，当社会对于我成为负担之时，谁又能阻止我抛弃这个社会呢？上天把生命作为一种恩惠赐给了我，那么当生命不再是个恩惠时，我可以把它退还：因既不存，果亦当弃。

假如我得不到作为臣民的好处，难道君主仍会要我做他的臣民？难道我的同胞们会要求这种只对他们有益，于我毫无指望的处置？与一般施惠者迥然不同的真主，难道会罚我接受已成为沉重负担的恩惠？

我生活在法律下，我不得不服从法律；但是当我已不在法律统治下生活时，法律还能束缚我吗？

但是有人会说，这样你就扰乱了神明规定的秩序。真主将你的灵与肉结合在一起，而你却要把它们分开，因此你是违反神意，抗拒神命。

这说的什么话？我改变物质的变化方式，把运动的原初规律——创造与保存的规律——做成圆形的球变成方形的，难道这就是扰乱了神明规定的秩序？毫无疑义，并非如此。我只是运用赋予我的权利而已，因此，从这个意义来说，我可以随心所欲地扰乱整个自然，谁也不能说我违抗天道。

我的灵魂与肉体分开，难道就削弱了宇宙的秩序和神明的安排？难道您会认为这种新的组合就不够完美，就不完全依赖于一般的法则，世界就会因此遭受什么损失，真主的作品就会因此而不够伟大，或者不如说，不够至大无边？

难道您以为，我的肉体变为一串麦穗，一条小虫，一棵小草后，就不配作为造化的作品，而我的灵魂摆脱了一切尘世的成分后，就不够高尚了吗？

亲爱的伊本，所有这些想法，纯粹出于我们的骄傲自大。我们丝毫没有感觉到我们的渺小，而且，尽管我们微不足道，我们却要成为宇宙中数得上的、出头露面的重要人物。我们设想，要是像我们这样完美无缺的人死了，自然都要受到损害，可我们不想想，世界上多一个人或少一个人——我要说什么？——所有的人在一起，亿万个像我们这样的人，都只不过是一粒微小纤细的原子，真主知识无限广博，才会看得到这个微粒。

1715年赛法尔月15日于巴黎

第77封信　伊本寄郁斯贝克

（寄巴黎）

亲爱的郁斯贝克，我觉得对于一个真正的穆斯林来说，不幸的遭遇不是惩罚，而是儆戒。为对人失礼而补赎愆尤的日子，是极其珍贵的日子；事成愿遂的幸运时光，倒是应该缩短。一切急躁，除了显示出我们想不依靠赐福的真主——因为真主本身便是至福——而获得幸福外，还有什么用？

如果一个生命是由两个存在所组成，而如果保持两者相结合的必要性，更充分地指明这是对造物主命令的服从，那么，由此便可制订出宗教法规。如果这种保持结合的必要性成为人们行动的更好的依据，那么由此便可制订出民事法律。

1715年赛法尔月最后一日于威尼斯

第 78 封信　里加寄郁斯贝克

（寄×××）

寄上一个法国人从西班牙来函的抄件。我想你一定很高兴一阅。

六个月来，我走遍西班牙和葡萄牙，我生活在这样一些人中间，他们对其他多个民族都不屑一顾，唯独法国人有幸受到他们的仇视。

老成持重，是这两个民族引人瞩目的特点；这主要以两种方式表现出来：戴眼镜和留小胡子。

眼镜有力地表明，戴眼镜者潜心科学，博览群书，以致视力衰弱；于是，任何架着眼镜或装饰着眼镜的鼻子，都可以毫无疑义地被视为学者的鼻子。

至于小胡子，它本身便令人肃然起敬，而不管会有何后果。尽管如此，有时它却大派用场，人们以此来报效君主，为国争光，如印度的某个著名的葡萄牙将军[①]的行状，便是极好的证明：此人曾在需要钱时，剪下两撇胡子中的一撇，送给果

① 指让·得·卡斯特罗（1500—1548），曾任葡属印度总督。——译注

阿居民，作为抵押，借取二万皮斯托尔[1]。这二万皮斯托尔先是借给他的，后来他却大模大样地把这撇胡子收回去了。

我们不难想到，像这样持重而冷漠的民族，一定很自大；西班牙人和葡萄牙人果然很自大。他们的骄傲自大通常是以两件很了不起的事情为依据的：生活在西班牙和葡萄牙这块土地上的人，如果是他们所谓的“老基督徒”，就是说，不是最近几个世纪以来，经异端裁判所劝服后才皈依基督教的人的后代，就觉得自己的心灵非常高贵。至于在西印度的西班牙人和葡萄牙人，其自鸣得意，也不亚于此，因为他们认为自己具有无尚优越之处，那就是他们是所谓“白皮肉的人”。在我们伟大的苏丹后宫，从来没有一个嫔妃，对自己的眉毛，会比墨西哥某个城市中，一个在门口袖手闲坐、老朽不堪、奇丑无比的无赖[2]，对自己白里泛青的肤色，更为骄傲。一个如此高贵的人，一个如此完美的造物，即使把全世界的财宝都给他，也是不屑劳动的，而且绝不会从事某种下贱而机械的营生，来损害皮肤给他带来的体面和尊严。

因此，必须知道，在西班牙，如果一个人有某种长处，譬如说，除了上述种种优点外，还有一技之长，有一柄长剑在手，或者从他父亲那里学会了弹奏五音不和的吉他，他就不干活了：四体不勤，是他的体面所在。每天十小时坐着无所事事的人，比只闲坐五小时的人，所得到的尊敬，恰恰多一倍。因为高贵

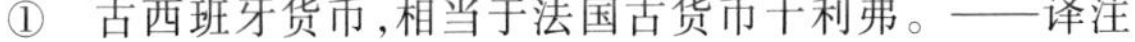

① 古西班牙货币，相当于法国古货币十利弗。——译注

② 指殖民者。——译注

的身份是从太师椅上取得的。

但是，把这些劳动视为仇寇的人，虽然表面上装出一副旷达的平静，心中却并不平静，因为他们从来多情。在情妇窗下，相思苦等，忧郁欲绝，在这一点上，他们是世界第一；任何一个西班牙人，如不因此伤风感冒，便不算风流情种。

他们的本性，第一是虔信，第二是嫉妒。他们不让他们的妻子受到浑身伤痕的士兵和年老体衰的官员的勾引。但是，他们却让她们跟低眉顺眼的虔诚教士，或者跟注目直视、身强体壮的方济各会①修士关在一起。

他们允许妇女袒胸露乳，出现于人前；但是却不愿让人看见妇女的脚后跟，也不愿让人撞见她们踮着脚尖。

到处都有人说，男人对爱情是残忍苛刻的，西班牙男人尤其如此。女人治愈他们相思之苦，但女人只是使男人痛苦有所变换而已，往往热情熄灭之后，留下的则是长期不快的回忆。

西班牙人有一些伪善的礼节，这在法国会令人觉得很无聊。譬如说，连长若不先请求士兵允许，就不能殴打士兵，而异端裁判所在对犹太人执行火刑之前，总要向这个犹太人表示歉意。

未受火刑的西班牙人，似乎非常拥护异端裁判所，所以要是把异端裁判所取消掉，他们一定很不高兴。我只求人们成

① 方济各会，天主教的一个教派，1209年方济各创立。初期提倡安贫节欲，后来却广置产业，生活腐化。——译注

立另一种裁判所，不是用来对付一般的异端分子，而是用来对付异端分子的头头，因为这些头头把修道院的某些琐碎的功课，说成跟七种圣事[①]同样有效，他们崇拜他们所尊敬的一切事物，而且他们装作如此笃信虔诚，乃至于几乎不是基督徒。

你可以在西班牙人身上找到一些才智和良知，但这些你可不要到他们的书籍中寻找。在随便哪个图书馆，你看到的一边是小说，一边是繁琐哲学。你也许会说，这是出于对人类理性的某种隐秘的敌视，才用这两者构成各个学科，而所有这些集合在一起便构成了整个科学了。

他们的书籍中，只有一本是好的[②]，让人看到所有其他书籍都荒唐可笑。

他们在新大陆发现了广袤的土地，可对他们自己居住的大陆却还不认识。他们的河流上，还有某一码头尚未发现[③]；他们的山上，还有他们不认识的民族。

他们说，太阳在他们国家升起，又在他们国家落下。不过，还得加上一句话，太阳在经历他们的国土时，看到的只是田野荒芜，废墟遍地。

郁斯贝克，如果我看到一封在法国游历的一个西班牙人寄到

① 一称“圣礼”。基督教的重要礼仪共七种：圣礼（洗礼）、坚振（按手礼或敷油礼，以坚定信仰）、告解（忏悔）、圣体（也称圣餐）、终傅（临终时敷擦圣油）、神品（神职人员领受神品的仪式，也称寿职礼）。——译注

② 指塞万提斯的《堂吉诃德》。——译注

③ 指塔古斯河流经的西班牙埃·什特富马杜拉省边界处的两个河谷——巴迪加。——原注

马德里的信,我一定不会感到不快,我相信那个西班牙人可能为他的国家狠狠地报一箭之仇。对于一个冷眼旁观而又敏于思考的人,法国有着多么广阔的天地让他挑剔啊!我想象他对巴黎的描写,将这样开始:

“此间有一所房屋,用以收容疯人。起初我以为这是城中最大的一所疯人院。不然!杯水车薪,无济于事。毫无疑问,法国人成为邻邦的众矢之的,便把若干疯人关在一所大宅中,以令人相信,宅外的人都不是疯子。”

关于西班牙人,我就说到这里吧。

再见,亲爱的郁斯贝克。

1715 年赛法尔月 17 日于巴黎

第 79 封信　阉奴总管寄郁斯贝克

(寄巴黎)

昨天,有几个亚美尼亚人带来一名切尔克西亚[①]的年轻女奴,打算出售。我带她进入内院,脱去她的衣服,以鉴定者的目光审视

① 俄国古地区名,在大高加索山脉西端和库班之间,因西高加索的主要种族切尔克西亚人而得名。——译注

她。我越看越觉得她风姿绰约。出于处女的羞涩,她似乎想不让我看到她的动人之处。我看她十分勉为其难地服从我。我既无情欲足以令人感到羞耻,对女色的魅力已是木人石心,而且虽然举动不受约束,但我的责任是谦卑,我只射以端庄的、令人感到心地无邪的目光。然而,尽管如此,她在我面前,看到自己赤身裸体,仍然满面绯红,羞羞答答。

我一判定她配得上您,立即不敢正视,给她披上一件绯红大氅,戴上一枚金指环。我跪在她脚下,把她作为您心上的女王来尊崇。我付钱给亚美尼亚人,把那女子藏在众人看不见的地方。幸福的郁斯贝克,您的后房美女如云,多过东方的所有王后,您归来时,发现您拥有最迷人的尤物,看到虽然那些红颜因岁月和闺怨而衰老,却又有新的丽人出现在您的后房里,您该多么高兴啊!

1715 年赖比儿 · 尼勒 · 安外鲁月 1 日于法蒂默内院

第 80 封信　郁斯贝克寄雷迪

（寄威尼斯）

亲爱的雷迪,我到欧洲以来,看到了好些不同的政府,不像亚洲,到处政制都一样。

我经常探究,哪种政府最具理性。在我看来,最完善的政府,就是以最小的代价达到其目的的政府，因此，能以最合乎民众的天性和好善的方式领导人民的政府，就是最完善的。

如果人民在温和的政府下，跟在严厉的政府下一样驯服，则前者更为可取，因为它更具理性，而严厉则是使人民驯服的外在原因。

亲爱的雷迪，请相信，一个刑罚偏于严酷的国家，并不会使人们因此更加守法。而在刑罚较轻的国家，人们害怕刑罚，也不下于在刑罚严厉而暴虐的国家。

无论政府温和或严酷，惩罚总有程度之分：按罪行大小，定惩罚轻重。设立何种刑罚，自然按所在国的习俗而定，监禁八日或轻微罚款，对于生活在政制温和的国家的欧洲人，其威慑作用，不亚于对一个亚洲人割去一臂。不管是欧洲人还是亚洲人，对某种程度的刑罚，会产生某种程度的畏惧；但是各人按自己的方式，分别程度之轻重。一个法国人受了某种刑罚，痛感名誉扫地，懊丧欲绝；同样的刑罚，施之于土耳其人，恐怕他连一刻钟也不会少睡。

况且，我并未见到在土耳其、波斯、莫卧儿帝国，治安管理、司法、公道，比在荷兰和威尼斯等共和国，甚至比在英国，得到更好的奉行；我没有见到在土耳其这些国家犯罪少一些，也没见到那些地方的人被严刑重罚所慑服而更遵守法律。

相反，在上述各国，我看到产生不公与欺凌的某种源泉。

我甚至发现那里的君主，虽然本身便是法律，却比其他任何地方都更不能主宰一切。

我看到每当这样的紧要时刻，总要发生纷争与骚动，那时谁也不是首领，而且靠暴力维持的权威一旦遭到藐视，谁也没有足够力量使之恢复。

对于作奸犯科却可以逍遥法外的情况感到绝望；而这种绝望本身，便是对混乱秩序的肯定，从而加剧了混乱。

在这些国家，发生的并不是小小的反叛，而是民怨沸腾和揭竿而起，而这两者之间绝没有什么距离。

在这些国家，巨大的事件不需要靠重大的原因来酝酿；相反，小小的事故可以引发大大的革命，而且不管是发起革命者还是被革命者，往往均始料不及。

当土耳其皇帝奥斯曼[①]被废黜时，发难者事先谁也没想这么做：他们只是苦苦哀求他对某一冤案加以明断；此时人群中突然响起大家素不熟悉的喊声：穆斯塔法[②]的名字被提了出来，于是穆斯塔法突然成了皇帝了。

1715 年赖比儿 · 尼勒 · 安外鲁月 2 日于巴黎

① 奥斯曼二世(1603—1622)，奥斯曼帝国苏丹(1617—1622 年在位)。1622 年，他的禁卫军叛变，将他绞死。——译注

② 穆斯塔法一世(1591—1639)，奥斯曼苏丹(1617—1618 年、1622—1623 年在位)。1618 年被废黜。1622 年禁卫军把奥斯曼二世赶下台，又拥立他为苏丹。——译注

第81封信 波斯驻莫斯科维亚使臣纳古姆寄郁斯贝克

（寄巴黎）

亲爱的郁斯贝克，世上没有一个国家，其征城略地、光辉伟业可以超过鞑靼人。这个民族是宇宙的真正统治者：其他一切民族似乎均为其驱使而生存。鞑靼人是一些帝国的缔造者，又是一些帝国的毁灭者。在各个时代，鞑靼民族都在地球上留下了其强大威力的标记，在各个时期，鞑靼民族都是各国的祸害。

鞑靼人曾两次征服中国，而且至今仍迫使中国对他们俯首称臣。

他们是波斯的主人，高居在居鲁士①和古斯塔普的宝座之上。他们征服了莫斯科维亚。他们作为土耳其人，在欧、亚、非三洲征服了广袤无边的土地，统治着世界的这个部分。

而且，如果谈到更古老的年代，推翻了罗马帝国的民族中，某些也是出自于鞑靼族。

比起成吉思汗征服的地盘来，亚历山大的武功算得了什么？

---

① 指居鲁士大帝二世（公元前590/580—约前529），波斯阿契美尼德王朝王国君主。——译注

这个无往不胜的民族，只缺少一些历史学家来歌颂其奇迹般的历史往事。

多少不朽的功勋，被埋没在遗忘之中！多少由他们建立的帝国，我们对其根源来历都一无所知！这个穷兵黩武的民族，孜孜以求的，只是其眼前的光荣；他们确信自己在任何时代都能战胜他人，所以根本没想到把过去的丰功伟业记载下来，使自己彪炳千古。

1715 年赖比儿·尼勒·安外鲁月 4 日于莫斯科

第 82 封信　里加寄伊本

（寄士麦那）

虽然法国人话多，但其中却有一种沉默寡言的教士，称为查尔特勒[①]。据说他们入修道院时就割断了舌头；人们倒真希望所有其他教士把对他们职业无用的东西，也这样割掉才好。

谈到沉默寡言的人，便想到还有一些人比这要奇特得多，他们具有一种异常的才能：善于高谈阔论而言之无物，他们谈笑风生两个小时，但是你想找出他们话中有什么漏洞，想把他们的话照搬下来，或者记住他们的片言只语，都办不到。这种人受妇女们的崇

① 查尔特勒，指圣布吕诺会的修士。——译注

拜。但他们比起另一些人却稍逊一筹。那些人有天赋的可爱本领,善作适时的微笑,也就是说,他们随时脸上都挂着微笑;他们有这种风度,对妇女所说的一切,都愉快地表示赞许。

但是,当他们善于从任何事情中看出微旨奥义,从最普通的事物中,发现千种巧妙的小特点,他们的才智便达到登峰造极的地步了。

我还认识另外一些人善于把了无生气的东西引入谈话中,让人家谈他们的锦绣衣裳、金黄假发、鼻烟壶、手杖和手套。从街上开始,就让人听到他们的马车声和沉重叩门的门锤声是在所必需的:这一前言预告了演说的全文,而且因为开场白说得好,后来的蠢话因为说得较晚,人们也就不计较了。

这些雕虫小技,在我们国家,人们根本不看在眼里。可我向你保证,在此地,谁要有幸掌握这套玩意,的确受益无穷,而一个通达情理的人,在他们面前反而黯然失色。

1715 年赖比儿 · 尼勒 · 安外鲁月 6 日于巴黎

第 83 封信　郁斯贝克寄雷迪

(寄威尼斯)

亲爱的雷迪,如果有真主,他必然是正义的,因为,如果他不正义，那他就是一切生物中最坏、最不完善的一个。

正义是真正存在于两个事物间的一种恰当的关系。无论是谁来看待这种关系，真主也好，一个天使也好，乃至一个人也好，这种关系始终如一。

的确，人们并不都能看出这种关系，甚至即使看出这种关系，却往往故意避而远之；而他们看得最清楚的东西，从来就是他们所追求的利益。正义发出呼声，但是人之七情六欲，纷繁复杂，使得他们很难听到正义的呼声。

人会做出不义之事，因为这样做对他们有利，他们只求满足自己而不愿满足他人。人们的所作所为，均出于一己之私。没有一个人会无缘无故干坏事，必定有某种原因使他要这样做，而这原因，总不外乎利益的考虑。

但真主绝不可能作出任何不义之举。既然假定真主看得见正义，他就必然奉行正义的原则，因为真主一无所需，应有尽有；而如果他不为利益而行不义，那么他就是一切生物中最邪恶的一个。

因此，即使没有真主，我们也必须永远热爱正义，也就是说，尽力使自己和我们理想中最完美的人相像，而如果真有最完美的人，他就必定是正义的。我们即使摆脱了宗教的枷锁，也不应该不受公正无私这个原则约束。

雷迪，上述看法使我想到正义是永恒的，丝毫不取决于世人的习俗；否则，这将成为可怕的真理，而必须规避。

我们四周，强者如林，他们可以以千百种不同的方式来损害我们，而他们这种行为十有八九可以不受到惩罚。但是，我们知道在所有这些人心中，有一内省的原则为我们抵制他们的行为，使我们不受其害,因此我们心中何等安宁!

不然的话,我们难免经常提心吊胆。我们从别人面前走过,就会如同从猛狮跟前经过一样,我们的财产、荣誉和生命也会时时刻刻都得不到保障。

上述种种想法,使我对经师们不满。他们把真主描绘为一个以专横手段行使其权力的人;他们让真主的所作所为,采用了我们因为害怕触犯真主而都不敢采用的方式;他们把一切缺点横加在真主身上,而我们就是因为有这些缺点而受到真主的惩罚的。而且经师们意见矛盾,把真主时而描绘成是个坏人,时而是疾恶如仇、见恶必罚的人。

一个人反躬自省时,如果发现自己有正义之心,这将是多大的快慰!这一乐趣,虽然恬淡,却必然使人怡然自得:他看到自己为人处世优于没有正义的人,就和他看到自己优于虎豹熊罴一样。是的,雷迪,如果我有把握,能永远矢志不渝地遵循着我眼前的公正无私的大道前进,我自信将成为天下第一流的人。

1715 年主马达·勒·巫拉月 1 日于巴黎

第 84 封信　里加寄×××

昨天我去荣军院[①]。如果我是君主，那我对修建出这所大厦的高兴心情会不亚于打了三次胜仗。院中到处可以看到伟大君王的遗泽。我相信这是世界上最令人肃然起敬的地方。

看到这些为祖国作出牺牲的人共聚一堂，这是多么动人的场面！他们只是一个心愿，那就是保卫祖国。他们虽能力不同，但人共此心，引以为憾的只是如今已无力再报效祖国。

眼看这些老弱伤残的战士，在这退役生活中，依然严格遵守纪律，仿佛如临大敌，他们从这临战的氛围中，寻求最后的满足，并把自己的心灵和才智，分别奉献给宗教义务和军事义务，还有什么比这更可钦佩的呢？

我希望为国捐躯者的姓名保存于庙堂之上，记入作为光荣与高尚行为之源泉的史册之中。

1715 年主马达·勒·巫拉月 15 日于巴黎

① 荣军院，路易十四于 1670 年至 1674 年在巴黎修建以供养残废和老年军人。——译注

第 85 封信　郁斯贝克寄米尔扎

（寄伊斯法罕）

你知道，米尔扎，沙·索立曼①的某些大臣，曾经制订计划，要迫使波斯境内的亚美尼亚人离开波斯王国，不然就得改宗伊斯兰教；按照他们的想法，如果王国内部留有这些不信伊斯兰教的人，国家将永远被亵渎。

如果在这时际，人们听信了这种盲目的虔诚，波斯的荣誉就被断送了。

人们不清楚此事是如何告吹的。不管是提出还是否定此建议的人，都明白该建议的后果。理智与政策在此事中发挥了作用，这纯属偶然，从而将帝国拯救于危难之际，其危险之严重，可能甚于打了一场败仗，或丧失两座城市。

人们原想通过放逐亚美尼亚人，在一天内消灭所有商人以及几乎全部手艺工匠。我确信，阿巴斯大帝②可能宁愿斩断双臂，也不愿在这样的命令上签字，而且他会认为把自己最勤勉的子民拱手送给莫卧儿大帝或者印度其他君主，这就等于割让了半壁河山。

---

① 索立曼：即萨非二世，1666—1694 年在位。——译注

② 即阿巴斯一世（1571—1629），波斯萨非王朝的沙赫（国王），1588—1629 年在位。——译注

我们那些狂热的穆斯林对琐罗亚斯德教徒的迫害，使得他们不得不成群结队逃往印度，致使波斯丧失了这个如此精心耕耘、以自己的劳动独力改造了我们贫瘠土地的民族。

现在，那些虔诚的教徒，只差给帝国第二次打击了：那就是摧毁我们的工业。通过这个办法，帝国就会不推自倒，而其必然结果是，这个人们本想使之繁荣的宗教，也随着帝国一道坍塌。

如果应当不带成见地进行推理，那么，我不知道，米尔扎，在一国中有若干宗教，是否更好些。

我们看到，信奉宽容的宗教的人，通常比信奉占统治地位的宗教的人，对祖国更为有用，因为前者无望得到高官厚禄，只能靠豪富阔绰以出人头地，而这一切只能通过自己的劳动和从事社会上最艰苦的职业去取得。

况且，由于任何宗教都含有对社会有用的训世箴言，所以都得到热情的遵奉，这是大有裨益的。不过有什么比让多种宗教并存更能激发这种热情呢？

这些宗教彼此竞争，互相毫不原谅，信教者互存妒忌之心，每个人都谨言慎行，唯恐做出有辱本宗之事致使本宗受异宗的鄙视和毫不容情的抨击。

因此，我们历来看到，把一个新教派引入到一个国家，是纠正旧教派的种种弊端的最切实有效的办法。

有人说，在一国之内，容忍许多宗教，对君主不利。这是无稽之谈。若在一国之内兼容并包全世界的教派，对君主将毫无损害，因为任何教派无不主张服从，倡导驯顺。

我承认，各国历史都充满宗教战争。但请留意一点：宗教战争之所以发生，并不是由于宗教派别繁多，而是由于自以为居于统治地位的那一种宗教的不宽容精神；犹太人从埃及人那里学来的正是这种劝教狂热，这种狂热像民间流行的传染病，又从犹太人传染给伊斯兰教徒和基督教徒，总之，这种精神混乱的加剧，只能看作人类理智被完全壅塞了。

因为，归根到底，即使破坏别人的信仰也并不算不人道；即使这样做不至于会产生萌发千种恶果的任何一种，也只有疯子才居然会强迫他人改信宗教。要我改变宗教信仰的人，即使别人强迫他，无疑也绝不改变他的宗教信仰，因此，他感到奇怪：我居然愿意做一件哪怕拿全世界和他交换，他自己也不愿意做的事。

1715 年主马达 · 勒 · 巫拉月 25 日于巴黎

第 86 封信　里加寄×××

此地的家庭，仿佛都是无为而治。丈夫对妻子只有微小的权利；父亲对子女，主人对奴仆，也是如此。他们的一切纠纷，均诉诸法庭，但你可以相信，法庭的判决永远不利于妒忌的丈夫、愤怒的父亲和苛刻的主人。

日前，我到司法机关去。到达之前，必须从无数年轻女商贩的刀枪下走过[①],她们以虚情假意的声音向你召唤。开头的这个场面令人发笑,可进入大厅,便变得阴森可怕。那里所见之人,都面容严肃,衣着更为庄严。最后,我们走进了家庭的各种隐私均暴露无遗、最秘密的行动都置于光天化日之下的神圣场所。

在那里,一个正经的少女,前来诉说她由于贞操保持过久,精神煎熬,内心斗争,痛苦挣扎。她对自己能够守身如玉并不自豪,相反,总以马上就会委身于人来威胁,并且为了使她的父亲对她的需要不再茫然无知,她把这一切向众人诉说。

接着,来了一个厚颜无耻的女人,申述她让她的丈夫戴了绿帽,并以此作为跟她丈夫离异的理由。

另一女人,端庄正经,如出一辙,前来声称,她厌于空有人妻之名,却未享人妻之乐:她公开了新婚之夜的隐情。她要求最能干的专家对她进行检验,然后由法庭宣判,恢复她处女之权。甚至有的女人,竟敢向丈夫挑战,要求跟他当众比试[②]。在众目睽睽之下,此事是十分困难的,这种考验,对于经受得住考验的妇人,和考验失败的男子,都是奇耻大辱。

无数姑娘被拐骗或引诱,使男人显得比本来更加恶劣。风化案件,在这法庭上吵闹不休。在此地,耳之所闻,无非是纷纷议论气愤的母亲、被糟蹋的姑娘、薄幸的情郎、愤怒的丈夫。

根据本地的法律,结婚期间所生的孩子,一概认为是丈夫所生。丈夫再有充分的理由,不相信孩子是自己的,那也枉然,因为

---

① 当时巴黎法院门前两旁开满小商店。——译注

② 法国 16 世纪曾明文规定,如果男方萎弱,不能房事,女方要求取消婚姻者,可由法庭指定证人,夫妻当场试验。此法于 1677 年取消。——译注

法律替他相信了,从而不需要他去查根问底,疑虑重重。

在这法庭上,表决以多数票通过。但是有人说,人们根据经验,承认表决时不如以少数票为准。这是相当自然的:因为看问题正确的人非常少,而大家都认为,看问题不正确的人却不计其数。

1715 年主马达·勒·阿赫赖月 1 日于巴黎

第 87 封信　里加寄×××

人们说,人是社交的动物。根据这一定义,我觉得法国人比别人更具有人的特性;法国人是特别符合标准的人,因为他们似乎是专门为社交而生的。

不过我注意到,法国人中,有些人不仅善于社交,而且他们本身便是万物具备的社会。他们好像分身有术,出现于各个角落;顷刻之间,使全城各区都熙熙攘攘起来。一百个这样的人,比两千个公民更显得热闹。在外国人眼里,不管是瘟疫还是饥荒造成的破坏,他们都可以补救。在学校里,人们问,一个物体能否同时存在于许多不同的地方,哲学家们认为成问题之事,这些人本身就证明是可能的。

他们总是急急忙忙,因为他们有要事在身,那就是无论遇见何人,一定要打听,从何处来,到何处去。

他们脑子里永远不会打消这样的想法:按社交惯例,每天必须对群众个别串门,而在人们聚会场所作集体访问尚不计在内,这种集体访问,由于路途缩短了太多,在他们的礼仪规程中,是一文不值的。

他们走家串户,用门锤叩门,对门的破坏,比狂风暴雨更为严重。如果你到各家门房察看来客名单,你会发现名单上每天都有他们的名字,用瑞士人的书法[①]写得千差百错。他们的日子,消磨在送葬的行列、吊丧的慰讣或者婚礼的祝贺中。国王对臣子有所颁赏,必然害得他们花钱雇车,去向受赏者表示他们的欢欣。最后,他们精疲力竭,便回家休息,以便明日得以重新执行他们艰辛的职务。

日前,他们中有个人积劳而死。在他的墓上,有人立了这样的墓志铭:"此地安息着一个生前从未得到安息的人。他曾参加五百三十队送葬行列,曾庆贺二千六百八十个婴儿诞生,他为友人们获得年金曾用不同的词语进行祝贺,这些年金总数达二百六十万利弗。他在城里走的马路,总长九千六百斯大特[②];在乡下走过的路,总长三十六斯大特。他善于妙语解颐,平时总是准备着三百六十五个现成的小故事。此外,从年轻时起,他便有三百八十条从古书中摘录的箴言警句,用来有机会时炫耀一番。他终于弃世长逝,享年六十。来往过客,我就此搁笔,因为死者一生的作为和见闻,如何能对你们说得完?"

1715 年主马达·勒·阿赫赖月 3 日于巴黎

① 当时瑞士人往往到外国当雇佣军或做差役。他们文化不高,故登记来客姓名,常常出错。——译注

② 斯大特,古希腊长度单位,一斯大特约合 180 米。——译注

第 88 封信　郁斯贝克寄雷迪

（寄威尼斯）

巴黎洋溢着自由与平等的气氛。门第出身，道德品行，甚至戎马军功，无论何等煊赫辉煌，也不能使一个人在芸芸众生中超群出众。这里没有各种身份等级之间的互相嫉妒。据说，巴黎首屈一指的人，乃是拥有高车驷马的人。

所谓大贵人，乃是一个能够陛见国王，能与大臣交谈，祖宗显贵，债务缠身，但有年金收入的人。除此之外，如果他能以忙碌的神气或者假装迷恋于寻欢作乐来使人看不出无所事事，那他就自认为是世上最幸福的人了。

在波斯，只有君主让他们在政府中有一席之位的人才是权贵。在此地，有的人因出身门第而高贵，但这些人并无声誉。国王行事有如巧匠，总是使用最简单的机器制造物品。

法国人奉君恩如奉神明。宰相是大祭司，他用许多牺牲，供此神明。神明周围的人并不穿祭司的白袍。他们有时将牺牲供奉神明，有时将自身当做牺牲，他们自己跟全体人民一样，尽忠于他们所崇拜的偶像。

1715 年主马达·勒·阿赫赖月 9 日于巴黎

第 89 封信　郁斯贝克寄伊本

（寄士麦那）

追求荣誉的愿望，与一切生物所具有的保全生命的本能并无区别。如果我们能使自己存在于他人的记忆之中，我们似乎就延长了自己的生命。荣誉是我们获得的新的生命，它与我们受之于天的生命一样可贵。

但是，并不是每个人对生命热爱的程度都一样，所以他们对荣誉热衷的程度也不相同。他们心中固然始终铭刻着追求荣誉的高尚热情，可由于想象力和教育的影响，这种热情表现为千种不同的形式。

这种差别，存在于不同的人之间，而在不同民族之间，就更为明显。

在任何国家，荣誉绝不与奴役为伍，臣民享受自由的程度大，追求荣誉的愿望便增长，这可以立为一条格言。

昨日，一位有识之士对我说："我们在法国，从许多方面来说，比在波斯自由；所以我们在这里更热爱荣誉。这种可喜的爱好，可以使一个法国人欣然而且兴趣盎然地去做任何事情。而你们苏丹，如果要他的臣民做同样之事，就非得不断地迫之以刑和诱之以奖不可。

“所以，在我们法国，君主珍惜平民百姓的荣誉。为了维护荣誉，设有可敬的法庭。荣誉是民族的神圣财宝，而且是君主无法任意支配的唯一财宝，因为他若这样做，便不能不与自己的利益相抵触。所以，如果一个大臣由于君主的某种偏宠，或者略有轻蔑表示，感到自己的荣誉受到损坏，便会立即离开宫廷，挂冠辞职，退隐家中。

“法国军队和你们军队的区别，在于你们的军队是由生性怯懦的奴隶组成的，只是慑于刑罚，才克服对死亡的恐惧，从而在他们的心灵中，产生一种新的恐怖，使他们愚钝不灵。不像法国的士兵，乐于身冒矢石，他们有一种胜于恐惧的愉快心情使他们消除了恐惧。

“然而，荣誉、名声以及道德的祭坛似乎是在各共和国以及人们能够口称‘祖国’的那些国家中建立起来的。在罗马、雅典、拉栖第梦[①]，最杰出的功劳，只要用荣誉作为酬谢便已足够。打了一场胜仗，或者夺取了一座城市，一顶用月桂枝叶或树叶做成的桂冠、一座雕像、一篇颂词便是巨大的奖赏了。

“在那些地方，一个人做了一桩善举，他觉得这善举本身对他便是足够的酬报。他看见一个同胞时，心中便自然会产生曾施惠于彼的愉快感觉。他为人效劳的次数，是以国中公民的人数来计算的。任何人都可以为一个人做一点好事，而要对整个社会的幸福作出贡献，这就近乎天神了。

---

① 拉栖第梦，古希腊斯巴达共和国首都，今拉科尼亚州首府，在伯罗奔尼撒半岛东南部。此处所说的罗马、雅典，均指古代。——译注

“可是，在你们波斯，职务和禄位，只是标志着国君喜怒无常的特性，因此，这种竞相为善的精神，在你们波斯人心中，岂不应当完全湮灭了吗？在波斯，名誉与品德，如果不佐以君王的恩宠，是被视为想入非非之事，它们随得宠而生，随失宠而灭。一个受公众尊重的人，永远没有把握他明日不会蒙耻受辱；他今朝是三军统帅，也许不久国王会令他去当厨子，使他除了因为烧了一盘美味的羊肉而受表扬之外，再也无望获得别的赞语。”

1715 年主马达·勒·阿赫赖月 15 日于巴黎

第 90 封信　郁斯贝克寄前人

（寄士麦那）

从法兰西民族追求荣誉的普遍热情中，每个人心中产生了某种所谓的荣誉感，我不明白这究竟为何物。确切地说，这是每个职业的特性，但在军人中尤为突出，而军人的特点，就是这种至高无上的荣誉感。我很难使你体会到这究竟是什么，因为我们恰恰对此毫无概念。

从前，法国人，尤其是贵族，除了按这种荣誉感的规则行事外，不遵循任何法律。荣誉感的规则支配着他们生活中的一举一动，而且这些规则如此严厉，人们如果规避其中最微小的规矩，更不用说违反全部规则，那就要受到比死更残酷的刑罚。

在处理争端时，这些规则几乎只规定一种解决办法，那就是决斗，决斗干净利索地了结纠纷。但是，这种办法也有坏处，那就是判决往往不是在有关的两者之间进行，而是由他人代替。

一个人即使跟另一人不很熟悉，他也得参与到争执中去，并且得付出生命的代价，仿佛原先是他自己在发怒一样。对于自己被选为决斗者，对于自己受到别人如此抬举的优遇，他永远引以为荣。有的人，也许不肯出四个皮斯托尔[①]去拯救一个人及其全家免于绞刑，却可以毫不犹豫地替他冒一千次生命危险。

这种解决争端的方式真是匪夷所思，因为一个人比另一人手脚敏捷，力气更大，并不能因此便说他更有理。

因此，历朝国王均曾以极其严厉的刑罚禁止决斗，但也无济于事。荣誉要永远统治下去，它起而反抗，不承认任何法律。

于是法国人便处于一种十分令人恼火的境地：因为一个君子，受了侮辱，根据荣誉的规则，他非要报此仇不可；但另一方面，他若进行报仇，法庭就要用最残酷的刑罚惩处他。遵循荣誉的规则，结果死在断头台上；照法律行事，就将永远被拒于社交界大门之外。于是只有这两种残酷的选择：或者死亡，或者苟且偷生。

1715 年主马达·勒·阿赫赖月 18 日于巴黎

① 法国古货币，等于十利弗。——译注

第 91 封信　郁斯贝克寄吕斯当

（寄伊斯法罕）

此间出现了一个人物，假冒波斯大使，厚颜无耻地玩弄了世上最伟大的两个国王[①]。他带来赠给法国君主的礼物，我们的君主即使是给伊里梅特或格鲁吉亚这样小邦的国王，都拿不出手。他这种可耻的悭吝，侮辱了我们两大帝国的尊严。

他在自称为欧洲最有礼貌的人民面前丢脸出丑，从而使西方人都说万王之王的统治下只不过是粗鄙不文之徒。

他受到了礼遇，而他好像自己原不想让人给他这样的礼遇似的。可是，似乎法国朝廷虽不重视此人，却重视泱泱大国波斯，法国朝廷还是让他体面地出现于法国人民面前，尽管他为法国人民所不齿。

你在伊斯法罕不要说及此事，给这个可怜虫留下一条活命吧！我不愿意我们的大臣们由于自己办事轻率、任人不当而去惩罚此人。

1715 年主马达 · 勒 · 阿赫赖月最后一日于巴黎

① 此事经圣西门查证，发生于 1713 年 2 月。——原注

第 92 封信　郁斯贝克寄雷迪

(寄威尼斯)

在位如此之久的君主死了[①]。他在世时，曾使那么多人对他议论纷纷，可他死时，大家都不置一词了。直至生命的最后一刻，他依然坚定勇敢，仿佛只向命运之神低首屈服。生前使自己的名字传遍全球的阿巴斯王也是这样逝世的。别以为这件大事在此地只引起道德方面的思考，每个人都想着自己的事情，都想如何从这一变故中得益。嗣君是先王的曾孙，年仅五岁，他的叔父亲王被任命为王国摄政[②]。

先王想虽死犹生，似乎企图死后依然统治着国家，他留下遗嘱，对摄政王的权力做了限制。这位精明的亲王前往高等法院，陈述其出身所应有的各种权利，使高等法院取消了先王的处置。

高等法院犹如供人践踏的废墟，但这废墟却永远令人想到此地曾是往昔人民所信奉的古代宗教的著名庙宇。法院除了审理讼事，别的都不过问[③]，其权力日益衰微，除非发生某种意料不到的

---

① 指法王路易十四，死于 1715 年 9 月 1 日。——译注

② 指奥尔良公爵菲力普(1674—1723)。——译注

③ 法国的 Parlement 原指古日耳曼部族全体成员参加以平分战利品的军事民主制度的机构(民众大会)，法兰克人的国家成立后仍保留这一习俗，参加者为大领主、贵族。加罗林王朝建立后，吸收主教参加，会议既有议政性质，又起法庭作用。从 13 世纪美男子菲力普四世起，Parlement 专门作为审判机构，成为“高等法院”。——译注

局势，才会使它恢复力量与生命。这些巨大的团体，跟人世间一切事物的命运一样：时间摧毁一切，使它们历尽沧桑；败坏的风俗腐蚀一切，使它们消退了昔日的风采；最高权力打倒一切，使它们丧失了原来的权威。

可是摄政王想取悦于人民，开始时显得尊敬这一代表公众自由的形象，而且他好像有意重建庙宇，再塑金身，所以他要大家把高等法院视为君主制度的支柱和一切合法权力的基础。

1715 年赖哲卜月 4 日于巴黎

第 93 封信　郁斯贝克寄其兄卡斯邦修道院尚通

圣洁的尚通[①]，我自惭形秽，匍匐在你面前。我珍惜你的足迹，如同珍惜我的眼珠；你至圣至德，仿佛拥有我们神圣先知的心灵；你苦修苦行，连真主也感到惊诧。天使从光荣之巅注视着你，说道：“既然他的精神已经与我们在一起，并飞翔于祥云烘托的宝座四周，何以还留在尘世人间？”

我怎能不尊敬你呢，既然经师们告诉我，教士们即使有欠忠诚，也永远具有圣洁的品性，令真正的信徒肃然起敬。真主从世界

① 伊斯兰教苦行僧。——译注

各地，为自己挑选了比他人更纯洁的灵魂，使之脱离红尘，以便通过他们的禁欲苦修和虔诚祷告，使自己的愤怒天谴，不会随时落在那些违抗旨意的民族头上？

基督徒传述他们早期隐修士的神奇事迹。数以千计的隐修士隐遁于泰巴依[①]荒漠中，他们的首领有保罗、安东尼、帕科米乌斯[②]。如果他们所述属实，这些隐修士的生活跟我们最圣洁的伊玛目一样充满奇迹。他们有时整整十年不见一个人；但他们日日夜夜与魔鬼住在一起[③]；他们不断受这些精灵鬼怪骚扰之苦；床上见到鬼，饭桌上遇到鬼，无处可以藏身。可敬的尚通，如这一切是真的，那就得承认，从来没有人曾经跟比这更坏的伴侣一道生活过了。

通情达理的基督徒把所有这些故事视为十分符合人性的寓言，可以帮助我们感受到人世的不幸。我们想到沙漠中寻找一方净土，也是枉然：诱惑一直纠缠着我们，我们的七情六欲，就是魔鬼的化身，与我们须臾不离。这些心灵的魔障，这些精神的幻象，这些错误与谎言的庸人自扰，总是与我们形影相随，乃至于在我们斋戒期间，在我们苦行赎罪之时，依然引诱着我们，腐蚀着我们，也就

① 古代上埃及南部地区名称，首府底比斯。大批基督徒为逃避罗马帝国皇帝德西乌斯（249—252 年在位）的迫害，逃到底比斯东面和西部沙漠过着隐修生活。——译注

② 保罗，即（底比斯的）圣・保罗，埃及人，在德西乌斯迫害基督徒期间，逃到底比斯旷野，穴居祈祷忏悔。安东尼，指（埃及的）圣安东尼（约 251—约 355），宗教隐士，比保罗更早实行隐居灵修，创立早期的隐修制度。帕科米乌斯（约 290—340），埃及人，古代集体隐修的创始人，曾在底比斯旷野隐居。——译注

③ （埃及的）圣安东尼从 286 年前后到 305 年隐居于埃及皮斯皮尔（今戴尔梅蒙）山中时，据说曾力胜魔鬼，抵制多次引诱。——译注

是说深入到我们的生命之中。

可敬的尚通，对于我来说，我知道真主派来的人已经缚住了撒旦并把它抛入深渊，他净化了从前普受撒旦荼毒的大地，使之可以作为诸天使和众先知居住的场所。

1715 年舍尔邦月 9 日于巴黎

第 94 封信　郁斯贝克寄雷迪

（寄威尼斯）

每当人们谈论公法时，总要首先认真地研究各种社会的起源是什么，这在我看来未免可笑。如果人们不结成社会，互相分离，彼此逃避，那倒应该问一问其故安在，并寻找他们互不来往的缘由。但是，人们生来便是彼此联结在一起的：儿子生下来便在父亲的身旁，而且一直与父亲相依为命，这便是社会和社会形成的原因。

欧洲人比亚洲人更了解公法为何物；然而可以说，君主的好恶，人民的忍耐，作家的溢美，把公法的一切原则都败坏了。

时至今日，这种法律乃是一门科学，它教导君主们可以在何种程度内践踏正义而不会危及他们的利益。雷迪，企图将极端不公的行为形成制度，为之制订规程，确立原则，然后从中作出结论，以使君主们有恃无恐、心如铁石，这究竟是何居心！

公理不会随他人意志而改变，而这种骗人伎俩，却要使公理向它屈服。我们历代至高无上的苏丹，权力无限，唯他是从，别无规章的制约；但比起这种可耻的伎俩，并没有产生更多乖谬的恶果。

雷迪，据说有两种截然不同的公理：一种公理处理私人事务，民法受这一公理支配；一种公理处理民族与民族间的纠纷，公法完全由它专断，似乎公法本身不算一种民法，其实公法虽不是某一国家的民法，却是全世界的民法。

我关于这方面的想法，将另函阐述。

1716 年助勒·希哲月 1 日于巴黎

第 95 封信　郁斯贝克寄前人

法官应审理公民与公民间的案件；每个民族则要自己审理它与另一民族的案件。司法在处理这第二类案件时，不能不采取跟处理第一类案件同样的原则。

民族与民族之间，很少需要第三者担任裁判，因为争执的问题几乎总是一清二楚的，因而易于解决。两个民族的利益通常十分泾渭分明，所以只要热爱公理，就会找到公平合理的解决办法，各民族不大可能为自己的官司未雨绸缪。

个人之间的争端就不然了。由于人们生活在一起，彼此的利益盘根错节,千差万别,所以需要一个第三者,把诉讼两造出于贪婪目的故意颠倒黑白之处加以澄清。

正义的战争只有两种:一种是为打退来犯之敌而战;一种是为援助受犯的同盟者而战。

为君主个人的争吵而进行的战争,毫无正义可言,除非案情非常严重,犯案的君主或者人民理当处死。因此,君主不能因别人不给他应有的荣誉,不能因为别人对他的使节礼遇不周,以及其他诸如此类之事而发动战争,正像一个人不能因别人没让他坐首席而将那个人杀死一样。其理由在于,由于宣战应是一种司法行为,而司法行为从来都按过失大小处以刑罚,故必须看被宣战者是否罪当处死,因为向某人宣战,就是以死刑惩处此人。

在公法中,最严厉的司法行为就是战争,因为战争可以产生摧毁整个社会的效果。

报复是其次一等。按罪行的轻重处罚,是法庭不能不遵守的一条法律。

第三等的司法行为就是褫夺君主可能从我们身上取得的利益,当然这仍应按照触犯民众的程度量罚。

第四等的司法行为可能是最常见的,那就是跟那个应受指摘的人废除盟约。这一刑罚相当于法庭为清除社会的罪人而建立的流刑。因此我们废除与一个君主的盟约,就是把他从我们社会中清除出去,使之不再是组成我们社会的一员。

我们所能给予一个君主最大的侮辱,莫过于废除跟他的结盟;我们所能给予君主最大的荣誉,莫过于跟他结盟。在人与人之间,看到别人始终注意保持他们跟自己的盟约,这是最光荣,甚至是最有益不过的了。

但是，为使盟约能把我们联结起来，这盟约必须是正义的盟约。因此，两个国家为压迫第三个国家而缔结的盟约，是非法的盟约；破坏这种盟约，不算罪行。

跟一个暴君结盟，这甚至对于君主来说都是失去荣誉与尊严的行为。据说一个埃及君主让人对沙莫斯[①]国王的凶残和暴政提出告诫，敦促他改过。这个国王依然如故。埃及君主派人告诉他，要与他绝交，废除与他的盟约。

征城略地本身并不赋予征服者某种权利：如果人民仍然活着，征服的结果就要保证给人民以和平并弥补所造成的损害；如果人民被消灭或逃亡，征服就是暴政的耻辱柱。

和平条约对于人类来说是如此神圣，仿佛这乃是大自然发出的声音，是大自然在索取自己应得的权利。所有和约都是合法的，如果和约的条款使两个民族都能保存下来。否则，两个社会中，由于和约而被剥夺了天赋的自卫权利从而会灭亡的一方，就可以通过战争来寻求自卫。

因为造化固然使人们力量强弱不同，却也往往让弱者通过拼死一战而与强者相匹敌。

亲爱的雷迪，这就是我所说的公法，这就是人权，或者不如说，这就是理性的权利。

1716 年助勒·希哲月 4 日于巴黎

---

① 希腊爱琴海上离小亚细亚最近的一个岛。——译注

第 96 封信 阉奴总管寄郁斯贝克

（寄巴黎）

许多黄种女人从维沙浦王国来到此地。我替您的哥哥马赞达朗①省长买了一个，因为他于一个月前派人给我送来最高的命令和一百托曼。

我善于识别女人，特别是因为她们不会令我感到惊奇，而且我不会怦然心动、眼花缭乱。

我从未见过如此端正的美女，减一分太短，添一分太长。她那亮晶晶的眼睛，给花容增添了生命的活力，使姿色更加光彩照人，相形之下，可能整个西加西亚，都万千粉黛无颜色了。

伊斯法罕一个商人的阉奴总管，跟我争购那个女子，可她对那阉奴不屑一顾，却仿佛在寻找我的目光，似乎想说，一个卑贱的商贾配不上她，她命中注定要嫁给一个更显赫的丈夫。

我向您承认，当我想到这美人的绰约风姿，我不免心中暗喜。我仿佛看见她走进您的哥哥的后房；我乐于预料所有女人看到她时的惊讶神情：有的痛苦不堪，有的悲戚无语，但心情更为苦涩；原已无望邀宠的妇人，产生了幸灾乐祸的快慰；而仍抱有希望的，则

① 现伊朗省名，在德黑兰北面。——译注

激发了争宠的野心。

我要让王国上下都知道,我将使整个后房彻底改容换貌。我将激起人们多少感情的波浪!我将引起人们多少恐惧和痛苦!

但是,这些人虽然心乱如麻,外表都将显得平静如常:巨大的革命将被隐埋在内心深处;忍住悲伤,压住欢乐;仍然是不折不扣地服从,因为规章不会因此而稍有通融,而就从那绝望的深处,将表现出向来不敢流露的柔情蜜意。

我们注意到,我们身旁的女人越多,她们给我们造成的麻烦越少;她们更需要讨我们的欢心,更不容易联合起来;更多的人会表现得温驯服从。这一切便形成了束缚她们的锁链:彼此不断地注视他人的行径,仿佛她们与我们配合行动,极力要使自己变得更依附于我们;她们替我们做一部分工作,当我们闭起眼睛时,她们替我们睁着眼睛,留意他人。还有什么?她们将不断地激起主人对她们敌手的气恼,可她们却看不到自己的境况跟那些受惩罚的女人其实是多么相近。

然而,尊贵的老爷,这一切的一切,如果主人不在,就会什么都谈不上了。我们空有永远不能完全行使出来的有名无实的权力,能有什么作为?我们只不过稍微能代表您一半的权威,我们只能向她们显示 种令人厌恶的严厉。而您呢,您让她们抱有希望以减轻她们的恐惧;您的温存抚慰比威胁她们更具有绝对的权威。

回来吧!尊贵的老爷,快来这里到处显示出您的无上权威,来抚慰陷于绝望的情欲,快来消除一切失足的借口,快来平息恼人的相思之苦,而使谨守妇道成为乐事;最后,快来减轻您忠实的阉奴肩上日益沉重的担子吧!

1716 年助勒·希哲月 8 日于伊斯法罕内院

第 97 封信　郁斯贝克寄甲农山的德尔维希哈善

啊! 贤智的德尔维希,你穷究事理的精神闪烁着如此丰富的知识的光辉。请听我的叙述吧!

此间有些哲学家,真正说来,并未达到东方智慧的顶峰:他们没有升腾到光华四照的宝座,他们没有听到天使的玉音中妙不可言的话语,也没有感受到神明的可怕的震怒,但是尽管上天弗顾,神迹不现,他们却静默无言地顺着人类理性的足迹前进。

你可能想象不到理性这个向导把他们一直领到了何处。他们廓清了混沌,以简单的机械原理,解释了神宇结构的秩序。大千世界的创造者使物质运动,仅此一端便足以产生我们在宇宙中所见到的千差万别的效果。

普通的立法者,尽量向我们提出整治人类社会的法律吧! 法律总要发生变化,就跟提出法律的人和遵守法律的民众,他们的精神变化不一定一样。而上述哲学家们向我们谈的却只是在无边无际的空间中,按一定之序,循一定之规,以极快速度,一致遵守毫无例外的、极其普遍的、永恒不变的法则。

而至睿的人啊，你相信什么？这些法则是什么？也许你想象在接受真主的意旨时，你会对这些无上崇高的奥秘感到惊讶；你事先便不想去理解，你只准备赞美。

但是你很快便会改变想法：这些法则并不以虚假的外貌令人眼花缭乱。由于这些法则很简单，人们反而长期不予承认；而只是经过反复思考之后，才看出这些法则所有丰富的内涵和整个使用的范围。

第一个法则就是，任何物体，除非遇到某种障碍使之绕行，均按直线运动；而第二个法则只是第一个法则的结果，即任何绕着一个中心旋转的物体，皆有离心倾向，因为物体离中心越远，所划的线越接近于直线。

至上的德尔维希，这些就是探索自然界的钥匙；这就是内涵丰富的原则，人们可以从中得出无穷的结论。

由于认识了五六个真理，他们的哲学便充满覃思妙理，并使它们创造出来的奇迹几乎与我们神圣先知向我们叙述的一样多。

因为，说到最后，如果叫我们的经师们在天平上称一称地球四周整个空气有多重，或者测量每年降落于地面的全部雨水有多少，我深信他们谁都会不知所措；他们都要思索再三，然后才能说出声音每小时的速度是多少里，光线从太阳射到地球上要多少时间，从地球到土星有多少土瓦兹[①]，为了尽可能最佳地张帆，一条船船身应有多大弧度。

如果某个超群出众的人用高明卓越的寓言来装点这些哲学家

① 土瓦兹，法国旧长度单位，1 土瓦兹相当于 1.949 公尺。——译注

的作品，如果他在这些作品中加上一些构思大胆的插图和神秘的寓意画，那也许就会创作出一部仅次于《古兰经》的杰作了。

不过，如果必须把我的想法告诉你，我不太善于运用形象化的文笔。在我们伟大的《古兰经》中，大量琐碎的小事，虽然用生动有力的表现手法来张扬，可在我看来总不过尔尔。首先，得到神启的书籍，似乎只不过是用人的语言把神的想法迻译过来。相反，在我们的《古兰经》中，经常可以找到真主的言语和人的想法，仿佛通过某种奇妙的任意安排，在《古兰经》中，真主口述其语言，而人则提供思想。

也许你会说，我过于放肆地谈论我们最神圣的事物，你可能以为这是由于我在这个国家，生活于独立不羁的精神之中才造成这样的结果。不，蒙真主的恩典，这种精神并未腐蚀心灵，而且，只要我一息尚存，阿里永远是我的先知。

1716 年舍尔邦月 15 日于巴黎

第 98 封信　郁斯贝克寄伊本

（寄士麦那）

世上任何地方，命运之无常，莫过于此地。每隔十年，便会发生革命，使富人陷于穷困，让穷人迅速鼓着双翅，飞向富有的顶峰。

前者惊讶自己的贫穷，后者惊讶自己的豪富。新富人赞美上帝天恩圣明，新穷人则奇怪命运之神的天数盲目。

包税人畅游于财富的海洋之中。他们之中，很少有坦塔罗斯[①]。可他们在开始干这一行时，都一贫如洗，他们穷时，被人藐视，犹如粪土；一朝殷富，便备受尊敬，所以他们不遗余力，要博取他人的敬重。

目前他们的处境十分可怕。最近成立了一个称为“司法厅”的法庭，这法庭将把他们的全部财产一掠而空。他们既不能转移财物，也无法隐匿，因为他们不得不如实申报财产，否则将被处死。人们就这样迫使他们从极其狭窄的小道通过，我的意思是说，要么得财，要么得命。再巧不过的是，有一个大臣[②]，此人素以风趣著称，他给这些包税人起戏谑的称号作为尊称，并且在财政委员会每次讨论时拿来开玩笑。逗人民笑乐的大臣，并不是每天都能见到的，所以对于这位大臣的作为，我们应当表示感谢。

在法国，仆役这一类人比在其他地方更受尊敬：这是跻身贵人行列的预备班，是其他职业出缺的候补团，这个团体的成员可以接替遭到不幸的权贵、倾家荡产的法官、死于战乱的贵族，而且如果他们自己不能接替，便利用他们的女儿，来给所有的名门望族接班，这些女子犹如一种肥料，可以化贫瘠的山地为沃土。

---

① 坦塔罗斯，希腊神话中宙斯之子，因触怒诸神，受到惩罚。他站在齐颈的水里，想喝水时，水就退去；他头上悬着果树，想吃果子时，风就把果子吹开。此譬喻意指包税人很少不从中大饱私囊者。——译注

② 可能指莫里斯·德·诺亚伊公爵，自1715年至1718年任财政委员会主席。——原注

伊本,我发现,就其分配财富的方式而言,神明实在值得赞美:如果神明只把财富给予好人,那么人们就很难把财富与德行清楚地区分开来,从而人们也就不再会感到自己完全微不足道。但是,如果我们仔细观察这些家财满贯的人都是什么样的人,那么我们由于鄙视富人,结果也就会对财富嗤之以鼻。

1717 年穆哈兰月 26 日于巴黎

第 99 封信　里加寄雷迪

(寄威尼斯)

法国人的时装变化无常,真令我感到惊异。今夏曾穿什么衣服,他们已经忘却;今冬会穿什么衣服,他们更为茫然。而尤其令人无法相信的是,为使妻子穿着入时,一个丈夫要花费那么多的钱。

给你准确地描述他们的衣着服饰有什么用呢?新的款式一出来,就要推翻我的整个描述,就跟摧毁他们裁缝的作品一样;而且,你还没有收到我的信,一切可能都已经是明日黄花了。

一个女人离开巴黎到乡下过了六个月回来,她的服装就古老得仿佛她在乡下对一切不闻不问已经三十年。儿子认不出母亲的画像,因为画上她穿的衣服,对他已十分陌生;他猜想画的是某个美洲女人，或者是画师想表现自己任意想象出来的某个女子。

有时，发髻不知不觉地升高了，然后一场变革，使之一下子又低了下来。有个时期，发髻其高无比，致使女人的面孔处于全身的中部。而另一时期，则是女人的双脚占据这个位置：因为鞋跟高如雕像的底座，把脚抬高到半空中。有谁会相信：建筑师往往不得不根据女人的服饰变化的要求把门改高、改低和改宽，他们的建筑术规则要服从于这些变化无常的时尚。有时，女人脸上有无数美人痣①，而第二天，这些全都消失得一干二净。从前，女人们束腰，衣服镶着花边，今天这些都无影无踪了。在这个变化多端的国家，不管爱开恶意玩笑的人怎么说，女儿的装扮跟母亲已大不相同了。

生活习惯和方式也跟时式一样多变：法国人根据国王的年龄变换风俗。君主甚至可以使全国变得严肃庄重，如果他决意这样做，因为国王可把他的精神特点传给宫廷，宫廷传给都城，都城传给外省。国君的心灵是一个模子，全国人的思想都按这个模子铸成。

1717 年赛法尔月 8 日于巴黎

① 妇女贴在脸上用塔夫绸做的假痣。——译注

第100封信 里加寄前人

我那天跟你谈到,法国人时装多变得不可思议。但是,他们在这方面的固执程度,也令人不可想象。他们把一切都与时装联系起来,他们便是用这一尺度来衡量其他国家所发生的一切:凡是外国的东西,在他们看来都是可笑的。不瞒你说,他们对自己的风俗习惯如此狂热执著,但同时每天又无时不在改变风俗习惯,我不知道怎样才能把这两者协调起来。

我对你说他们藐视一切外国的东西,仅指一些无关宏旨的小事,因为在重要的事情上,他们似乎连自己也不信任,乃至于达到妄自菲薄的程度。只要别人同意他们穿着比别人得体,他们就会乐意承认其他民族比他们明智。只要法国假发师能够像立法者那样决定外国假发的样式,他们就会心甘情愿服从某个敌对国家的法律。在他们看来,他们厨师主宰着从北到南的地方的烹调口味,他们的理发师的发式出现在全欧洲女人的梳妆台上,世上最卓绝的事莫过于此了。

既然他们有着这些高贵的优点,那么良知来自他方,国政和民事的治理方式学自邻国,这些对于他们又何足道哉?

谁能想到,十个多世纪来,欧洲最古老、最强大的王国的法律,竟会不是为它而制订的?如果法国人过去曾被征服过,这倒不难理解,可法国人却是征服者。

他们放弃了由他们历史上最早几个国王在全国民众大会上制订的古老的法律，而奇怪的是，法国人用来取代旧法律的罗马法，部分是现成的，部分则是由跟他们的立法者同时代的皇帝们编制的。

而且，为了全盘搬来，为使所有的良知均来自他方，他们采用了整个教皇法，并使之成为自己法律的新的一部分：这是一种新式的奴役制。

诚然，最近书面起草了城市和行省的某些章程，但这些几乎全是本于罗马法。

被采用的，而且可以说法国化了的法律，数量如此之多，以至于司法机关和法官们都不堪重负。但是这些法律典籍，比起诠释者、评论者、编纂者这支可怕的庞然大军来，简直是小巫见大巫；这些人虽然没有多少正确的见解，作用微弱，但由于人数奇多，却有很大力量。

不宁唯是。采用这些外国法律，便引进了种种手续，手续过于繁缛，乃是人类理性的耻辱。因此很难断定，这形式在法官的黑袍下比在医生的宽边帽下，是否会造成更大的灾害，还有被法律弄得倾家荡产的人数是否比医学杀死的人更多。

1717 年赛法尔月 12 日于巴黎

第 101 封信　郁斯贝克寄×××

此间对宪章[①]一事一直谈论不休。日前,我走进一人家,我先看到一个胖子,正高声说道:“我已经发出了训谕[②],你们说的这一切,我不作回答,不过,请读读这训谕吧!读了之后就会看到,你们所有的疑问,我都解决了。为了起草这份训谕,我累得满头大汗。”他一边说,一边用手摸着额头,“我需要运用我的全部学说,而且不得不读许多拉丁文作品。”“我相信你说的话,”旁边的一个人说,“因为这是一篇奇文,我完全不相信那个经常来看你的耶稣会士,能够写出一篇更好的文章来。”“把这篇训谕读一读吧,”那个胖子接着说,“那你们在一刻钟内比听我讲一整天得益都要大。”这便是他避而不谈此事,以免流露出自满情绪的办法。但是,因为大家都催他讲,他推托不得,只好开始说许多从神学观点来看是十足的蠢话。一个教士跟他一唱一和,毕恭毕敬地和他互说蠢话。这时在场有两个人否定他的某个原则,他先是说:“这是肯定无疑的:我们过去便是这样判决的,我们是绝对正确的法官。”于是我便对他说:“那你们怎么会是绝对正确的法官呢?”他继续说道:“您没看到圣灵启迪我们吗?”我答道:“你们的福气真

---

① 见第 24 封信注。——译注

② “主教训谕”是天主教主教向其教区的信徒发出的有关教会事务的指示或命令。——译注

大。从你们今天一整天谈话的样子,我承认你们真是太需要启迪了。”

1717年赖比儿·尼勒·安外鲁月18日于巴黎

第102封信　郁斯贝克寄伊本

(寄士麦那)

欧洲最强大的国家,是帝国[①]、法国、西班牙和英国。意大利和大部分德意志由无数小邦割据,这些小邦之主,真正说来,无非是大国君主这个刀俎上的鱼肉。他们中有的人,治下的臣民还没有我们光荣的苏丹们的妻妾多。意大利各小邦的君主,互不团结,命运更惨:他们的国家,门户洞开,犹如各国行旅的歇脚地,谁来了都得接待,所以他们必须依附于大国君主,这并非表示友好,而是出于忌惮。

欧洲大部分政府实行君主制或者不如说号称君主制,因为我不知是否有真正君主制的政府,因为,这些政府要想长期保持纯粹的君主制,至少是困难的。一个必定蜕化为专制或共和的国家,是个暴虐的国家:权力永远不可能在人民与君主之间平分,从来都难

① 指神圣罗马帝国。——译注

以保持平衡。一方权力减弱,另一方权力必然增长;但优势通常总是在君主方面,因为君主统率着三军。

因此,欧洲国王的权力极大,而且可以说,他们对权力是予取予求的。但他们行使权力的范围没有我们苏丹们那么广:首先因为他们不愿触犯他国人民的风俗习惯和宗教信仰;其次因为把权力伸展得这么远,于他们并不利。

我们的君主们对其臣民权大无边:可最容易使他们沦于臣民的处境的,莫过于这种无限的权力;最容易使他们祸福难料、荣枯无常的,也莫过于这种无限的权力。

谁要是惹他们不快,我们的君主们,只要略一示意,便可以将他处死。这种习俗破坏了作为一切国家的灵魂和使一切帝国保持和谐的论过行罚的准则;而基督教国王则一丝不苟地遵守这一准则,从而使他们比我们的苏丹们拥有无限的优势。

一个波斯人若稍有不慎或时运不佳,失宠于君主,则必死无疑:微不足道的过错或者天威稍有不测,必然会置此人于死地。但如果他图谋弑君或者企图把要塞交给敌人,他也不过一死了结。这样,他在后一种情况下所冒的危险并不比前一种情况更为严重。

所以,波斯人略有失宠,自忖必死,而既然大不了一死,他自然会恣意扰乱国家,密谋叛主:这是他剩下的唯一出路。

欧洲权贵的情形就不同。失宠只不过使他们得不到君主的关照和恩典而已。他们退出宫廷,一意去过安闲的生活和享受他们的出身所给予的特权。由于除了大逆不道之罪外,他们很少被处极刑,他们权衡得失的轻重,便害怕犯大逆不道之罪,这就使得欧洲很少有反叛行为,很少有君主死于非命。

我们的君主虽然拥有无限的权力,可如果对自己的性命安全不极其小心防范,那他们连一天也活不了;而如果他们不豢养无数军队去镇压人民,他们的江山连一个月也坐不牢。

只是在四五个世纪前,才有一个法国国王不顾当时的习俗,设置卫队来防备亚洲一个小邦君主派来谋杀他的刺客。在那之前,国王们与臣民一道,过着安谧的生活,就像父亲生活在子女之中一样。

法国历代国王远不能像我们的苏丹那样随心所欲地处死一个臣民,相反他们总是随身带着对所有罪犯的赦罪书。一个人只要有幸看到国王的庄严的面孔,便可免于一死。这些君主犹如太阳,把温暖和生命带到四面八方。

1717 年赖比儿·尼勒·阿赫鲁月 8 日于巴黎

第 103 封信　郁斯贝克寄前人

为了顺着前信的思路谈下去,我将一个洞达事理的欧洲人日前给我说的一番话大致写在这里:

“亚洲君主所能采取的最笨拙的办法,就是像他们实际做的那样躲在宫中,深居简出。他们想使自己更令人可敬,但是他们让人尊敬的是王权,而不是国王;他们使臣民心中向王座,而不是向某一个人尽忠。

“对人民来说，这种看不见的统治力量，万世不易。虽然有十个国王先后相残而死，但人民只知道他们的名字，对谁当国王，并不感到有任何区别，似乎先后统治他们的都是一些鬼魂。

“如果刺死我们伟大国王亨利四世的那个万恶的弑君者，把这一剑刺向一个印度国王——国王御玺和不可胜数的钱财的主人，那他就可以从容不迫地把军国大权掌握在手中，而没有一个人会想到去追问原国王、王室和王子王孙的下落，而那些不可胜数的钱财就仿佛是为他而积累起来的了。

“我们奇怪的是东方各国君主的统治方式几乎从来没有什么改变。其故安在？难道不是因为这种统治方式专制而暴虐？

“统治方式的改变，只能出自君主或者人民之手。但在东方，君主绝不想做这样的改变，因为他们既掌握着如此高度的权力，便拥有他们想要的一切，如果做某些改变，只会有损于己。

“至于臣民，如果有人作出某种决定，他也不可能施行于国家，因为他肯定一下子就会被一种令人生畏的、而且永远独一无二的权力所消灭。他没有时间进行变革，也缺乏变革的手段。但是，他只需直捣权力之源，而且他只要举起一条手臂，顷刻之间便可以大功告成。

“凶手登上了王座，而原来的君主从宝座上滚落跌倒在地，死在凶手的脚下。

“在欧洲，一个心怀不满者，所想的是跟敌人暗中勾结，投身敌垒，抢占某个要塞，在老百姓中煽风点火，说些不起作用的牢骚怪话。在亚洲，一个心怀不满者，则直趋国王跟前，出其不意地进行行刺，把国王推翻，甚至把国王从人们的脑中抹掉：顷刻之间，他从奴隶成为主人;顷刻之间,他从篡位者成为合法君主。

“不幸的君主,可怜只长了一个脑袋,似乎他之所以集自己的全部权力于脑袋里,只是为了告诉捷足先登的野心家,可以从这个地方得到整个权力。”

1717 年赖比儿·尼勒·阿赫鲁月 17 日于巴黎

第 104 封信　郁斯贝克寄前人

欧洲各国人民对其君主并不都一样顺从。例如,英国人性急气躁,不让英王有充分时间加强其权威。英国人根本不认为恭顺服从是可以引以为荣的品德。在这方面,他们说过一些奇谈怪论。他们认为,能够把人们联系在一起的只有一个纽带,那就是感激之情:丈夫、妻子、父亲、儿子之间,只是靠相亲相爱或是互相帮助才结合在一起;感激的动机,各有不同,但所有王国和一切社会的存在,就源于此。

但是,如果一个君主,不让其臣民生活幸福,相反却压迫和摧残其臣民,那么臣民服从的基础便不存在:两者之间别无任何联系,也没有任何东西使臣民必须依附于君主,于是臣民便恢复了天赋的自由地位。英国人认为,任何无限的权力都不可能是合法的,因为这种权力不可能有合法的根源。他们说:“因为我们不可能把我们自己都没有的权力授予他人,让他人对我们行使这种权力;

而我们对自己，也没有无限的权力，例如我们不能自行结果自己的生命。”所以他们的结论是：“世上任何人都没有这种权力。”

在他们看来，所谓大逆不道罪，无非是最弱者不服从最强者，而不问不服从的方式是什么。英国人民在反对他的一个国王[①]时是最强者，所以他们宣称，这个国王向其臣民作战，是犯了大逆不道罪。他们说他们的《古兰经》命令他们服从强权，这个戒律并不难遵守，他们这种说法很有道理，因为他们不可能不遵守，况且并不是强迫他们服从最有德者，而是服从最强者。

英国人说，他们的一个国王在打败并俘虏了一个跟他争位的亲王后，责备这个亲王不忠不信。这个倒霉的亲王说：“咱们两人到底谁是王，谁是寇，只不过刚刚决定的，还不到多大工夫呢！”

窃国大盗把所有不像他那样压迫祖国的人宣布为乱臣贼子，同时，由于他相信只要没有臣民的地方，就无法律可言，他使人们把偶然的际遇和无常的命运尊奉为上天的律令。

1717 年赖比儿·尼勒·阿赫鲁月 20 日于巴黎

① 指查理一世。——原注

第105封信　雷迪寄郁斯贝克

（寄巴黎）

你在一封来信中跟我大谈西方的科学和艺术[1]。你一定会把我视为野蛮人，可我不知道科学艺术带来的益处究竟能否弥补每天将科学艺术用来干坏事所造成的损害。

我听说，光是发明炸弹，就使欧洲各国人民失去了自由。国君不再能够把要塞交给市民去守卫，因为市民一听到炸弹响，就要投降，于是国君便以此为借口，维持庞大的正规军，然后就用这正规军来压迫其臣民。

你知道，自从火药发明以来，已没有不可攻破的要塞，这就是说，郁斯贝克，在这世上已无处可以藏身，躲避不义与强暴。

我终日胆战心惊，唯恐人们终于会发现某种秘密手段可以更便捷地屠杀人类，消灭所有民族和把所有国家全都摧毁。

你饱读史书，请认真注意历史：几乎所有的君主国，都只是建立在对艺术一无所知的基础之上的，而只是由于过于培植艺术，才被摧毁。古波斯帝国可以为我们提供一个本国的例子。

---

① 艺术指中世纪的七种学科：文法、修辞学、音乐、辩证法、算术、几何学、天文学。——译注

我在欧洲为时不久，但我曾听一些洞达事理的人谈到化学[①]的危害，似乎这是个排列第四位的祸害，它使人们倾家荡产，它零零星星但却持续不断地摧毁人类，而战争、瘟疫和饥荒虽然使人类成批死亡，却是间歇性的。

指南针的发明，对我们有何用处？而发现了那许多民族，这除了把他们的疾病传给我们之外，并没有给我们带来他们的财富。根据普遍的约定，金银被定为一切商品的价格和作为这些商品价值的保证，因为这些金属稀有，又不能作别的用途。现在银比以前普通了，要用两个或三个而不是用一个符号来表示某种物品的价值，可这又怎么样？

但是，另一方面，这一发明对于被发现的地方危害极大。一个个民族都被彻底消灭了，而幸免于死的人则沦为奴隶，其境况之悲惨，说起来都令穆斯林不寒而栗。

穆罕默德的子孙对此一无所知是多么幸福啊！可爱的质朴，我们神圣先知如此珍惜的质朴，总是使我回想起远古时代的纯真无邪和我们祖先内心的宁静安谧。

1717 年赖买丹月 2 日于威尼斯

① 指炼丹术。——译注

第 106 封信　郁斯贝克寄雷迪

（寄威尼斯）

也许你说话未加思索，也许你做的并不就像你所想的那样。你为了求知，远离祖国，可你却藐视整个教育；你为了培养自己，来到这美术之邦，可你却视美术为有害之物。雷迪，让我告诉你好吗？你的看法我不敢苟同。

你有没有认真想过，艺术的沦丧会把我们带到何种野蛮和不幸的境地？这一点无需想象就可以看得清楚。地球上还有一些民族，那里，一只稍微受过训练的猴子就可以生活得像个人的模样：跟其他居民所差无几，人们并不觉得它性灵奇特，脾气古怪；它跟任何一个人一样可以过得下去，甚至由于它温顺可爱，比人更出色。

你说各帝国的创业者几乎全都不知艺术为何物。我不否认，一些蛮族，的确曾像湍急的洪流席卷大地，用凶残的军队淹没各个最文明的王国。可是，请留意，这些蛮族随后也偃武修文或者让被征服的民族从事百艺，否则他们的统治，就会像雷霆风暴，转眼便声销迹灭了。

你说，你唯恐会发明出某种比现在使用的更残酷的办法来毁灭人类。不然，万一出现了这种灭绝人性的发明，人权的呼声就会立即加以禁止,而各国就会一致同意把这发明埋葬掉。用这样的办法来征城略地,并不符合君主们的利益:他们要的应该是臣民百姓,而不是赤地千里。

你埋怨火药和炸弹的发明,你觉得不再有不可攻取的要塞是不正常之事,这就是说,你觉得今日战争比往日的战争结束得快,是不正常之事啰!

在读历史时,你想必已经注意到,自从发明火药以来,战斗中死亡的人比过去少了许多,因为现在几乎没有混战了。

即使在某种特殊情况下,某一技艺对人有害,难道应该因此便把它抛弃?雷迪,我们先知从天上带来的宗教,总有一天会制服奸诈的基督徒,那么你是不是因此便认为这个宗教是有害的呢?

你认为艺术使人们萎靡不振,因此导致各个帝国的覆亡。你谈到古波斯帝国的灭亡是波斯人软弱无力的结果。但这个例子远不能说明问题,因为多次打败波斯人并征服了波斯帝国的希腊人远比波斯人更热衷于培植艺术。

有人说艺术使男人变得犹如妇人,但这至少不是指钻研艺术的人,因为这些人从来不会游手好闲,而在所有陋习中,游手好闲最会消磨人们的勇气。

因此,这只是指享受艺术的人。但是在一个文明的国度里,享受某种技艺所带来的便利的人,必须去发展这种技艺,否则就会沦于可耻的贫困地位。可见游手好闲、萎靡不振跟技艺百术没有共同之处。

巴黎也许是世上最耽于声色之乐的城市,那里人们最讲究享乐;但巴黎也许又是生活最艰苦的城市。要让一个人生活得优哉游哉，就得有一百个人为他劬劳不辍。一个女人想穿戴某种服饰，参加一个聚会，从这时起，便得有五十个工匠日夜干活，废寝忘食。那妇人发出命令，人们立即照办，比服从我们的君主还要快，因为利益是世上最大的君主。

这种劳动热情，这种发财狂热，从一个阶层传到另一个阶层，从工匠直至王公大人，谁都不愿意比眼前仅次于己的那个人更穷。在巴黎你会看到一个财产足够活到末日审判[①]的人，甘冒缩短生命的危险，仍然不停劳作，以积攒他所谓的糊口之资。

同样的精神也浸淫于整个国家：到处看到的只是劳动和工业。那么你一再谈到的这个弱如女子的民族又在哪里呢？

雷迪，我设想，一个王国，尽管土地众多，如果人们只容许对耕种土地绝对必需的技艺，而排斥只供声色之乐或者淫巧之趣的技艺，那么我坚持认为，这国家会是世上最贫困的一个国家。

即使居民有足够勇气，满足于生活必需的许多东西，人民必将日益穷困潦倒，而国家也必将羸弱不堪，以致任何小邦都可以把它征服。

我不难向你详述，使你明白在上述情况下，个人收入几乎绝对枯竭，结果君主也会几乎没有任何收入。公民之间将几乎不再有经济来往，于是由于百业诸艺互相依存而产生的财富流通和收入增长就会终结；每个人只靠其土地为生，而田地之所出将仅够他免为饿殍。但是，由于有时这土地收入只占一个国家收入的二十分

① 末日审判，亦即“最后审判”，亦即“世界末日”，基督教教义之一，认为有一日现世将最后终结，所有世人都将受上帝的最后审判。伊斯兰教指安拉对人们的最终审判和总清算。——译注

之一[1],所以人口数目就必然按比例减少,结果只剩下二十分之一。

你要切实注意工业收入能有多大。一笔资金每年只能给其主人产生该资金二十分之一的利息。但是一个画家用一个皮斯托尔的钱买来的颜料画出的一幅画,可以卖五十个皮斯托尔。金银匠、织毛工人、织丝工人以及各种手工艺人的情况,可以说也一样。

根据以上所述,雷迪,可以得出结论:一个君主要想强大,就必须使他的臣民生活得非常安乐,就必须除了注意提供生活必需品外,设法让臣民享有各种各样的奢侈品。

1717 年闪鲁瓦月 14 日于巴黎

第 107 封信　里加寄伊本

（寄士麦那）

我看到了幼主[2]。他的生命对于他的臣民十分宝贵,对于整

① “自从1660年以来……人们相信,为了使君主更有效、更迅速地征得银钱,尤其在异常需要之时,那只有不增加人民的收入和财富,而是到处减少,甚至在若干地方几乎彻底破坏了人民的收入和财富,其固定比例为:地方纯蚀耗为二十,则国王得益为一……”见布阿吉尔贝尔:《法国的辩护书》第二章,第9页,商务版,1983年。——译注

② 指路易十五(1710—1775),路易十四的曾孙,法国国王,1715—1774 年在位,就位时只有五岁。——译注

个欧洲也一样宝贵，因为他若死亡，可能引起巨大的动乱。但是，国王们就像诸神一样，当他们活着时，大家都得相信他们会万寿无疆。这位君主相貌威严，却又和蔼可亲，加以学养优良，似乎与其卓绝品性相得益彰，从而使他已经有可能成为一个伟大的君主。

据说西方国王在经受情妇和告解司铎[①]这两个大考验之前，人们从来都无法了解其性格。人们很快就会看到，情妇和告解司铎都极力想把这位君主的精神控制在自己手中，而这位君主为此将要进行激烈的斗争。如君主年轻，上述这两种势力永远是相互敌对的；但如果君主年老，他们就会互相调和，联合起来。在年轻君主手下，教士很难发挥作用，因为国王精力充沛，造成他的弱点，而情妇既能克服他的弱点，又能消耗他的精力。

当我到达法国时，我发现已故国王完全受女人们的控制，可是，在他那样的岁数，我相信他是世上最不需要女人的君主。有一天，我听到一个女人说："得帮帮这个年轻的上校，我知道他很英勇，我要跟部长提起他。"另一女人说："真奇怪，这年轻神父应当当主教的，他出身名门世家，而且可以担保他品行白璧无瑕。"但是，你可别以为说这些话的女人是国王的宠幸，她们也许一生都没跟国王谈过两次话，虽然跟欧洲君主谈话是非常容易的事。不过任何官员不管是在朝廷、在巴黎还是在外省，也不管是什么职务，都得有一个女人；靠着女人，他获得种种功名，有时可以把贪赃枉法之事遮掩过去。这些女人彼此交结，形成了不是团体的团体，其成

① 告解，天主教圣事之一。教徒向神父告明对上帝所犯的罪过并表示忏悔，以求宽恕，重新获得上帝的恩宠。接受忏悔的神父称为"告解司铎"。——译注

员始终活跃异常,彼此援助,互相效力,这宛如国内的一个新成立的国家。假如有时在朝廷,在巴黎,在外省,看到大臣们、法官们、主教们纷纷活动,如果他不了解这些人都受女人的控制,那就像一个人明明看见机器转动,却不知道机器的发条是什么样子一样。

伊本,你以为一个女人甘愿做大臣的情妇就是为了跟他睡觉?这想法太天真了! 这是为了每天早上向他提出五六份请求书。她们殷勤地为无数不幸的人办好事,显示出她们天性心慈好善,当然啰,这些人给她们提供了十万利弗的收入。

在波斯,人们对王国受两三个女人的统治啧有烦言。法国的情况更糟。这里的女人一般都占据统治地位,而且她们不仅全盘掌握,甚至瓜分了整个权力。

1717 年闪鲁瓦月最后一日于巴黎

第 108 封信　郁斯贝克寄×××

有一类书是我们波斯所没有的,可我觉得在这里却非常时兴,这便是报纸。读报纸可以满足懒惰的习性:因为花一刻钟时间便可以浏览三十卷书,真令人快哉。

在大部分书籍中,作者尚未写到例行的虚文套语,读者已不堪其苦,待到进入本题,更被折磨得半死,因为要旨均淹没于连篇空话之中。为了名垂千古,这个作者要写一部十二开本的著作,那个作者要用四开本，另一个人，禀性超绝，志在对开本的巨著。因此，作者必须对题目大事铺陈，按全书篇幅，敷衍成文。他横下心这样干，根本不顾可怜的读者要费多少心力，拼命把作者千辛万苦写成的洋洋洒洒的著作，缩减下来。

我不知道，×××，写这样的作品有何价值：要是我愿意戕贼身体和使书贾破产，我也可以写出这么多的作品来。

报纸记者的大错，就在于只谈新书，似乎从来只有新的东西才是真理。在我看来，一个人在遍读旧书之前，没有任何理由偏爱新书。

但是，既然记者们自订规矩，只谈新出炉的、还热气腾腾的作品，那他们也就逃脱不了这么一条法则，那就是他们的文章极其乏味，令人生厌。他们对于自己不管出于何种理由而做了简介的书绝不批评，而且事实上，有谁有这样的胆量，肯每个月为自己树立一个乃至十二个敌人呢？

大部分作者都像诗人，可以忍受一顿棍打而不出怨言。但是他们虽然不爱惜自己的肩膀，可对于自己的作品却敝帚自珍，受不了一句批评。因此，千万不要在这么敏感的地方打击他们，而记者们对这一点是非常清楚的。所以，他们干的完全与此相反。他们先把题材吹捧一番，这是最主要的乏味之处。由此，他们进而吹捧作者，尽管这是言不由衷的恭维，因为他们要打交道的这些人，都严阵以待，随时会进行报复，并以雷霆万钧之笔，轰击胆大包天的记者。

1718 年助勒·盖儿德月 5 日于巴黎

第 109 封信　里加寄×××

巴黎大学是法国王室的长女，而且已经很老，因为她已九百多岁[①]，所以有时她会胡说八道。

有人告诉我，前不久，巴黎大学跟几个学者就字母 Q 一事发生大争吵[②]，巴黎大学要大家把这字母读成 K。争吵如此激烈，有几个人竟因此被剥夺了财产。最后还得由高等法院出面解决争端。高等法院通过庄严的法令，允许法国国王的所有臣民，对这个字母愿意怎么读就怎么读。看到欧洲两个最可尊敬的团体，为决定一个字母的命运而忙个不停，真是感人。

亲爱的×××，似乎最伟大的人物相聚一堂时，脑袋就会缩小。而贤者越多的地方，智慧越少。大团体总是全神贯注于细枝末节，以致主要事情反而摆到后面。我听说某个阿拉冈[③]国王召集阿拉冈和加泰罗尼亚的三级会议的代表开会，可头几次会都花在决定要用什么方言来讨论上。会上争吵得非常激烈，要不是有

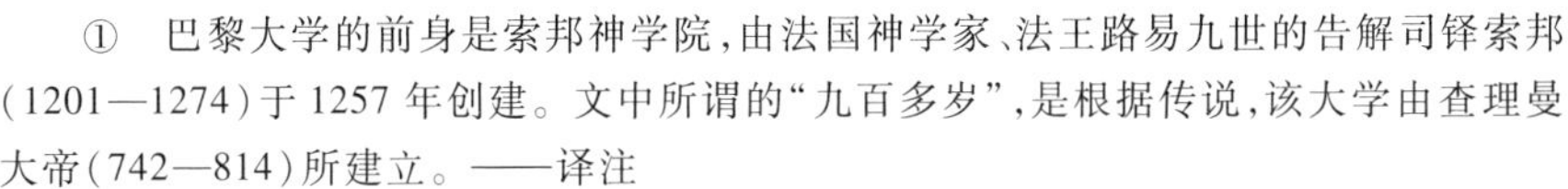

① 巴黎大学的前身是索邦神学院，由法国神学家、法王路易九世的告解司铎索邦（1201—1274）于 1257 年创建。文中所谓的“九百多岁”，是根据传说，该大学由查理曼大帝（742—814）所建立。——译注

② 原注此事指与拉米斯的争吵。拉米斯（1515—1572）法国哲学家、逻辑学家和修辞学家，曾著书批评亚里士多德的观点，于是受到巴黎大学的反对。在圣巴托罗缪惨案中被暗杀。——译注

③ 原注此事发生在 1610 年。阿拉冈和加泰罗尼亚均为西班牙地名。——译注

人提出权宜之计，那这三级会议早就破裂了。这办法就是，提问题用加泰罗尼亚语，回答问题用阿拉冈语。

1718年助勒·希哲月25日于巴黎

第110封信　里加寄×××

一个漂亮女人的角色比我们想象的要重要得多。晨起梳妆、仆役环侍，世上严重之事莫过于此。三军统帅布置右翼或预备队，也不如漂亮女人贴假痣那么专心致志。假痣贴得不是地方，就不会取得效果，可漂亮女人总希望假痣取得成功，而且她也预见到会成功。为了不断地调和两个情敌的利害冲突，为了一边同时委身于两个情敌，一边又显得对两人一视同仁，并且对由她引起的一切争风吃醋之事居间调停，漂亮女人要费多少心思，要多么小心翼翼啊！

为使欢场长在，欢宴常开，而且还要防止可能发生扫兴的意外事件，这是多么艰巨的工作！

此外，最大的困难不在于涉足欢场，而在于强作欢颜。你不妨尽量让她们感到厌倦，只要别人看不出她们的厌倦情绪，以为她们乐此不疲，她们一定会原谅你。

几天前，我参加了一次由几个妇女组织的野外晚餐，她们一路上不断地说："不管怎样，我们得好好地乐一乐。"

我们发现大家配合得很不好，所以气氛相当严肃。有一个妇人说："必须承认，我们玩得很痛快，今天巴黎没有一个聚会比我们更愉快的了。"这时我感到厌倦了，一个女人摇摇我，说道："喂，我们不是兴致很好吗？""是的，"我打着呵欠说，"我想我笑得太厉害，会笑死过去的。"可是，不管怎么说，愁闷情绪还是占了上风，至于我，我一个呵欠接着一个呵欠，终于昏昏沉沉地睡着了，所有的乐趣都化为乌有了。

1718 年穆哈兰月 11 日于巴黎

第 111 封信　郁斯贝克寄×××

先王在位那么长久，结果人们都只知道他晚年，却忘掉了开初的情况。今天风气所趋，大家关注的只是先王作为幼主时发生的事件，争读的只是有关那一时期的回忆录。

下面是巴黎一位将军在军事法庭上发表的一篇演说，不过我承认，我不太明白究竟都说了些什么。

> 先生们，虽然我们部队被击退并有损失，但我相信补救这场失败并非难事。我有六段歌词，随时可以发表，我保证，这些歌词可以稳定大局。我挑选了几个吐词非常清晰的歌喉，歌声出自某些强壮的胸膛，必会感动得人民如痴如醉。这些

歌词所用的曲子,至今还起着十分特殊的效果。

如这还不够,我们将发表一幅版画,画的是被绞死的马扎然①。

我们幸运的是,马扎然法语说得不好,结结巴巴,所以事情办得不可能不越来越坏。我们一定要向人民指出他发音极其可笑。前几天,我们指出了他的一个语法错误那么严重,以致街头巷尾引为笑谈。

我希望不要八天,人民就会把马扎然这个名字作为一切负重拉车的牲口的通称。

自从我们战场失利以来,我们的音乐在原罪②问题上把马扎然气得七窍生烟,马扎然为了使自己的支持者不致减少一半,不得不解雇了他所有的随从。

"振奋起精神,恢复起勇气吧!请你们确信,我们会用嘘声把他赶回到阿尔卑斯山那边去!"

1718年舍尔邦月4日于巴黎

① 马扎然(1602—1661),意大利人,枢机主教,1642年起继黎世留后任法国首相,直至死亡。——译注

② 原罪,基督教教义之一。指人类始祖亚当夏娃偷吃禁果,这构成人类的原始罪过。此罪一直传至亚当的所有后代,是人与生俱来的原罪,成为人类一切罪恶和灾祸的根由。——译注

第 112 封信　雷迪寄郁斯贝克

（寄巴黎）

我在欧洲居留期间，阅读了古代和现代历史学家的著作，并对各个时代进行比较。我饶有兴趣地看到古往今来的历史，犹如匆匆过客，在我面前走过，而我则特别注意使各个时代千差万别、使地球面目全非的那些重大变化。

也许你没有注意到每天令我惊奇不已的一件事：世上的人口怎么会比从前少了那么多？自然怎么会失去初期的巨大的繁殖能力？它是否已经步入老年，因而衰弱不堪？

我在意大利待了一年多，我看到的只是过去遐迩闻名的古意大利残垣断圮。虽然所有的人都住在城里，可城市却罕无人迹，人烟稀少，似乎这些城市的存在，只是为了标明这里是古代强大城邦的遗址。

有人说，光是罗马城，从前的居民就比现在欧洲一个大王国的人口还要多。过去某个罗马公民，拥有一万甚至一万二千名奴隶，在乡间别墅劳役的奴隶尚不计在内，由于罗马有四五十万公民，这样，当时居民的数目，即使发挥想象力，也无法确定下来。

从前西西里曾有一些强盛的王国和众多的人民，后来都消失了。现在这岛上除了火山之外，已没有什么值得一顾了。

希腊荒凉到人口还不到古代的百分之一。

西班牙往昔居民摩肩接踵,今天目之所及只是一片荒野;而法国,比起恺撒谈到的古代高卢,简直不值一提。

北欧诸国也是人丁凋零,因此那里的人用不着像从前那样,不得不犹如蜜蜂分房一样,把整群的人和整个国家移到其他地方,去寻找新的住所。

波兰和土耳其欧洲部分,几乎渺无人迹。

美洲居民从前组成了一些大帝国,现在剩下的不到五十分之一。

亚洲的情况也好不了多少。小亚细亚从前有那么多强大的君主国和无数大城市,现在只有两三个了。大亚细亚属于土耳其的部分,居民也不比别处多,而由波斯统治的部分,如果与从前欣欣向荣的情况相比,我们就会看到,在薛西斯和大流士[①]时代,居民无数,而如今只剩下很少一部分。

至于这些大国周围的小邦,例如伊里梅特、切尔克斯[②]和古里埃尔等王国,真正是一片荒漠。那些君主,虽然版图辽阔,百姓却几乎不足五万。埃及人丁凋零,不亚于其他国家。

总之,纵览全球,看到的无非断垣残圮:仿佛整个世界刚刚受到鼠疫和饥馑的蹂躏。

人们对非洲一向茫然无知,无法跟世上其他地方一样说得很

---

① 薛西斯一世(约公元前519—前465),波斯国王,大流士之子和继承人,公元前486年在位。大流士一世(公元前522—前486年在位),波斯帝国阿契美尼德王朝最伟大的国王之一。——译注

② 切尔克斯,高加索北部山麓的古代地名。——译注

准确;但是只要对向来熟知的地中海沿岸稍加注意,就会看到今日的非洲大大不如在迦太基人和罗马人统治的时期了。今天非洲的君主们都羸弱不堪,他们的国家是世上最小的国家。

在对此类事情做了尽可能准确的计算之后,我发现现在地球上的人口几乎不到古代的十分之一。令人震惊的是,全世界人口日益减少,而如果这种趋势继续下去十个世纪,那么全球势必成为一片沙漠了。

亲爱的郁斯贝克,这便是世上所发生的最可怕的灾难。但人们对此几乎毫无察觉,因为这灾难是不知不觉地在无数世纪中发生的;这表明世界上存在一种内在的恶症,一种隐秘的病毒,一种毁坏人类本性的虚弱病。

1718 年赖哲卜月 10 日于威尼斯

第 113 封信　郁斯贝克寄雷迪

(寄威尼斯)

亲爱的雷迪,世界并非万古长青,宇宙本身亦非永远不变,天文学家就是宇宙变化的目击证人,而这些变化是物质普遍运动的极其自然的结果。

地球跟其他行星一样,受运动规律的支配。在地球内部,各种元素斗争不断:大海与大陆仿佛处于永恒的战争中,每时每刻都在产生新的组合。

人类寄身于瞬息万变的羁旅之中,自身情况亦难预料:会有千万种原因发生作用,毁灭掉人类,更何况增加或减少人类的数目了。

我且不谈史书中十分常见的、曾经毁灭整个城市和整个王国的那些特殊的灾难;还有一些普遍的灾难,曾多次使整个人类濒于灭亡。

曾经轮番蹂躏全球的种种世界性疫病,史不绝书。史书谈到其中一次凶猛得烤焦了树根,波及到已知的整个世界,直至震旦帝国[①],如果破坏再严重一点,就会毁灭整个人类于旦夕了。

距今不到两个世纪前,一种最可耻的疾病[②]肆虐于欧洲、亚洲和非洲,在很短的时间内,产生了骇人的后果。如果当时继续这样猖獗地蔓延下去,人类早就灭绝了。人一生下来,备受百病折磨,不堪社会重荷,他们可能早就悲惨地死亡了。

倘若病毒更猛烈一些,其结果会是怎样?而如果人类不是相当幸运,发现了如此强有力的药物,那病毒一定会更加猛烈了。也许这种疾病不但破坏某些生殖器官,甚至会破坏了整个生殖能力本身了。

但是为什么要谈人类可能遭到的毁灭呢?这毁灭难道不是已

① “震旦”:马可·波罗游记中把中国称为Cathay(震旦),此名称系根据当时中国北部居住的契丹(Khitan)人而得来。——译注

② 指梅毒。——译注

经发生了吗？事实上洪水不是曾经灭世，使人类只剩下一个家庭吗？[①]

有些哲学家，把创造分为两种：物的创造与人的创造。他们不明白：物质和事物的创造，有六千年的历史；真主在悠悠岁月中，迟迟没有动手，只是等到昨日，才运用其创造能力。那么是否因为真主在这之前无力这么做，或者不愿这么做？然而，如果在某个时期无力这么做，那他在另一时期也一定不能。另一方面，由于真主本身不存在接替继承问题，那么假定他某一次愿意做某事，那么他就一定始终愿意，而且一开始便愿意。

所有的历史学家却都跟我们说起人类的始祖，让我们看到初生时期的人类。因此，认为亚当被救于一个普遍的灾祸，就像挪亚从洪水中被救出来一样；而此类大事件，自从创世以来，在地球上屡见不鲜，这种看法岂不是十分自然的！

并非所有的破坏都一样剧烈：我们看到世上若干部分厌于给人类提供生存的条件，可整个地球的这种厌烦，是否不存在缓慢的、察觉不出的普遍原因，我们对此究竟知道些什么呢？

在答复你来信提出的17、18世纪以来人口减少问题之前，我很高兴能给你这些一般性的看法。下封信我将向你指出，这种后果除了物理原因外，还有道德的原因。

1718年舍尔邦月8日于巴黎

---

① 指《圣经·创世纪》所说的灭世大洪水，世界只剩下挪亚一家乘方舟逃生。——译注

第 114 封信　郁斯贝克寄前人

你寻求地球人口少于以往的原因,可你如果多加注意,你会看到这巨大的不同来自于风俗的差异。

自从基督教和伊斯兰教瓜分了罗马帝国的世界,事物就发生了巨大变化:这两个宗教远不如世界主人①的宗教有利于人类的繁衍。

罗马人的宗教禁止多妻,这一点,它远优于伊斯兰教;它允许离婚,这就比基督教也优越得多。

我觉得没有比神圣的《古兰经》一方面允许多妻,另一方面又命令丈夫满足女人的需要,更为自相矛盾的了。先知说:"去找你们的妻子吧!因为你们对于她是必须的,就像是她们的衣裳;同样她们对你们也是必须的,就像是你们的衣裳。"这个教条使一个真正的穆斯林劳瘁不堪。一个人根据教规准许有四个妻子,再加上四个小老婆,或者四个女奴,这个人岂不要被这么多衣服压垮了?

先知又说:"你们的妻子们是你们的耕地。亲近你们的耕地吧!为你们的灵魂行善,这样你有一天就会得到善果。"

我把一个好穆斯林视为一个注定要拼搏不休的竞技者,但他很快就会身虚体弱,稍有疲惫,便无法坚持下去,从而就在这胜利

---

① 指罗马人。——译注

的战场上一蹶不振,可以说是被自己的胜利埋藏了。

自然总是缓慢地起着作用,而且可以说是留有余地的。它的行动从不暴烈,甚至对它的产品也要求克制欲念。自然在行事时从来都按部就班,疾徐有度。如果你强迫它加速行事,它很快就会精力衰竭,便要运用剩余的全部力量保存自己,从而必然丧失它的生产机能和生殖能力。

妻妾众多总是使我们处于上述这种状态,她们有本事使我们精疲力竭,而不是使我们得到满足。在波斯,一个男人,后房妻妾众多,而孩子很少,这情况十分常见。而这些孩子本身,十有八九孱弱不堪,很不健康,而且像他们的父亲那样,萎靡不振。

不仅如此。这些被迫禁欲的女人,需要有人看管,而这些人只能是阉奴,因为,宗教、妒忌,甚至理智都不允许别的男人接近这些女人,这么一来,看守的阉奴必须很多,以便或者在这些女人不断进行的战争中维持后房的平静,或者为了阻止外部的勾引。因此,一个人如有十个妻妾,用十个阉奴来看管也不为多。但是,这么大量生下来就等于死的人,对于社会来说,是多大的损失!这岂不是必然要造成人口的减少!

后房中跟阉奴一道服侍这大量女人的女奴,几乎总是过着痛苦难耐的孤身独处的生活,直至白头。她们在后房服侍期间,不能嫁人,而她们的女主人习惯于使唤她们,也绝不愿放她们出去。

这说明仅仅一个男人,为了满足自己的享乐,如何占用了那么多的男子和女子,使他们对于国家来说,形同死人;对于人类的繁衍,成为无用的废物。

君士坦丁堡和伊斯法罕是世上两个最大帝国的首都:一切都

将以这两地为终极目标，各族人民受千百种方式的吸引，都从四面八方前往这两个城市。然而，这两个首都日益凋零，而两国君主，几乎每个世纪，都要召来整族整族的人，以充实这两个城市的人口，否则这两座城市很快就要毁灭了。我将在下一封信中，详谈此事。

1718年舍尔邦月13日于巴黎

第115封信　郁斯贝克寄前人

罗马人的奴隶不比我们少，甚至更多，但他们比我们更善于使用这些奴隶。

他们不是以强迫的方法阻止这些奴隶繁衍，相反全力促进其繁衍；他们尽其所能以各种婚姻形式使男女奴隶结合起来，从而使他们家中充满男女老幼奴隶，而国家则充满无数子民。

无数奴隶子女出生在主人身旁，以后便成为主人的财富。这些儿童的饮食和教育，完全由主人负责，而不要儿童的父亲承担。这样奴隶们可以完全本着天性大胆繁殖，而不必害怕家庭人口过多。

我曾跟你说过，在我们波斯，所有奴隶只忙于看管女人，此外便无所事事，他们对国家浑浑噩噩，不闻不问，以至于不得不依靠几个有家有室的自由人来从事农事百艺，而这些人又尽可能怠工。

古罗马人就不是这样：罗马共和国利用这群奴隶来获得无限的好处。这些奴隶按奴隶主规定的条件，每个人拥有自己的一小笔本钱，他用这笔钱从事生产，并按各自的技艺，决定自己的活动方向。这个人经营银行，那个人从事海外贸易，有的做零售生意，有的专务某种机械手艺，或者出租田地来赚钱。但是，没有一个人不设法尽量利用他的这笔钱，因为这笔钱使他可以在目前这种奴隶地位中，过上较为富足的生活，同时使他日后有望得到自由。这样便造就了一个勤劳的人民，刺激了手艺和工业的活跃。

这些奴隶靠着自己的努力和劳动，发家致富，便赎身为公民。共和国不断补充自己，随着老的家庭的消灭，把新的家庭吸收进来。

在以下的信中，我也许有机会向你证明，一个国家人民越多，商业就越繁荣；我也可以轻而易举地证明，商业越繁荣，人的数目就越增加：这两者必然互相帮助，互相促进。

如果确如以上所述，那么这人数奇多、一向勤劳的奴隶，定会不断地繁衍生殖，增加人口。技艺和富庶产生了奴隶，而奴隶又反过来成就了富庶和技艺。

1718 年舍尔邦月 16 日于巴黎

第116封信　郁斯贝克寄前人

迄今为止，我们谈到了伊斯兰教各国并探求了为什么它们的人口少于古罗马人统治下的国家。现在让我们考察一下，在基督教国家，何以也产生这样的后果。

多神教允许离婚，但基督徒却禁止离婚。这种变化，初时似乎十分无足轻重，但却在不知不觉中产生了可怕的后果，以致令人难以置信。

禁止离婚不仅使婚姻失去全部温馨，而且损害了婚姻的目的：人们本想加强婚姻的纽带，但却使这纽带松弛。结果这并没有像人们所企求的那样使两心相连，相反却使双方的感情永远分离。

在一种完全由个人自主的行动中，感情本应占极大的分量，但人们却约之以束缚，迫之以必需，归之于命运的安排，完全不顾双方存在的厌恶情绪、任性行为和脾气不投。人们要把感情固定下来，而感情正是自然界中变化最大、最不稳定的东西。人们将两个几乎总是不相匹配、彼此无法忍受的人联结在一起。而一旦结成联姻，便无可挽回，而这种状况又无望得到改变，这种行为，就像那些暴君，把活人跟死尸捆绑在一起一样。

再没有比有权离婚更有助于维系互相爱恋之情的了：夫妇双方可以耐心地承受家庭的各种痛苦，因为他们知道自己有权结束这些痛苦，因此他们往往终生把离婚的权利掌握在自己手中而不运用,就因为他们考虑到自己可以自由地运用这个权利。

基督徒的情况就不是这样。他们眼前的痛苦,使他们对未来感到绝望,因为他们从烦恼的婚姻中,看到的只是绵绵无期,可以说是了无尽日。由于产生了厌恶、不和、藐视,而这一切对于后代都是无可补救的。结婚刚刚三年,便忽视了婚姻的要旨,于是夫妇在冷漠中一道生活了三十年。他们的离异,虽然没有公之于众,但这跟公开的离异一样令人难以忍受,甚至也许更为有害;夫妇分居,各干各的,而这一切对子女后代都贻害无穷。当男子厌倦了一个永世相随的妻子,很快就会沉湎于在青楼女子中寻花问柳,这是可耻的行为,完全违反社会的道德,它并不能实现婚姻的目的,顶多只是满足婚姻的乐趣而已。

如此结合的男女双方,如有一方或者由于体质,或者由于年龄而不适合自然的安排,不能胜任种族的繁衍,那他就把对方连同他一道埋藏,使对方跟他一样,成为废物。

所以,看到基督徒之间结婚者那么多,而产生的公民那么少,就不足为奇了。不许离婚,不相匹配的婚姻就无法补救。古罗马时代女人可以先后有好几个丈夫,这些丈夫在这过程中,可以充分利用妇女的长处,可基督徒国家的女人就不能这样。

我敢说,如果像古代斯巴达共和国那样,公民始终受奇特而微妙的法律的约束。全国只有一个家庭,那就是共和国,按照规定,丈夫每年换一个妻子,那么一定会生下无数的子民来了。

基督徒禁止离婚的理由令人很难理解。在世界各国,婚姻是一种可以列出各种协议的合约,因此,只有那些可能削弱婚姻目的的协议才应当取消掉。可基督徒不从这种观点看问题,因此他们很难说明婚姻究竟是什么。他们不认为婚姻在于满足官能的快感，相反，正如已经跟你说过的，他们似乎要尽量把这一点从婚姻中排除掉，然而这是我根本无法理解的一种幻象，一种象征，一种神秘的东西。

1718 年舍尔邦月 19 日于巴黎

第 117 封信　郁斯贝克寄前人

禁止离婚并不是基督教国家人口减少的唯一原因。基督徒中有大量不能结婚的人，也是个不小的原因。

我指的是神甫和修士、修女，两者都发愿终身禁欲，这在基督徒看来，是至高无上的德行，对此我无法理解，不知道一种毫无意义的德行会是什么德行。

我觉得他们的经师们一方面说婚姻是神圣的，另一方面又说与此对立的独身更为神圣，显然自相矛盾，更不用说根据基本的教规和教条，有益之事总是最好的。

发愿独身的人数极多。往昔父亲从儿童襁褓时期便把他们禁闭于独身环境，而今天，子女们自己到十四岁时才自愿独身，这两者几乎如出一辙。

这种禁欲的职业，比鼠疫和最血腥的战争消灭了更多的人。每个修道院看来是个永存的家庭，这家庭不生育一个人，而靠天下苍生的供奉来维持生存。这些修道院犹如始终张着大嘴的深渊，吞噬着人类的未来。

这个方针与古罗马人的方针迥异。古罗马人订立刑法，处分那些不执行婚姻法而想享受完全违反公益的自由的人。

我这里跟你谈到的只是天主教国家。在新教中，所有人都有权生儿育女。新教不许有出家的神甫和修道士。这个宗教在初建时，把一切都恢复到基督教的早期时代，如果该教的创立者，不是不断被指控纵欲无度，那么毫无疑问，他们在使婚姻的实践普及到每个人之后，必定会进一步放松婚姻的枷锁，并且终于会彻底消除掉伊斯兰教徒和拿撒勒派①教徒在这个问题上的畛域。

但是，无论如何，宗教给予新教徒一个比天主教徒无限优越的好处。

我敢说，按欧洲的现状，天主教不可能在欧洲继续存在五百年。

在西班牙衰微之前，天主教徒比新教徒强大得多，现在后者逐渐达到可与天主教徒平分秋色的地步。今后新教徒将日益富有强大，而天主教徒则将日益贫弱。

新教国家的人口应当而且实际上也比天主教国家多。由此而来的是，第一：在新教各国，赋税收入会更为可观，因为税收的增加与纳税人数目成正比；其次，在这些国家，土地更能精耕细作；最后，商业进一步繁荣，因为想发财的人多了，而由于需要增加，满足需要的财力也随之增长。如果人口数量只够种地，商业必然凋敝；

① 早期基督教派别之一。此处泛指基督徒。——译注

如果人口数量只够经商,种地必然耽误,这就是说,结果两者势必同时日趋衰败,因为绝不可能偏重一方面,而又不损害另一方面。

在天主教国家,不仅田园荒芜,甚至他们的技艺也害人不浅,因为这种技艺只在于学习一种死语言的五六个字而已[①]。一个人一旦拥有这种生活的资本,就不愁不会走运了。他在修道院过着安逸的生活,而如果在俗世,要过这样的生活,势必要付出汗水和辛劳。

不宁唯是:教士们几乎掌握了国家的所有财富。教士是一群吝啬之徒,他们总是往里扒,从不往外掏。他们不断铢积寸累,以取得财富;可是这么多财富落到他们手中,可以说是陷于停滞的死水之中,再也没有流通,没有交易,于是没有了百艺,也没有了制造。

没有一个新教国君向人民征收的赋税不比教皇多得多,可是教皇臣民贫穷,而新教徒却生活豪富。在新教国家,商业使一切生机勃勃,而在天主教国家,修道制度却使到处一片死气沉沉。

1718 年舍尔邦月 26 日于巴黎

① 指修道士日常说的拉丁语词。——译注

第 118 封信　郁斯贝克寄前人

关于亚洲和欧洲，我们已经没什么可说的了，现在谈谈非洲。我们至多只能谈谈非洲沿海情况，因为我们对内地并不了解。

在柏柏尔[1]沿海地区，伊斯兰教已经建立，由于我跟你说过的原因，现在的人口少于古罗马时代。至于沿海地区，二百年来，人口锐减，因为那里的小王或村长把他们的百姓卖给欧洲的君主，运到他们在美洲的殖民地去。

奇怪的是，这个美洲每年虽然都接受新的居民，却也是荒无人烟，并没有从非洲人口不断减少中得益。这些被运到另一地区的奴隶，在美洲成千成千地死亡。靠源源不断补充来的本地土著和外国人进行的矿山劳动，从矿里发出的有害的气味，必须不停地使用水银，这一切毁灭了这些奴隶而让人别想有活命的希望。

为了从地底采掘黄金和白银而让无数人死去，这是再荒唐不过的了，这些金属，就其本身而言，是毫无用处的；它们之所以成为财富，只是因为人们选用它们作为财富的标志。

1718 年舍尔邦月最后一日于巴黎

---

① 北非沿海地区的旧称。东邻埃及，西临大西洋，南接撒哈拉，北濒地中海。现包括摩洛哥、阿尔及利亚、突尼斯和利比亚。——译注

第 119 封信　郁斯贝克寄前人

一个民族的繁殖力,有时取决于世上最微不足道的情况,以至于往往只需要想象出一种新办法,就可以使该民族人口比过去大大增多。

犹太人一直被残杀,可始终生生不息,他们仅仅靠着这样一个希望,来弥补他们不断遭受的灭亡和破坏,那就是,从他们所有家庭中,有望产生一个强大的国王,成为大地的主人。

古波斯的国王之所以有无数臣民,就是由于麻葛教[①]的这个教条:人所能做的最讨主神喜欢的行为,就是生一个孩子、耕一块地和种一棵树。

中国之所以人口奇多,只是由于某种思想方式:即儿女把父亲视为神祇,终其一生像敬奉神祇那样尊敬父亲,而在父亲死后则以牺牲献祭,并认为父亲的灵魂虽消亡于天上,却又托生于人世,因此每个人都自然而然地要使家庭添丁加口,因为这些家口在现世既如此恭顺,而在来世也是必不可少的。

另一方面,伊斯兰教国家由于这样一种看法而人口日益减少:这种看法虽然十分神圣,但一旦人们在思想上生根,便产生十分有

① 麻葛,见第 67 封信注。波斯萨珊王朝确定琐罗亚斯德教为国教后,逐渐形成麻葛的教阶制度。此处麻葛教就是指琐罗亚斯德教。——译注

害的效果。我们把自己视为尘世的过客,只应以奔赴天国为念;至于有用而持久的工程,保证子孙幸福的操劳,超越短暂人生的计划,在我们看来都仿佛是荒诞不经之事。我们安于现状,不愁未来,我们不肯费事去修葺公共建筑,不开垦荒地也不耕种熟地,我们生活于普遍的麻木不仁之中,一切听凭天意。

在欧洲国家,基于一种虚荣心而建立的不公平的“长子权”,十分不利于人口繁衍,其故在于它使父亲只关怀长子,而置其他儿子于不顾;迫使父亲为了巩固一个孩子的财产,而不容其他子女成家立业,最后它破坏了公民的平等,而公民的富裕是由平等得来的。

1718 年赖买丹月 4 日于巴黎

第 120 封信　郁斯贝克寄前人

野人居住的地方,通常人口稀少,因为他们几乎全都不愿从事农耕劳作。这种不幸的情绪如此强烈,以至于他们诅咒某个敌人时,但愿对方沦为种田人,因为他们认为只有狩猎和捕鱼才是不失身份的高尚营生。

但是,由于往往有些年头,渔猎所获甚微,他们只得经常挨饿,何况任何地方都不可能有野味鱼类足以养活一个大民族,因为禽兽总是逃避人类聚居之地的。

而且,野人的村镇,两三百口人家,村镇相隔,利益殊异,宛如两个帝国，不能互相支援，因为这些村镇无法像大国那样，各部分之间能彼此呼应，相互救助。

在野人中还有一种风俗，其危害之大，不亚于上述情况，那就是女人堕胎的残酷习惯，为了不因大腹便便而引起丈夫的不快。

此间针对这种混乱现象，制订有可怕的法律，严酷到暴戾的地步。凡女子怀孕不向政府申报者，若胎儿死亡，而处死母亲：即使是出于羞愧和廉耻，甚至意外事故，均不予以宽宥。

1718年赖买丹月8日于巴黎

第121封信　郁斯贝克寄前人

殖民所产生的后果，通常是削弱了输出移民的地方，却并不增加被殖民地方的人口。

人应当待在原地。有些疾病就来自于把良好的空气换为恶劣的空气，另一些疾病正是由于改变环境而产生的。

像植物一样，各地的空气中负荷着各地泥土的微粒。空气对我们影响极大，从而决定了我们的体质。当我们移居到另一个地方，我们就会生病。由于人的各种体液已习惯于某种稠度，固体部分已习惯于某种安排，而这两者均习惯于某种程度的运动，所以无法承受别的运动，于是它们便要对一种新的习惯进行抵制。

如果一个地方荒凉，那便可以预料，其土质或气候的性质中，具有某种特殊的毛病。因此,如果把人们从有益身心的地方移居到这样一个荒凉的地方,这种做法与要达到的目的是背道而驰的。

古罗马人根据经验,了解这一点,他们把所有罪犯发配到撒丁岛,而且他们也把犹太人送到那里去。他们必定不会为这些人的死亡感到痛苦。他们本来就藐视这些无耻之徒,所以此事对于他们来说,是轻而易举的。

阿拔斯大帝不愿让土耳其人有可能在边境上维持庞大的军队,便把几乎所有的亚美尼亚人运出他们的住地,有两万多户被送到吉朗省[1],这些人在很短的时间内,几乎全都死光了。

历次向君士坦丁堡输送移民,从来都没有成功过。

前面提到的无数黑奴,也根本没有使美洲人丁兴旺。

自从哈德良[2]在位期间屠杀犹太人以来,巴勒斯坦一直无人居住。

因此,必须承认,居民一旦遭到大规模毁灭,便几乎是无法弥补的,因为一个民族,人口稀少到一定程度,就会停滞于这种状况,而如果碰巧得以恢复元气,也要有几个世纪的时间。

必须承认,处于衰微的民族,如果再遇到上述种种情况中哪怕最微不足道的一种,那就不但不可能恢复,而且会日益凋零,趋于灭绝。

把摩尔人[3]驱逐出西班牙所造成的影响至今依然可以感觉得

① 古波斯省名,现仍为伊朗一个省份,濒临黑海。——译注

② 哈德良(76—138),罗马帝国皇帝(117—138 年在位)。——译注

③ 居住于西撒哈拉的非洲人。在西方,“摩尔人”长期指中世纪时征服西班牙的非洲穆斯林。——译注

到，因为摩尔人在西班牙留下的空虚远没有填满，反而日益扩大。

美洲生灵涂炭，可是，取代了当地原有居民的西班牙人，并未能恢复美洲的人口；相反，由于某种命运的安排——我还是把它称为天理昭彰为好——破坏者自相残杀，日趋衰竭。

因此，君主们不应企图通过殖民来使某些广袤的地区增添人口。我不是说这种办法不会有时也取得成效。有些地方水土非常好，从来都有利于人类的繁衍，证据就是这些岛屿[①]住着被一些船只抛在那里的病人，这些病人一到那里，就恢复了健康。

但是，即使这些殖民地取得成功，这种办法也并没有增强宗主国的国力，相反是分散了国力，除非这些殖民地面积极小，像有的殖民地，人们只是占领小块地盘从事经商，便是这样。

和西班牙人一样，迦太基人早就发现了美洲，或者至少发现了美洲附近的一些大岛屿，他们在这些岛上，生意做得十分红火。但是，当他们看到本国人口减少了，这个明智的共和国便禁止臣民进行这种经商航海了。

我敢说，应当把印第安人和混血儿运回西班牙来，而不是派西班牙人到西印度去；应当将分散到世界各地的人民，还给这个君主国，而且如果西班牙的这些大殖民地只保留下一半，那这个国家就会成为欧洲最可怕的强国了。

可以把帝国比之于一棵树，树枝过长，就会吸干树干的汁液，而这些枝桠除了浓荫蔽日外，别无其他用途。

---

① 按原注，作者也许指的是波旁岛。“波旁岛”是今法属留尼汪岛的古称，位于印度洋。——译注

以葡萄牙人和西班牙人的例子,来纠正君主们从事远征的狂热,是再好不过的了。

这两个国家,以难以想象的速度,征服了一些土地辽阔的王国。他们对自己怎么会取得胜利,比被征服民族对自己怎么会失败,更感到诧异,于是他们便想方设法保存这些被征服的地方。他们采取了两种不同的办法。

西班牙人感到根本不可能使战败国对他们保持忠诚,便决定加以灭绝,于是从西班牙派去了忠诚的臣民。从来没有一个恶毒的计划,执行得如此分毫不爽。这些野蛮人来到之后,一个人口跟整个欧洲不相上下的民族就从地球上消失了。这些野蛮人在发现西印度时,似乎一心只想向人们揭示穷凶极恶究竟是什么样子。

以这样的野蛮手段,他们维持住了对这块地方的统治。既然这便是征服的效果,那么你由此可以判断,这场征服是多么悲惨!因为,归根到底,他们只好出此灭绝人性的下策,否则他们怎能使千百万人俯首听命呢?怎能在如此遥远的地方打一场内战呢?如果西班牙人让当地人民有充分时间从对这些新的天神初到时的仰慕以及从对他们的火器的畏惧中醒悟过来,那么他们会沦于何种境地呢?

至于葡萄牙人,他们走完全相反的道路。他们不用残酷手段,所以他们很快便被赶出他们发现的地方。荷兰人怂恿这些地区的人民反叛并从中渔利。

哪个君主会羡慕这些征服者的命运呢?谁愿意要以这样的条件得来的地盘呢?这些征服者中,一些人不久便被驱逐出来,另一些人则使被征服的地方化为沙漠,同时使自己的国家也成为沙漠。

这便是这些英雄们的命运：他们不惜罄其所有，去征服一些地方，可这些地方转眼便全都丢失了；去驯服一些民族，可他们又不得不亲手把这些民族消灭掉。他们的行为，就像这么一个精神失常的人，他们费尽精力，买了一些雕像抛到海里，买了一些镜子，立即又砸碎掉。

1718 年赖买丹月 18 日于巴黎

第 122 封信　郁斯贝克寄前人

治政温和可大大有助于人口繁衍。所有的共和国都是确实无误的例证；尤其是瑞士和荷兰，如就土质而言，是欧洲最差的国家，但人口却最多。

自由和随自由而来的富庶最能吸引外国人：自由本身吸引人们去追求，而我们则出于需要，被带到富庶的地方去。

物阜民丰的地方，儿童有所养，又丝毫不影响父母的生活，因此人口得以增殖。

公民间的地位的平等通常可以产生财产的平等，从而给政治机体的各个部分带来富足和生机，并把平等传播到各处。

受专制政权统治的国家就不然了。君主、廷臣和少数人占有全部财富，而同时，所有其他人则呻吟于极度贫困之中。

假如某个人自己生活拮据，而且感到生下的孩子一定会比他更穷，他就不结婚了；或者虽结婚，却怕子女过多会耗尽他的全部财产，生活处境比父亲更差。

我承认，乡下人或者农民，一旦结了婚，不管是富是穷，照生孩子，满不在乎，根本没有上述的考虑，反正他有一笔可靠的遗产留给子女，那就是他的锄头，所以他一无顾忌地盲目按天性的本能行事。

但这么多嗷嗷待哺的儿童，对国家又有何用？他们几乎全都随生随灭，绝不能健康成长。这些儿童孱弱无力，一个个由于千百种不同的原因而死去，另一方面又被贫穷和恶劣食物所必然产生的频繁的贫民疾病，成批地夺走了性命。

人就像植物，如不精心培育，绝不能健康成长。穷苦人死于沟壑，甚至有时会退化。

这一切，在法国可以找出大量例证。在过去历次战争中，家家男丁害怕被征入伍，于是尽管年龄过于幼小，而且家庭贫寒，也不得不早早完婚。从这许多婚姻中，生育了许多子女，可目前在法国上哪里还能找到这些儿童？他们都死于贫困、饥馑和疾病了。

如果对于像法国这样文明的王国，这样幸福的地方，尚可提出这样的批评，那么在其他国家，情况又将如何？

1718 年赖买丹月 23 日于巴黎

第123封信　郁斯贝克寄三墓看守者毛拉穆哈迈德·阿里

（寄科姆）

伊玛目们的斋戒和毛拉们的苦衣对我们有何用处？真主之手两番沉重地打击了圣教的儿女。太阳惨淡无光，似乎只照见他们的败绩；他们的军队集结起来，但又被吹散，犹如尘土。

奥斯曼帝国由于两次前所未有的大败仗[①]而风雨飘摇：一个基督教的穆夫提只是形式上支持它，德国的大维希[②]是天降灾星，被派来惩治奥玛尔派教徒[③]，把真主对他们的反叛和奸诈行为的震怒带到四面八方。

众伊玛目的圣灵啊！你为先知受奥玛尔引入迷途的子女日夜哭泣，看到他们的不幸，你肝肠寸断。你要他们改邪归正，而不要他们走上绝路；你希望看到他们受诸圣徒的眼泪所感动，会聚集在阿里的旗下，而不是被异教徒的恐怖所吓倒，逃散到群山和荒漠

---

① 指奥斯曼帝国1683年第二次维也纳围城战的失败和1718年奥地利战争的失败。——译注

② 大维希，土耳其语，意为首相，此处指神圣罗马帝国的军政大臣萨伏伊的欧仁亲王（1663—1736）。——译注

③ 奥玛尔（592—644），伊斯兰教四大正统哈里发之一。代表土耳其人信奉的逊尼派，与伊朗人信奉的以阿里为代表的什叶派相对立。——译注

之中。

1718 年闪瓦鲁月 1 日于巴黎

第 124 封信 郁斯贝克寄雷迪

（寄威尼斯）

出于什么动机，君主们无限慷慨，赏赐他们的廷臣？是否要笼络他们？他们已经殚精竭虑忠于君主了，况且，如果君主们要收买臣民中的某些人，使他们忠于自己，那他们一定会失去无数百姓的拥护，因为百姓会因此而陷于贫困。

当我想到君主们总是受贪得无厌的宵小包围的处境，我只能替他们叫苦，我尤其替他们叫苦的是，他们无法拒绝某些请求，而这些请求对于不提出任何要求的人们永远是代价高昂的。

每当听到人们谈到君主给的赏赐、恩惠和年俸时，我总不免思绪万千，各种想法纷至沓来，我仿佛听到公布这么一道诏书：

若干臣民，鼓不泄之勇气，试浩荡之王恩，不懈不辍，请求年俸。对此无数陈情，朕素予以最大关怀，现特允其所请。据陈述，彼等或自朕践祚以来，侍奉早起，从未疏忽；或在朕所过之处，必恭立道旁，兀然不动，犹如界石，并爬至极高处，从最高的肩膀上，瞻仰御容。甚至若干妇女也多次陈情：彼等生计日绌，人所共知，故乞赐矜恤；其中数人，年已老耄，说话摇晃脑袋，求朕顾念彼等曾是先王宫廷之荣光。盖三军将领固然以彪炳战功使国家威震天下，彼等也曾以阴谋诡计，使宫廷名扬四海。朕欲仁慈为怀，体恤求告者，对所请各节，一体照准，为此特颁敕令如下：

"凡农夫有子女五人者，每日切面包五分之一，分给子女。嘱为父者就每人份额，尽量俭省。

"凡致力经营祖产，或将祖产出租者，严禁对祖产做任何修葺。

"凡从事手艺贱业，从未晨省朕躬者，今后为自身及妻孥购置衣服，只许四年一次，并严令禁止彼等逢年过节，在家举行习常的宴乐。

"据奏报，各府城大邑，大半市民，忙于嫁女，不遗余力置备妆奁。这些女子，待字闺中，欲求有人行聘，必须佯作谦和贤淑，诚可悲亦复可厌。现明令全国，须待女儿达到法定婚龄，催迫父母要求出嫁时，方准婚配。禁止官吏出资教育其子女。"

1718 年闪瓦鲁月 1 日于巴黎

第 125 封信　里加寄×××

一辈子生活得很好的人,死后可以得到何种乐趣,对此要想作出大致的说明,在所有宗教都十分为难。用一系列死后的刑罚加以威胁,便可以很容易地恫吓坏人;但对于有德行者,就不知应许诺他们什么。似乎乐趣的性质,就在于为时短暂,很难想象还有什么别的乐趣。

我曾看到对天堂的各种描绘,这些描绘足以使所有洞达事理的人打消上天堂的念头。有的人把天堂描绘得让这些幸福的魂灵不停地吹箫弄笛;有的则罚他们服无休无止地散步的苦刑;最后,有的则要死者在天堂中想念留在人间的情妇,而没想到亿万年时间太久,足以使情人对苦苦相思倒了胃口。

关于此事,我想起一个去过莫卧儿帝国的人跟我谈起的故事,这故事说明印度的教士关于天堂的乐趣所具有的概念,跟其他宗教的教士一样贫乏。

一个新寡的妇人,根据礼教的要求,晋谒本城总督,请求准许自焚。但由于在伊斯兰教徒统治的地区,大力禁止这种残酷的风俗,总督无论如何都拒绝这妇人的请求。

她看到求告无用,怒不可遏,说道:“看吧,多麻烦!连一个可怜的女人想自焚都不允许!有谁见过这样的事?我母亲、我姑母、我姐姐,都是自焚而死的,可是当我去请求这个该死的总督准许我自焚时,他竟生气了,像发狂似的大叫大喊起来。”

碰巧旁边有一个年轻和尚。总督对他说:“不信道的人啊!是不是你让这个女人脑子里产生这种疯狂的念头?”他说:“不是我,我从未跟她说过话。但是,如果她相信我,她的自我牺牲,一定会如愿以偿,因为她的这一举动定会使神梵天感到高兴。这么一来,她一定会得到报偿,因为她在彼世会与丈夫重逢!并与丈夫重婚。”“你说什么?啊!那么我不自焚了。我丈夫在世时,禀性妒忌,心情郁怒,况且年纪这么老,要是神梵天不在他身上做些改造,他肯定是不需要我的。我为他自焚?……我甚至不会动动手指头把他从地狱深处拉出来的。两个用花言巧语引诱我的老和尚,明知道我跟我丈夫是怎样生活的,却根本不肯把这一切告诉我。但是,如果神梵天只送给我这份礼物,那我不如放弃这个福气好了。总督先生,我要做个伊斯兰教徒。”“至于你,”她看着那个和尚说,“你愿意的话不妨去对我丈夫说,我身体十分健康。”

1718 年闪瓦鲁月 2 日于巴黎

第 126 封信　里加寄郁斯贝克

(寄×××)

我等你明天来到此地,可今天仍将伊斯法罕来的信给你寄去。

在给我的信中提到，大莫卧儿帝国的使臣接到命令离开王国[①]，还说，负责国王教育的王叔亲王[②]被捕，囚禁于一个城堡，受到严密看守，并被褫夺了所有的荣誉。这位亲王的命运令我同情，我更为他打抱不平。

我对你实说，郁斯贝克，我从来看到别人流泪，心中都不免恻然。我悲悯不幸者，似乎只有他们才算是人，即使对那些大人物也是如此。当他们身居高位时，我对他们总是冷酷无情；而他们一垮台失势，我反而喜欢他们。

事实上，当他们飞黄腾达时，何需别人这种无用的温情？这种温情会令人感到别人过于跟他们平起平坐了。他们宁愿要人尊敬，因为受人尊敬，并不因此也要求对人报以尊敬。但他们一旦失去了显赫的地位，只有靠我们替他们鸣不平，才能唤起他们对自己高贵身份的回忆。

我觉得一个君主在即将落入敌人手中时说的一番话有着某种十分天真、甚至十分伟大的东西。他看到他身旁的廷臣在哭泣，说道："从你们的眼泪中，我感到我还是你们的国王。"

1718 年闪瓦鲁月 3 日于巴黎

---

① "王国"指波斯，影射法国。"使臣"影射西班牙大使塞拉玛尔亲王（1657—1733）与曼恩公爵一道企图颠覆路易十五的摄政王。——译注

② 指路易十五的叔叔曼恩公爵（1670—1736），颠覆摄政王奥尔良公爵案的主谋。——译注

第127封信 里加寄伊本

（寄士麦那）

你已经听到人们千百次谈到那位有名的瑞典国王[①]。他围攻一个称为挪威的王国的一个要塞，当他一个人带着一个工程师巡视战壕时，头部中弹身亡。人们立即逮捕了他的首相，并召开三级会议，判处首相斩首。

首相被指控犯下一个重大罪行，即曾诽谤国家，并使国王对国家失去信心。在我看来，这真是大逆不道，罪该万死。

因为，说到底，如果在君主跟前诋毁一个最普通的黎民百姓，已是恶劣行为，那么诋毁整个国家，并使之失去受命于天以造福国家的君主的恩泽，那又该当何罪呢？

我希望人们以天使跟我们神圣的先知说话的态度来跟国王们说话。

你知道，在众王之王从世上最崇高的宝座上下来与其奴隶交谈的神圣宴席上，我严诫自己切勿出语不逊。我从未乱说过一句令最普通的百姓感到刺耳的话。即使我无法谨言慎行，我依然不

① 指查理十二（1682—1718），瑞典国王（1697—1718年在位）。1718年率军进攻挪威，在腓特烈斯哈德攻坚战中，头部中弹身亡。——译注

失为正派之人，而在这种对我们忠诚的考验中，我甘冒生命之危，也永远要执持操守。

不知何故，几乎历来凡是无道的君主，其首相必定更坏。君主干出某种坏事，几乎总是受他人的鼓动，所以为君主出谋划策者的卑劣灵魂，从来都远比君主们的野心更为危险。但是，一个人，昨天才入阁，明天也许不再是大臣，可他却在朝夕之间，成为他自己、他的家庭、他的祖国和人民的敌人，成为他将要加以压迫的人民的万代子孙的敌人，这一点，你明白吗？

君主有各种贪欲，首相则推波助澜。他就是往这个方面领导其政务的。他别无其他目的，也不想有别的目的。弄臣们以谀词媚主，而首相为君主出谋划策，煽动君主，向君主进呈办事之道。这些奉承君主的办法，则更为危险。

1719 年赛法尔月 25 日于巴黎

第 128 封信　里加寄郁斯贝克

（寄×××）

那天我跟一个朋友走过新桥[1]，他遇到一个熟人，他告诉我此

---

① 巴黎塞纳河上的桥。——译注

人是个几何学家，可那人一点也不像个几何学家的样子，因为他正沉浸于深思之中。我那朋友拉他的袖子，拉了许久，又推又摇，好不容易才使得他回过神来，因为他专心致志地为一条弧线问题可能已经冥思苦索一个多星期了。他们两人说了许多客套话，互相交流了一些文坛新闻。他们一边说着，一边走到了一家咖啡店门口，我便跟他们一道走了进去。

我注意到，这位几何学家受到众人殷勤的接待，咖啡店的侍者对他比对坐在墙角的两个火枪手要重视得多。而他则仿佛来到了惬意的地方。他稍稍舒展了皱眉，并且笑了起来，似乎他丝毫不再考虑什么几何学问题了。

但他对谈论的一切，都以几何学的毫厘不爽的精神来测量。他就像这样的人，用剑把花园里长得高过别枝的花朵截齐。他成为自己这种准确性的牺牲者，他容不得一句俏皮话，就像视力弱的人，受不了过于强烈的光线。不过，他对任何事，只要是实实在在的东西，都感兴趣，所以他的谈话颇为特别。这一天，他跟一个人从乡下来到巴黎，那个人曾经看到一座富丽堂皇的府邸和一些十分美丽的花园，可他却只见到过长六十法尺[①]、宽三十五法尺的房子和一个面积十阿尔邦[②]的小树林。他原希望透视规则得到严格遵守，以使到处大道小径，看起来都宽度相同，而他为此本可以提供一个万无一失的办法的。他对一个由他制成的、构造特殊的日晷似乎十分满意，所以当坐在我旁边的一位学者不幸地问他，这日

① 法国古长度单位，1 法尺相当于 325 毫米。——译注

② 法国古代土地面积单位，相当于 20—50 公亩。——译注

晷表示的是否是巴比伦时间时，他对这学者大发脾气。一个爱传播消息的人谈到封达拉比城堡被炮击之事，这位几何学家立即向我们指出炮弹在空中所划的曲线的各种特性，他对自己了解这一切洋洋自得，而丝毫不想知道别人是否欢迎他的这些知识。一个人抱怨去冬一场洪水使他破了产，这时，这位几何学家说："我很高兴听到你跟我说的事，可见我的观察没有错。地球上至少比前一年多降了两指的水。"

过了一会，他走出咖啡店，我们也跟着他出去。他走得相当快，没有很好地往前看，跟另一个人撞了个满怀。由于相互的速度和体重之故，猛烈的撞击把他们各撞到一边。当他们神智稍稍恢复后，那个人手按着额头，对几何学家说："我很高兴被你撞了一下，因为我有一个重大的消息要告诉你，我刚刚出版了我关于贺拉斯①的著作。""什么！"几何学家说，"两千年前，贺拉斯已经闻名于世了。""你不明白我的意思，"那个人说，"我出版的是这位古代作家的译本。我致力于翻译这部书已经二十年了。""什么！先生，"几何学家说，"二十年来你自己都不思想？你替别人说话，而别人替你思想？""先生，"那个学者说，"我让公众阅读家喻户晓的优秀作家的作品，你不认为这是给公众做了好事吗？""我说的并不完全是这个意思。我跟别人一样，尊重被你歪曲了的那些崇高的天才。可你根本不像这些天才人物，因为你固然不断地翻译，可别人却绝不会翻译你的作品。译作就像这些铜币，它们的确跟一个金币有同等价值，甚至对于公众来说，比金币更为有用。可是这

① 古罗马诗人（公元前 65 年—公元前 8 年）。——译注

些铜币分量总是较轻，而且成色不足。你说你要使这些有名的死人复活于我们之中，我承认你的确给这些死者以躯体，可是你并没有还他们以生命，在这些躯体中，总是缺少一种给他们以生命活力的灵魂。为什么你不专心去研究许许多多我们每天要进行简单的计算便可以发现出来的美好的真理呢？”

在提了这小小的建议之后，他们分手了。我相信，他们是不欢而散的。

1719 年赖比儿 · 尼勒 · 阿赫鲁月最后一日于巴黎

第 129 封信　郁斯贝克寄雷迪

（寄威尼斯）

大部分立法者都是见识短浅的人，只是因时运不错才被置于众人之上，而且他们几乎只凭一己的偏见和随心所欲来行事。

似乎他们不了解自己工作的伟大和庄严，他们以制订幼稚可笑的法规为乐事，从而事实上与鄙俗之徒声气相通，而为通达事理的人们所不齿。

他们拘泥于无用的细节，潜心于特殊的情况，这说明他们才具有限，只看到事物的局部，对一切都不能把握全局。

他们中有些人，故作高雅，不用通俗语言，而用另一种语言[1]：这对于立法者来说，是荒谬之极。如果人们看不懂法律的条文，又怎能遵守执行呢？

他们往往毫无必要地废除已经确立的法律，这无异把人民抛到由于朝令夕改而必然产生的混乱之中。

诚然，由于某种出自人之常情而不是出自人的思想的怪现象，有时需要更改某些法律，但这种情况毕竟罕见，而且，即使发生这种情况，也应战战兢兢，如履薄冰地进行，因为在更改法律时，要遵守许多仪式，采取许多慎重步骤，从而使人民自然地得出结论：法律是神圣的，因为需要这么多手续才能取消掉。

立法者往往按逻辑学家的想法而不是按自然的公正性来制订法律，结果法律过分繁杂；到了最后，人们觉得法律过于严酷，于是出于公正的精神，便认为应当不予执行，可是这种挽救办法却是一种新的弊端。不管法律如何，都应当遵守并视之为公众的良心，而个人的良心应当永远与公众的良心相符。

可是，必须承认，立法者中有些人注意到这么一个问题，即他们使父亲对子女有极大的权威。一个国家，如果风俗总是比法律更能造就优秀的公民，那么，再也没有比这更能减轻法官的负担，更能减少法庭的诉讼案，总之，更能使全国弊绝风清的了。

这是一切权力中最不会被滥用的权力，这是法律中最神圣的法律，这是唯一不取决于协议，甚至先于协议的法律。

我们注意到，在父亲手中掌握着较大的赏罚权力的国家，家庭

① 指拉丁文。——译注

的门风就好些，因为父亲是宇宙造物者的形象，造物者虽然可以用爱来引导人类，但一直让人们出于希望和畏惧而依恋于他。

在结束此信前，我必须向你指出法国人古怪的精神。据说，法国人保留了罗马法中无数毫无用处、甚至比无用更糟的东西，可却没有采取罗马法确定为第一合法权威的父权。

1719 年主马达·勒·阿赫赖月 4 日于巴黎

第 130 封信　里加寄×××

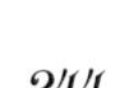

在这封信中，我将跟你谈这么一伙被称为“新闻家”的人，他们聚集在一座华丽的花园[①]中，穷极无聊地忙个不歇。他们对国家完全无用，即使让他们高谈阔论五十年，而同时如果有人能够五十年一言不发，两者的效果都别无二致。可是他们却自以为了不起，因为他们交谈的全是宏伟的计划，议论的都是军国大事。

他们谈话均出于一种无聊而可笑的好奇：他们声称再神秘的办公室他们都能进得去，他们绝不承认有什么事他们不知道。他们知道我们尊严的苏丹有多少妃嫔，每年生了多少孩子。虽然他们从不花钱雇用探子，他们却知道我们的苏丹采取什么措施来羞辱土耳其帝国皇帝和莫卧儿帝国皇帝。

---

① 指巴黎杜伊勒里宫花园。——译注

眼前的事刚刚说完，他们便急急忙忙纵谈未来，他们揣摩神意，对于世人的一切活动，他们都预知天意如何。他们可以手把手地指导将军，他们对这个将军没有干过的千百种蠢事倍加赞扬，然后又为这个将军准备好根本不会做出的别的千百种蠢事。

他们横扫千军，如逐野禽；他们摧毁城墙，如裂纸板；所有江河上，他们都架起了桥梁；所有的山岭中，他们都开辟了密道；在炙热的沙漠里，他们都设立了巨大的军火库。他们无所不能、无所不有，所缺的只是清醒的理智。

有一个人，我跟他住在一起，他收到一位新闻家的一封信。我见此信奇特非凡，故保留下来，现抄录如下：

先生：

我对时事的揣测，很少出错。

1711年1月1日，我预言约瑟夫皇帝[①]将在年内归天。诚然，由于当时皇帝龙体十分康健，我想如果我说得过于明确，不免会招人嘲笑，故我有点隐约其辞，可是善于推理的人完全清楚我的意思。同年4月17日，约瑟夫皇帝死于天花。

皇帝同土耳其一宣战，我便到杜伊勒里宫花园的各个角落，寻找同好诸君。我召集他们于喷水池旁，向他们预言贝尔格莱德将受围攻并被占领。我很高兴预言居然应验了。诚然，我曾以一百皮斯托尔打赌，贝尔格莱德将于8月18日[②]

① 约瑟夫一世(1678—1711)，神圣罗马帝国皇帝。——译注

② 1717年。——原注

被攻占，而事实上是第二天才陷落，我怎么会输得这么巧呢？

当我看到西班牙的舰队在撒丁岛登陆时，我判断舰队一定会占领该岛，我这么说了，而事实确实如此。我对自己每言必中颇为得意，便进而指出，那支胜利的舰队将会去费拉尔登陆以占领米兰省。由于我觉得有人不接受我这看法，而我则要坚持我的意见以维护我的荣誉，便打赌五十皮斯托尔，结果我又输了，因为那个该死的阿尔韦罗尼[①]，不顾各个条约的规定，派舰队去西西里，结果同时欺骗了两大政治家：萨伏依公爵[②]和我。

先生，这一切使我十分为难，我决心照常预言，但绝不打赌。从前我们在杜伊勒里宫花园不采取打赌的办法，已故的L伯爵[③]也不大允许打赌。但是，自从一群花花公子跻身我们中间以来，我们都茫然不知所措：我们刚张口说一则新闻，这些年轻人中就有人提出打赌，不同意我们的看法。

那一天，我正打开手稿，戴上眼镜，这时这群爱吹牛的人中，有一个抓住我第一句话和第二句话之间的间隙，对我说："我敢打赌一百皮斯托尔，你说得不对。"我装作没注意到这种放肆的话，提高声音，继续说下去。我说："……元帅先生一听说……""这是假的，"这个人对我说，"你总是说些荒唐

① 阿尔韦罗尼（1664—1752），政治家，事实上的西班牙首相（1716—1719）。1717—1718年西班牙对撒丁和西西里进行远征，导致同四国同盟的战争，在法、英两国军队攻入西班牙以后，西班牙军队败北，阿尔韦罗尼于1719年12月被放逐。——译注

② 指当时统治撒丁的维克多·阿梅代二世。——译注

③ 指利奥纳伯爵。利奥纳（1611—1671），法国路易十四时代的外交大臣。——译注

的消息，这些根本不符合常识。”

先生，请你借我三十皮斯托尔，因为，我对你说实话吧，这种打赌令我晕头转向。我给你寄去我给内阁大臣的两封信的抄件。

我是……

新闻家给内阁大臣的两封信

大人：

我是国王从未曾有的最热心的臣民。是我催我的一个朋友实行我制订的计划：写一本书来说明路易大帝[①]比所有堪称为大帝的君主伟大。我许久以来致力于另一作品。只要大人愿意给我以特权，该书便可为吾国获得更多的光荣。我意欲证明，自从建立君主制以来，法国人从未打过败仗，而迄今为止，历史学家所说的法国的失利，纯属欺人之谈。对此我曾不得不在多次场合予以纠正，且我敢自夸，我在批评方面尤为出色……

大人，我是……

大人：

自L伯爵先生去世后，我们恳请您仁慈为怀，允许我们选一主席，盖我们的会议常发生混乱，无法如从前那样讨论国家大事，因为我们的年轻人中对年长者毫不尊重，而他们彼此

① 指路易十四。——译注

之间又毫无纪律，结果这真正成了罗波安[①]会议：年轻人的意见凌驾于老年人之上。我们向他们说明，在他们出世前二十年，我们已是杜伊勒里宫花园的毫无争议的占有者，但这都是徒劳；我相信我们最后会被他们赶出杜伊勒里宫花园，而不得不离开我们曾在那里追忆法国英雄亡灵的地方，我们只好到王家花园[②]或者更为偏僻的地方去开会。

我是……

1719 年主马达·勒·阿赫赖月 7 日于巴黎

第 131 封信　雷迪寄里加

（寄巴黎）

来到欧洲后，一件最令我好奇的事，就是各共和国的历史及其起源。你知道，大多数欧洲人对这种政体，连一点概念都没有，他们再发挥想象，也无法理解，世上除了专制政体外，还有别的政体。

---

① 《旧约》人名，所罗门王之子和继承人。当时犹大与东北诸族矛盾重重，推举耶罗波安为代表向罗波安申诉。罗波安先与诸元老商议，元老们劝他答应耶罗波安的请求，罗波安又与年轻官员商议，他们却劝他要加以镇压，罗波安听从年轻人的意见，于是北方十支派宣布脱离其管辖。事见《圣经·旧约·列王记》第 12 章。——译注

② 后称植物园，在巴黎市内。——译注

我们所知道的最早的政体,是君主制政体,只是在若干世纪之后,加上机缘的巧合,才形成了共和国。

希腊被灭世洪水冲毁之后,新的居民来到那里繁衍生殖。它的移民几乎全是从埃及和最邻近的亚洲地区招来的。由于这些地方是由国王统治的,从那里出来的人民,也一样受若干国王统治。但是,由于这些君主的专政日趋暴虐,人们挣脱了桎梏,从而在许许多多王国的残垣断圯上,建立了这些共和国,使得希腊十分繁荣,成为遍地蛮族中唯一的文明之邦。

对自由的热爱,对国王们的憎恨,使希腊长期保持着独立,并把共和政体扩展到远方。希腊的城市在小亚细亚找到了盟国,它们把同样享有自由的移民送到这些地方去,作为他们抵御波斯国王侵略行为的屏障。不仅如此,希腊向意大利移民,意大利则向西班牙,也许还向高卢移民。我们知道古代十分著名的这个伟大的赫斯佩里亚[①],最初就是希腊,其邻国把它视为乐土。希腊人在他们国家找不到这个乐土,便到意大利去寻找,意大利人到西班牙寻找,西班牙人到贝底克[②]或葡萄牙寻找,结果所有这些地区,古代人都称之为赫斯佩里亚。这些希腊移民带着他们从自己这个美妙的国度得来的自由精神到这些地区去。因此,在悠远的古代,在意大利、西班牙、高卢没有什么君主国。你很快就会看到,北方和德国也一样自由,如果说我们在他们国家发现某种王权的残余,那是因为他们把国王视为军队或者共和国的首领。

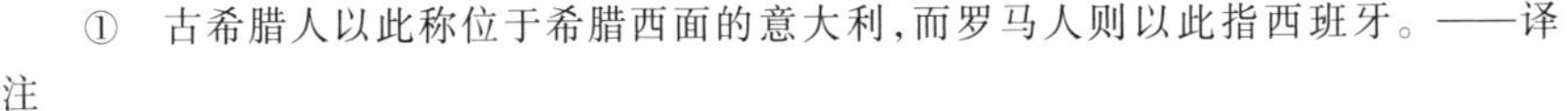

① 古希腊人以此称位于希腊西面的意大利,而罗马人则以此指西班牙。——译注

② 古罗马帝国西班牙南部行省名称,相当于今日的安达卢西亚。——译注

这一切都发生在欧洲，因为亚洲和非洲一直处于专制暴政之下，除了前面说过的小亚细亚的几座城市和非洲的迦太基共和国。

当时世界分属两个强大的共和国：罗马和迦太基。罗马共和国的起源是再熟悉不过的了，而迦太基共和国的起源，却一点也不清楚。我们根本不知道迪东①以后的非洲君主们的情况，也不知道他们如何衰落下来。罗马共和国极大地扩张了自己的版图。如果罗马公民与被征服的民族之间没有那种不公道的差别，如果罗马共和国不授予外省总督那么大的权力，如果为防止总督们的暴政所制订的如此神圣的法律得到遵守，如果他们没有利用他们的不义之财来收买司法人员，那么这种扩张对于世界来说，可能是一大幸事了。

恺撒扼杀了罗马共和国，使之屈从于独断专行的权力。

欧洲长期在强暴的军事政府下呻吟，而罗马的温和政治则变为残酷的压迫。

但是，就在这时，大量藉藉无名的民族从北方出来，如迅猛急流，涌入罗马各行省。他们发现抢掳财物并非难事，而征城略地也一样轻而易举，于是他们就肢解了罗马帝国，建立了一些王国。这些民族生性自由，他们极大地限制国王的权力，使得国王真正说来，只是一些头目或者将军而已。因此，这些王国，虽然是靠武力建立的，却丝毫不令人感到战胜者的桎梏。亚洲民族，如土耳其人和鞑靼人，服从于一个人的意志，所以在进行征服时，他们所想的

---

① 或称埃丽莎，据希腊传说为梯尔的公主，其兄杀死她丈夫后，从腓尼基出逃到非洲沿海，建立了迦太基共和国。——译注

只是给这个人增添新的臣民和用武力为这个人建立强暴的权力。可是,北方民族在本国原是自由之民,在夺得罗马帝国的行省时,并不给他们首领巨大的权力。甚至有的民族,像亚洲的汪达尔人,西班牙的哥特人,对其国王若不满意,便立即废黜。而在另一些民族中,君主的权力受到各种各样的限制:大量的领主与国王分享权力,只有得到他们的同意才能进行战争,首领跟士兵平分战利品,君主不能为自己开征捐税,法律由全民大会制订。这便是所有在罗马帝国废墟上建立的国家的基本原则。

1719 年助勒·希哲月 20 日于威尼斯

第 132 封信　里加寄×××

五六个月以前,我在一家咖啡馆看到一个衣冠楚楚的绅士,别人正在听他高谈阔论。他谈到在巴黎生活的乐趣,抱怨由于自己的处境而不得不在外省过着了无生气的日子。他说:“我的地产每年有一万五千利弗的收入,可是如果这笔财产中有四分之一是现金或者可随身携带的票据,我相信我一定会更幸福。我逼我的那些佃户,又用罚款来压他们,但也徒劳,反而弄得他们更交不出一分钱。我从不曾一次看到一百个皮斯托尔。可是如果我欠一万法郎的债,人家就要没收我的全部地产,而我就穷得要进收容所了。”

我没有十分在意这谈话便出来了。可昨天我在这个区,又走进这家咖啡店，我看到一个人，神态严肃，面孔苍白，脸色阴郁。他在四五个高谈阔论的人中间，显得郁郁寡欢，沉思不语。最后他突然高声说道："是的，先生们，我破产了，我生计无着，因为我眼下家里有钞票二十万利弗和十万银币。我的处境再糟不过，我原以为自己很富有，可我现在住在收容所了。要是我哪怕有一块地可以栖身，我至少有把握维持生活，但是我连这顶帽子这么大的地产都没有。"

我偶然把头转向另一边，于是我看到另一个人，像中邪似的脸部扭曲着。他喊道："今后还有谁可以信任呢？有一个奸诈的人，我原来满以为他很够朋友，便把钱借给他，后来他把钱也还给我了。多么可恶的阴险行为。他这样做也白费劲，在我心目中，他将永远名誉扫地了。"

紧靠着近旁，有一个衣裳褴褛的人，抬眼望天，说道："愿上帝保佑我们大臣们的计划吧！但愿我能看到股票涨到两千法郎，看到巴黎所有的仆人都比他们的主人富有。"我好奇地打听那人的姓名，别人告诉我："这是个非常穷的人，他干的是一门穷行业。他是族谱学家，所以他希望要是这样的横财继续发下去，他的本领就能赚到钱，因为所有这些新富翁需要他改换姓氏，洗刷祖先的污迹，用族徽来装点他们的马车。他自以为可以愿意制造多少有身份的人，就制造多少，所以眼看自己生意兴隆，他便高兴得坐立不安了。"

最后，我看到走进来一个干瘪苍白的老头，在他坐下来之前，我便认出他是个新闻家。可他不在这样的新闻家之列：他们对一切挫折失意之事，都抱有必胜的把握，故总是预见取得胜利和赢得战利品。而他正相反,他属于胆小鬼之流,传播的只有令人忧伤的信息。“在西班牙方面,事情非常不妙,”他说,“我们在边境上没有骑兵,而庇奥亲王却有大队骑兵,只怕他会占领整个朗格多克①。”

在我对面,有个不修边幅的哲学家,觉得这个新闻家很可怜。对方说话声音越高,他肩膀耸得越厉害。我走到他身旁,他在我耳边说道:“你看这个自命不凡的家伙,一个小时里老是跟我们谈他替朗格多克担惊受怕;而我昨晚看到太阳上有一个黑点,这黑点要是继续扩大,就会使整个自然陷于瘫痪,可我连一句话也没说。”

1719 年赖买丹月 17 日于巴黎

第 133 封信　里加寄×××

那一天,我去参观一个修道院的大图书馆②,修道院的修士们就像是图书馆的所有者,但他们不得不让公众在一定的时间中进去。

我进去时,看见一个神态威严的人,在四周数不清的书籍中踱来踱去。我向他走去,向他请教其中几本装订特别精致的是什么书。“先生,”他对我说,“我在这里,等于置身异域,一个人也不认

① 法国南部的古称。——译注

② 指巴黎圣·维克多修道院图书馆,1707 年向公众开放。——原注

识。许多人都向我提出过同样的问题,可是你很清楚,我不会为了满足他们而去读所有这些书。我有我的图书管理员,他可以满足你的要求,因为他日夜忙于研读你所看到的所有这些书籍。这是个毫无用处的人,而且是我们的大负担,因为他根本不为修道院工作。但我听见食堂的钟响了。像我这样领导一个修道院的人,做一切神功都应该走在前头。"说道,那个修士把我推出门外,关上门,飞也似的在我眼前消失了。

1719 年赖买丹月 21 日于巴黎

第 134 封信　里加寄前人

我第二天又去这个图书馆,找到另一个人,跟我前一天见到的完全不同:此人外表淳朴,面貌聪颖,待人和蔼。我一向他表示我的好奇心,他就认为有义务满足我,而且由于我是外国人,他有义务为我详尽解释。

我对他说:"神父,占着图书馆整个这一边的大部头书是什么书?"他对我说:"这是《圣经》诠释者的著作。""数目可真不少!"我接着说,"想必《圣经》从前十分晦涩难解,而现在很明白易懂了。是不是还有某些疑问?是不是还存在有争议的问题?""那还用问,全能的上帝,那还用问!几乎有多少行就有多少争论的问题。"他回答道。"真的?"我说,"那么,所有这些作者都干了些什么?”他说:“这些作者,并没有在《圣经》里寻找应该相信的东西,而是寻找他们自己所相信的东西。他们不是把《圣经》视为写着他们应当接受的教义的经典,而是视为可以使他们自己的想法具有权威性的作品。正因为如此,他们曲解了《圣经》中所有的意思,篡改了每个段落章节。《圣经》成为一块各个教派的人横冲直撞犹如进行打家劫舍的土地,成为敌对国家彼此交锋,进行战斗,互相攻击,以许许多多方式交火的一个战场。”

“紧靠着那边的是禁欲苦行的或者虔诚笃信的书籍,然后是道德的书信,这些书更有用得多。至于神学著作,由于其论述的内容和论述的方式而倍加难解。还有神秘主义者①即心肠温柔的虔信者的著作。”“啊,神父,谈谈这些神秘主义者吧!”他说:“先生,虔诚的信仰使一个生性温柔的人的心中充满激情,同时,把性灵送到他的脑子里,而这些性灵同样又使脑子充满激情,从而产生了人神交往,神游九天。这是虔诚达到疯狂程度的状态。这种状态往往臻于完善,或者不如说退化成为寂静主义②。你知道,一个寂静主义者不是别的,只不过是个疯子,虔诚而又不信道。

“请你看看这些决疑论者③的著作,这些决疑论者揭示黑夜的

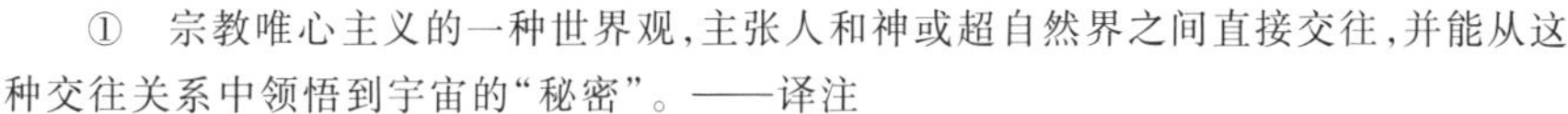

① 宗教唯心主义的一种世界观,主张人和神或超自然界之间直接交往,并能从这种交往关系中领悟到宇宙的“秘密”。——译注

② 天主教神修学说,认为人要修德成圣,在于绝对寂静,逃避外务,合一于天主。17 世纪西班牙神秘主义者毛里诺斯进一步加以系统化,提出要使灵魂达到完善境地,应对自己灵魂得救与否毫不介意,对自己犯罪的问题也要置之度外。17 世纪末引起一场宗教争论。详见伏尔泰《路易十四时代》第 38 章。——译注

③ 基督教神学家,主张根据理性的准则和基督教的教则来解决良心问题。——译注

秘密，他们在想象中，构造出爱情的精灵所能产生的种种怪物，把它们集中在一起，加以比较，并作为自己思考的永恒内容。如果他们的心不和这些怪物沆瀣一气，不与如此真实而不加掩饰地描绘出来的种种精神失常的行为同流合污，那他们便是幸运的人了。

“先生，你看，我自由地思想，而且想到什么就跟你说什么。我禀性淳朴，对你尤其如此，因为你是外国人，你想了解各种事情，而且想了解事物的本来面目。如果我愿意，我可以只以赞美的语气和你谈这一切，我会不停地对你说：‘这是神圣的，那是可敬的；这里有着神妙的东西。’可是这么一来，结果无非或者我欺骗你，或者我在你心目中成为无耻的人。”

我们就谈了这些，因为那修士突然有事，便中断了谈话，直到次日。

1719 年赖买丹月 22 日于巴黎

第 135 封信　里加寄前人

我在约定的时间又到图书馆去，那人把我恰好领到我们前一天分手的地方。他对我说：“这里是语法学家、注释家、评论家的著作。”“神父，”我对他说，“所有这些人不会不通情理吧？”“会的，”他说，“他们会不通情理，即使这在书中没有显露出来，他们的作品也一样糟，这对他们来说是十分方便之事。”“的确如此。”

我说，“我认识不少哲学家，他们专心研究这类学问是完全有道理的。”

他接着说道：“这些是演说家，他们的才能就是不管有理无理，都能说得人口服心服。而这边是几何学家的著作，他们迫使一个人即使心里不情愿，也要深信不疑，他们以不容置辩的方式来说服这个人。

“这里是玄学家的书籍，讨论的是至关重要的问题，通篇到处谈的都是无限无穷。这里是物理学书籍，对于这些书来说，奇特神妙的不在于浩瀚宇宙的和谐结构，而在于工匠最简单的机器。这里是医学书籍，这些说明生命脆弱、医术万能的鸿篇巨著，即使谈到癣疥之疾，也说得死在眼前令人不寒而栗；而当谈到药石的奇效，又使我们感到十分安全，仿佛可以永生不死。

“紧靠那边的是解剖学书籍，其中对人体各部分的描述远远少于给这些部分生造的名词：这些名词既不能治愈患者的疾病，也不能消除医生的无知。

“这边是化学[①]，这门学问有时寓身于济贫所，有时寄居于精神病院，似乎这两处都是它适宜的住所。

“这里是神秘学[②]，或者不如说是充满玄虚而无知的书籍，内容包含某种诡怪之术。此类书籍，大部分人认为可厌可憎，而我则认为是可悲可怜。还有这些星相学书籍也是如此。”“你说什么，神父？星相学书籍！”我热切地说，“在波斯，我们最重视这些书

① 指的是炼金术。古代许多人因炼金而破产或精神失常。——译注

② 指占星术、炼金术等。——译注

籍,我们生活中一举一动,都按星相学的安排,事无巨细,都由星相学决定。星相学家是我们真正的指导者。他们的作用还不仅如此,他们还参与国事大政。"他说:"如果真如此,你们的生活承受着比理性更沉重的桎梏。这可是世上最奇怪的国家。我可怜完全受星宿支配的家庭,我更可怜这样的国家。"我接着说:"我们运用星相学,就像你们运用代数。每个国家都有自己的立国之道,据此来规定政策。我们波斯所有星相学家加在一起,绝没有你们一个代数学家在此地干的蠢事多。你不认为星宿的意外会合,跟你们的计划制订者[①]夸夸其谈的道理,是同样可靠的规则吗?如果就此事计算一下在波斯和在法国赞成与反对的人数,这可能是星相学获胜的极好的理由。你会看到那些精于算计的人大为丢脸。对于这些人,有什么令他们无法招架的结论不可能得出呢?"

我们的争吵被打断了,我们只好分手。

1719 年赖买丹月 26 日于巴黎

第 136 封信　里加寄前人

又一次见面时,那个博学的人把我带到一间单独的房间。

① 原注指约翰·劳的计划。约翰·劳(1671—1729),苏格兰人,提出银行改革计划,1716 年劳获准在法国试行其计划,后因此计划引起的投机行为与政治阴谋,劳逃出法国。——译注

"这里是近代史书籍。"他对我说,"你先看看教会史和教皇史,这些书我为了修身明德而阅读,但其结果往往适得其反。

"那里是叙述庞然大物罗马帝国如何衰亡的历史。罗马帝国建立于许多君主国的残骸之上,而在罗马帝国的残垣断圮上,又产生了许多新的君主国。人们不知其名也不知其住地的无数蛮族突然出现,席卷、蹂躏和瓜分了罗马帝国并建立了你在欧洲现在见到的所有这些王国。这些民族既然享有自由,就不是真正野蛮,但是自从他们中大部分都屈服于一个绝对的权力,丧失了完全符合理性、人道和自然的那种美好的自由之后,他们变野蛮了。

"这里,你看到的是有关日耳曼帝国[①]的史书。这个帝国只是前一个帝国的影子而已,但是,我认为这是世上唯一不因分裂而削弱的国家;而且我还认为,这样的国家,在世界上绝无仅有:它损失越多,越得到巩固加强;它不善于迅速利用胜利的成果,而失败时,却变得不可降伏。

"这些是法国史。在这些著作中,我们首先看到的是王权的形成,它两次覆亡,两次再生,然后是几个世纪的萎靡不振,但是它日积月累、不动声色地在各方面壮大了力量,达到了最高阶段,犹如江河,飞湍急泻,江水流失,或者隐没地下,然后重新出现,支流汇合,水势壮大,把一切阻挡之物,迅猛冲走。

"那边,你看到西班牙民族从群山中出来,伊斯兰教君主被不知不觉地制服,就像以前他们迅速地征服了西班牙一样。那么多的王国合并成立一个幅员广大的君主国,几乎成了唯一的君主国,

① 即神圣罗马帝国。——译注

直至最后,它受自己的强大和虚假的富足所累,丧失了力量,甚至丧失了声名,只保留下缅怀往昔的强盛时所产生的自豪感。

“这里是研究英国的历史学家的著作。我们看到自由往往产生于纠纷和叛乱的战火之中:王座稳如磐石,而君主的命运却一直风雨飘摇。这是个不安于现状的民族,即使在盛怒之时,也保持着理智。它成了海上的霸主(这是前所未有之事),把商业与帝国的发展结合在一起。

“紧靠着那边,是另一海洋霸主荷兰共和国的历史。这个共和国在欧洲备受尊敬,而在亚洲则令人生畏,亚洲许多君主都匍匐在其商人的脚下。

“研究意大利的史学家向你介绍这样一个国家,它从前是世界的主人,如今成为列强的奴隶。意大利各邦的君主,四分五裂,孱弱不堪,除了徒劳地施展纵横捭阖之术外,没有任何东西可以标志他们仍然具有君权的特征。

“那里是各共和国的历史:瑞士共和国是自由的体现;威尼斯共和国的富源纯粹靠经济活动;热那亚共和国只是以华丽的房屋著称。

“这里是北欧各国的历史,其中有波兰的历史,它根本不知道如何运用其自由和选举国王的权力,仿佛它要以此安慰失去自由和这一权利的邻国。”

谈到这里,我们分手,约好明天再见。

1719 年闪鲁瓦月 2 日于巴黎

第 137 封信　里加寄前人

第二天，他把我带到另一间房子。“这里是一些诗人，”他对我说，“也就是说，这些作者的职业就是专门悖逆良知，以堆砌词藻来压抑理性，犹如往昔人们将妇女掩埋于浓妆艳饰之中。你是知道的，东方人中不乏诗人，因为东方太阳更炽热，似乎更激发了人们的想象力。”

“这些是史诗。”“啊！”我说，“什么是史诗？”“我也莫名其妙。”这位行家说，“自古以来，史诗只有两篇[①]，别的号称史诗，其实并非史诗，这一点我也不清楚。他们还说，不可能写出新的史诗来，这种说法更令人奇怪。

“这些是戏曲诗人，以我之见，他们是最杰出的诗人，是描绘七情六欲的大师。戏曲诗人有两类：喜剧诗人，他们以十分温和的笔触感动我们；悲剧诗人，他们使我们惶惑不安，并激烈地震撼着我们的心灵。

“这些是抒情诗人，我藐视他们就如同我尊崇戏曲诗人，因为这些抒情诗人用他们的艺术写出了音韵和谐的胡言乱语。

“接着便是牧歌和田园诗，甚至宫廷人士都喜欢这些诗歌，因为这些诗歌给他们某种他们所缺乏的恬静感，并向他们展示了牧

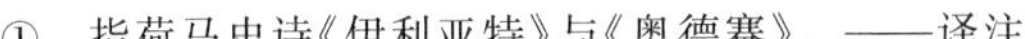

① 指荷马史诗《伊利亚特》与《奥德赛》。——译注

民的生活环境。

“我们看到的所有作家中，这里是最危险的，这些作家使讽刺小诗更加辛辣尖刻，犹如出弦的飞箭，造成无可挽救的深深创伤。

“你看，这里是小说，其作者犹如某种诗人，把思想的寓言和情感的寓言都一样地夸张运用。他们终生寻求自然，却总缺少自然，他们作品的主人公都跟带翼之龙和人身之马一样奇特罕见。”

我对他说：“你们的小说我曾经读过几本，而如果你看到我们的小说，恐怕会更不以为然。我们的小说同样不自然，受我们的风俗习惯的严重约束：必须先受十年相思之苦，情郎才能见到情妇一面，然而作者却不得不让读者在这种令人腻烦的故事楔子中游历一番。每本小说的情节不可能都有不同，为了补救，作者便求助于一种更糟的办法，那就是仰仗于奇迹。我深信，对于女巫让一支军队从地底出来，英雄独自摧毁十万大军，你一定不以为然。这些毫无生气、经常重复的奇遇使我们的兴味索然，而那些荒诞的神奇事迹令我们生厌反感。”

1719 年闪鲁瓦月 6 日于巴黎

第 138 封信　里加寄伊本

（寄士麦那）

此间内阁大臣们一个接一个地走马上任，此生彼灭，犹如四季的更替。三年以来，我看到财政制度改变了四次。在土耳其和波斯，今天收税的办法，仍跟帝国初建时一样，而这里则迥然不同。我们在这方面没有西方人花那么多脑筋，这倒是真的：我们认为管理君主的收入跟管理一个百姓的财产进益，除了以十万托曼计和以一百托曼计之外，并无太大差别。可在这里却更奇妙，更神秘，必须有一些伟大的天才昼夜工作，千辛万苦，不断产生出新计划。他们要倾听无数不请自来、为他们工作的人的意见，他们必须藏身和生活在达官贵人不得进入、小民百姓视为圣地的斗室深处，无时无刻满脑子重大的秘密、神奇的决定、新颖的制度，这一切由于要在冥思苦索中制订出来，所以他们都不使用语言，有时甚至礼节也都免了。

先王一闭眼归西，人们便想建立新政。人们感到现状不佳，但不知如何改善。人们不满过去内阁大臣们权力无边，想进行分权，为此成立了五六个委员会。这个内阁也许是所有内阁中治理法国最符合情理的一个。这个内阁寿命短促，因此产生良好作用的时间也短。

在先王去世时，法国如多病之躯。N×××[1]手执利刃，割掉附赘悬疣，用了一些补药，但还剩下一种内疾有待医治。此时来了一个外国人[2]，着手治疗。用了许多猛药后，他以为已经使法国恢复丰腴，其实他只是使法国浮肿而已。

六个月前的富人，如今却沦于穷困；而过去没有面包的人，今天却财产无数。贫富两极，从未如此近在咫尺。这个外国人把法国搞得天翻地覆，就像收破烂者翻改旧衣一样，把原来在底下的放到上面来，原来在上面的放在下面。连发财者也难以相信自己居然发了这样的意外横财，真主也无法这么快地把人从微贱中拉出来。多少仆役，现在被他们原先的同伴服侍着，也许明天他们的主人也要去侍候他们了！

奇闻怪事往往由此产生。在先王治下发家的仆役，今日则吹嘘自己的出身。他们把半年前别人对他们表示的藐视，全都倾泻到某一条街上[3]今日刚刚脱下仆役制服的人头上。他们全声嘶力竭地喊道："贵族破产了！国内混乱极了！身份等级，全都乱了套！就看见那些无名之辈在发财！"我可以向你担保，那些受他们藐视的人一定会在比他们晚的暴发户身上进行报复，而在三十年之后，所有这些新贵族都将大肆宣扬自己了。

1720 年助勒·盖儿德月 1 日于巴黎

---

① 原注指诺阿伊公爵。诺阿伊（1678—1766）在参加西班牙的王位继承的战争后，帮助摄政王推翻路易十四的遗嘱，曾任财政委员会主席，因反对约翰·劳的计划而离职，后成为法兰西元帅。在任外交部长期间，与普鲁士结成联盟。——译注

② 指约翰·劳。——原注

③ 指巴黎的甘冈普瓦街，约翰·劳所开的银行设在那里。——原注

第 139 封信　里加寄前人

下面是夫妻恩爱的一个伟大例子。树立这个范例的不仅是女子，而且是个女王。瑞典女王[①]竭力要使她的亲王夫君当上国王，为了克服各种困难，她向议会申明，如果她丈夫得到拥立，她甘愿放弃王位。

六十多年前，另一女王，名叫克里斯蒂娜[②]，为了专心致志研究哲学，放弃了王位。我不知道这两个事例中，哪个更值得赞颂。

虽然我相当赞成每个人应当坚守造化给他安排的岗位，虽然我不能夸奖某些人的弱点，他们自忖力有不逮，便擅离职守，犹如逃兵，可是这两位女君主的伟大胸襟和看到他们一个人的精神和另一个人的心灵都能摆脱名缰利索，使我深受感动。在别人一心只求享受时，克里斯蒂娜想着求知；另一位女王所要的享受，就是把自己的全部幸福由她尊贵的夫君来支配。

1720 年穆哈兰月 27 日于巴黎

① 乌尔丽卡·埃莱奥诺拉（1688—1741 年，1718—1720 年在位），瑞典开始进入自由时代。1720 年让位于其夫腓特烈一世。——译注

② 克里斯蒂娜（1626—1689），瑞典女王（1644—1654 年在位），因改奉天主教，主动逊位。——译注

第140封信 里加寄郁斯贝克

（寄×××）

巴黎高等法院刚刚被贬到一个名为蓬图瓦兹[①]的城市去了。内阁会议给它送去一份有辱其名誉的声明，要它登记在案，或表示赞成，而它则以破坏内阁会议名誉的方式，将这声明登记在案了。

王国其他一些高等法院也受到同样的威胁。

这类人总是令人厌恶之极。他们接近国王只是为了报忧：当一群朝臣不断向国王们介绍人民在他们治理下生活幸福之时，这类人却来揭穿朝臣们歌功颂德的奉承话，并把人们向他们发出的呻吟和流出的泪水置于御座之下。

亲爱的郁斯贝克，如果需要把真实情况呈奏君主，这确实是个沉重的负担。君主们应当想到，决心说出真情的人是出于无奈，倘若不是迫于义务，出于尊敬，甚至是发自于他们对君主的热爱，他们绝不会下此决心，干出对于自己也是十分令人痛心的可悲行动的。

1720年主马达·勒·巫拉月21日于巴黎

① 法国瓦尔德瓦省省会，巴黎高等法院于1720年6月20日至12月17日被贬于此。——译注

第 141 封信　里加寄前人

我将于周末去看你，与你在一起，日子过得多么愉快啊！

前几天，我被引见给一个宫廷贵妇，因为她很想看看我的外国人面孔。我觉得她很美，值得我们王上垂青，也配在他心爱的神圣后宫中有一尊严的地位。

关于波斯人的风俗习惯，关于波斯女人的生活方式，她向我提出了千百个问题。我觉得她并不喜欢后房生活，一个男人占有十个或者十二个女人，此事令她反感。她在羡慕男子的幸福时，不能不怜悯妇女的处境。她喜欢读书，尤其是小说和诗歌，便请我跟她谈谈我们的诗歌小说。我跟她谈了，结果她更加好奇，请我把带去的书给她译出一段。我照办了，几天后，给她寄去了一篇波斯故事。这篇译成外文的故事，也许你想一睹为快。

易卜拉欣的故事

在切克·阿里汗时代，波斯有一女人名叫朱勒玛，能全文背诵神圣的《古兰经》，没有一个德尔维希比她更能领会神圣先知们的遗训，阿拉伯经师们说得更玄奥，她全都了解是什么意思。她知识渊博，又性格谐谑，令人几乎分不清她说的话是逗笑还是在教导他人。

一天，她和同伴们聚在后房一间厅里，有一女伴问她对身后之事如何看法，是否相信经师们的这一古老说法：天堂只为男人而设。

“这是普遍的见解，”她对她们说，“人们为了贬抑妇女，无所不用其极。在波斯各地甚至有一个民族，即犹太民族，根据他们的圣书所言，我们妇女没有灵魂。

“这种极端侮辱人的看法，其根源完全出于骄傲，他们想把自己的优越地位甚至保持到死后，而不想想，在大限来到之时，所有的人都一无所有地出现在真主跟前，他们之间，除了生前留下的阴骘，谁也没有任何特权。

“真主信赏万民，泽及众生，因此，既然生前未做亏心事、未滥用对我们女人的权利的男子，可以进入天堂，那里天仙如云，艳美迷人，世俗男子如果一睹芳容，都会因急于享此艳福，但愿立即死去；那么，有德的妇女也将到极乐世界去，跟对她们服服帖帖的男子生活在一起，陶醉于绵绵不绝的欢乐之中。她们每个人都将有一座后房，将男子禁闭其中，让比我们的阉奴更忠心耿耿的阉奴来看守他们。”

她接着又说：“我在一本阿拉伯文书籍中看到：一个名叫易卜拉欣的男人，非常妒忌，令人无法忍受。他有十二个妻子，全都美貌绝伦，可他对待她们十分冷酷无情。他虽有阉奴和后房的高墙，却仍不放心，便把妻子几乎整天关在房内，重门倒锁，不许她们互相见面彼此说话，因为即使是无邪的友谊也会引起他的妒忌。他的一举一动，无不反映他的粗暴天性；他的一言一语，从未吐出温和的字眼；他的任何微小举动，都是为了更严厉地把女人束缚住。

“一天,他把妻子们全都聚集在内院的大厅里。其中一个胆子比别人大,责备他性情恶劣,说道:‘人若一心想尽办法要人怕他,结果必先令人恨他。我们不幸极了,不免希望改变处境。别人如果处在我的地位,也许会巴望你死,可我只希望我自己死去;因为只有一死才有望跟你分手,所以这对我来说是更为愉快的事。’这一番话本应感动易卜拉欣,但他听完却暴跳如雷;他拔出匕首,一刀刺入女人的胸膛。‘亲爱的女伴们,’女人奄奄一息的声音说,‘如果苍天怜悯我的德行,那就一定会为你们报仇。’说到这里,她失去了她那不幸的生命,来到了极乐世界;在那里,生前作风正派的妇女,享受着每天都有新意的幸福生活。

“她先看见一片生机盎然的草地,在如画的鲜艳花朵的映衬下,显得更加嫩绿;一泓小溪千回百转,澄澈胜过水晶。她接着进入迷人的小树林,只有鸟语啁啾,打破林中幽寂。再往前走,迎面而来的是几处花园,美不胜收。这些花园经大自然的装点,寓一派华丽于古朴之中。最后,她发现了一所为她准备的华美的宫殿,其中住着天上的男子们,供她享乐。

“男子之中,有二人立刻前来,为她宽衣解带,别的男子将她扶入兰汤,为她沐浴,并洒以最芬芳的香精,接着给她穿上比她的旧衣贵重无比的衣服。然后,她被带到一个大厅,那里炉中烧着檀香木柴,桌上摆着美味菜肴,仿佛一切都令她的官能不能自持。这边,她听到柔美的天乐,那边她只看到天上的男子翩翩起舞,一心一意要博取她的欢心。但是,这许许多多乐趣无非是在不知不觉中把她引向更大的乐事。人们把她带到房中，为她解衣，然后，送她到十分华贵的床上，两个俊美迷人的男子，把她抱入怀中。这时，她陶陶然，极度的快活超出了她的欲望。她对他们说：‘我完全受不了；要不是我确信我已得到永生，我简直以为我快要死了。实在够了，放了我吧！强烈的快活使我支持不住了。是的，你们让我觉得稍稍平静一些了，我又开始呼吸，神志也恢复了。怎么搞的，他们将烛台拿走了？为什么我现在不能仔细看看你们天神的美貌？为什么我不能看？……但是，为什么要看呢？你们使我又像刚才那样欲癫欲狂了。啊，真主啊！这一片漆黑多好啊！什么！我得到永生，而且跟你们一起永生？我将成为……？不，我请你们饶了我：因为我看得很清楚，你们这些人是永远不会向别人求饶的。’

“接连命令几次之后，那两个男子服从了她，不过是在她十分严肃地下令之后才服从的。她懒洋洋地休息着，在他们的怀中睡着了。小睡片刻，她消除了疲劳。她接受了两个吻，突然又热烈起来。她睁开了眼睛，说道：‘我不放心，我怕你们不爱我了。’她要很快打消疑虑，他们便按她可能提出的要求，向她说明了全部心迹。她喊道：‘我清楚了，请原谅，请原谅。我完全相信你们。你们对我什么也别说了，但是你们用行动作出的证明胜过千言万语。是的，是的，我向你们承认，别人从没有这样爱过我。可是，怎么？你们两个都争这个荣誉，看谁说服了我？啊，如果你们争执不休，如果你们不但以我的失败为乐，还要表现你们比试高低的野心，那我就完了。你们两个都是胜利者，只有我一个人是失败者，可是我要报

复,让你们为胜利付出最昂贵的代价。'

"这一切缠绵嬉戏,只是到了天明才停止。她的忠实可爱的仆人们走进她的房间,叫那两个年轻人起床,两个老人把他们带回原处,看守起来,以备她随时享乐。她接着也起床,先是身着简朴动人的便服,接见对她无限崇拜的奉承者,然后戴上最华丽的饰物。这一夜缠绵使她愈发美丽,她丰姿绰约,容光熠熠生辉。奏乐、欢宴、游戏、散步,便是她终日的生活,其间阿娜伊丝[①]还不时偷偷跑去跟那两个年轻男子幽会。在这一刻千金的短暂会面之后,她回到原来的人群里。最后,将近傍晚时分,她就绝不露面了,她在后宫闭门不出,她说,她要结识禁闭在后宫里的伴侣。于是,她在最偏僻最迷人的地方巡视了她的五十名美如天使的奴隶的住所:她整夜从这间房漫步到另一间房,到处受到礼遇,方式虽不相同,但实质却都一样。

"永生的阿娜伊丝的生活就是这样度过的:有时狂欢嬉乐,有时清闲自娱,或受一群神采飞扬的男子的崇拜,或被一个狂热的情人所挚爱。她往往离开迷人的宫殿,到野外窑洞中去,这时鲜花仿佛沿着她的足迹开放,成群的人以各种娱乐迎接她。

"一个多星期来,她一直待在这个幸福的住所;一个多星期来,她一直处于激动之中,一无所思,一无所想;她享受着幸福而并不认识这种幸福,她没有片刻的安宁使灵魂得以反躬

① 即易卜拉欣刺死的女人。——译注

自问，并在情欲平静时倾听自己的心声。

“极乐世界的人，如此强烈地追求感官的乐趣，故很少能够享受这种精神的自由，正因如此他们不能自制地迷恋于眼前之物，从而完全忘记了往昔之事，对他们在尘世，曾经有过或曾经爱过的一切，丝毫不放在心上。

“但是，阿娜伊丝却具有真正哲学家的精神，几乎一生都在思考。她忧远思深，大大超过人们对一个孤身女子所能料想的。从前，她的丈夫让她过着刻板的隐居生活，所留下的只有这一好处。正是这种精神的力量，使她藐视她的女伴们的种种恐惧，也藐视死亡，因为死亡将是她苦难的结束和幸福的开始。

“于是，她逐渐地从感官享乐的狂热中解脱出来，把自己幽闭于宫中一所房屋里，听任自己的思绪在过去的生活和当前的幸福中信步徜徉。想到她的同伴们的不幸，怜悯之情不禁油然而生，因为曾经身受的折磨容易引起她的感动。阿娜伊丝不愿只限于同情，她感到自己必须去帮助她们。

“她命令身边的一个年轻人化作她原夫的模样，到原夫的后房，把原夫赶走，取而代之做后房的主人，直到她召他回来为止。

“命令立即执行了。那个年轻人腾云驾雾来到易卜拉欣内院门前，当时易卜拉欣不在那里。他敲门，所有的门都向他开放。他飞也似的奔向幽禁易卜拉欣的妻子们的房子。他在来时，曾以隐身术从这个妒忌者口袋里掏走钥匙，于是他便走进了房间，那些妇人们先是看到他态度和蔼可亲，不免惊奇；

紧接着,他又殷勤备至,行动敏捷,更使她们惊奇不已。每个妇人都感到诧异,要不是看得见,摸得着,她们简直恍若置身梦中了。

“正当这台新戏演出之际,易卜拉欣前来撞门,自报姓名,勃然大怒,大叫大喊。好不容易他才进入后院,把阉奴们骂得鸡飞狗跳,乱成一团。他大步往里走,可是当他见到那个假易卜拉欣,相貌跟他一模一样,举止随随便便,完全像家里的主人,他大吃一惊,仿佛从云中跌落下来,不觉倒退几步。他大喊救命,要阉奴们帮他杀死这个骗子,可谁也不听他使唤。他只剩下一个完全没有把握的办法,那就是让他的妻子们判断。一小时以来,那个假易卜拉欣已经博取了所有法官们的欢心,于是另一个易卜拉欣被赶走,狼狈不堪地被拉出内院,要不是他的对手命令饶他不死,纵有一千个易卜拉欣也要完蛋。新的易卜拉欣终于成为后房战场的主人,越来越显得无愧于妇人们的选择,并以她们从来未见的异乎寻常的行为而引起众人的注意。

“这些妇人说:‘你可不像易卜拉欣。’胜利的易卜拉欣说:‘是吗?你们倒不如说那个骗子不像我。要是我的作为还不够好,那究竟要怎么样才能做你们的丈夫?’女人们说:‘即使你不是易卜拉欣,你却完全当之无愧,这对我们已经足够了。你当一天的易卜拉欣,胜过他当了十年。’‘那么,你们答应我,’他接着说,‘你们要拥护我,反对那个骗子。’‘别怀疑这个了,’她们异口同声地说道,‘我们向你发誓,永远对你忠诚。我们受人愚弄已经太久,那个坏蛋想象不到我们的品德，他只嫌自己对我们过于宽容。现在我们知道男人并不都像他那样，他们无疑都跟你相像。你不晓得，你使得我们多么憎恨他。'‘好啊，我将常常给你们新的理由去憎恨他。'假易卜拉欣接着说，‘你们还并不完全清楚，他给你们究竟造成多大的损害呢。'那些妇人们说：‘我们的仇报得多狠，就可以判断出他的罪过有多大！'‘是的，你们说得对。'天上来的人说，‘我要根据罪恶的程度，来衡量让他怎样来赎罪。我很高兴你们满意我采取的惩罚方式。'妇人们问道：‘但是，万一那个骗子又来了，我们怎么办呢？'他回答道：‘恐怕他很难欺骗你们。光靠诡计我是不大能够站稳我在你们身旁的这个位置的，所以我将把他送到很远的地方去，使你们再也听不到人谈到他。那时，我将负责使你们幸福，因为我毫不妒忌，我会监察你们的行为，但并不会使你们难堪，我相当清楚我的优点，所以我相信你们不会对我不忠。如果你们跟我在一起都不守妇道，那么你们跟谁才能守身如玉呢？'

“他跟那些妇人这样谈了许久，两个易卜拉欣的不同举止比容貌的相似更使妇人们惊讶，她们甚至不想弄明白这许多奇事的究竟。那个绝望的丈夫终于又来找她们。他发现全家沉浸于欢乐之中，而他的妻子们比以前更不相信他的话。这样的地位，对于妒忌者来说是根本受不了的，他气呼呼地走了出来。片刻之后，假易卜拉欣追上来了，抓住他，把他提到空中，一直送他到二千法里之外。

“啊，诸神呀！那些妇人们，在她们亲爱的易卜拉欣不在家期间，是多么伤心！她们的阉奴们又恢复了往日严厉的本性。一个个妇人以泪洗面。她们想象所发生的这一切只不过是场美梦。她们面面相觑,回想着这场奇遇的一切最微小的细节。最后天神变成的易卜拉欣回来了,而且越发可爱,妇人们觉得他旅途并不劳顿。

"这位新主人的作为跟旧主人完全相反,使所有的邻人都感到惊异。他遣散了所有的阉奴,让所有的人都可以进入他的家,他甚至不愿再看到妻子们戴着面纱。人们看到她们在宴席上杂坐于男人之间,跟男人一样无拘无束,真是破天荒怪事一桩。易卜拉欣认为当地的风俗习惯不适合于像他那样的公民,他这种看法,很有道理。与此同时,他不惜花费,把妒忌鬼的财产挥霍得一干二净。三年后,妒忌鬼从放逐的远方归来,家中只剩下他的那些女人和三十六个孩子了。"

1720 年主马达·勒·巫拉月 3 日于巴黎

第 142 封信　里加寄郁斯贝克

(寄×××)

昨日收到一位学者来信,现随函附上,你看了一定会觉得很稀奇。

先生：

半年前我继承了一个叔父的遗产，他十分富有，给我留下了五十六万利弗的现款和一所陈设十分华丽的房子。一个人如果善于利用财产，那有财产是件乐事；可是我对寻欢作乐既无奢望，亦无兴趣，我几乎终日蜗居斗室，过着学者的生活，在我的书房中，你可以发现一个对令人肃然起敬的古玩充满好奇的收藏者。

家叔去世后，我很想用古希腊和罗马的礼仪安葬他，可我当时既无香油壶①，又无骨灰瓮和古灯。

可后来我备齐了这些珍稀物品。几天前我用卖掉一套银餐具的钱买下一个斯多葛派②哲学家用过的陶土古灯。先叔房里所有墙上，几乎都悬挂着镜子，我把所有镜子全都卖掉，买了一面略有裂纹的小镜，因为这小镜是维吉尔③常用之物。我看到映现在镜子中的是我的面孔，而不是曼图亚的天鹅的面孔，真是快哉！不仅如此，我用一百金路易，买了五六枚两千年前通用的铜币。现在我家中，没有一件家具不是罗马帝国衰亡前的古物。我有一间斗室，收藏着非常珍贵、价值连城的手抄本。虽然阅读起来非常有损视力，可我喜欢手抄本远胜于印刷本，因为印刷本舛误甚多，而且谁都可以人手一册。

---

① 古罗马习俗，墓中放置装有香油的水壶作为葬品。过去误以为是盛泪水的小瓶，故有人译为“泪瓶”。——译注

② 古希腊的一个哲学学派。——译注

③ 古罗马最伟大的诗人（公元前71—前19年），其作品以民族史诗《埃涅阿斯记》最为著名。生于意大利曼图亚附近的安第斯，被称为“曼图亚的天鹅”。——译注

我几乎从不出门，但我却无限热衷于研究罗马帝国时代遗留下来的所有古道。我家附近就有这么一条路，是一个高卢总督于大约一千二百年前修建的。我每次去乡间别墅，总要走这条路，尽管路很难走，而且要多走一法里多。但我气愤的是，路上每隔一定距离，便插着木桩来标志跟邻近城市的距离。看到从前沿路竖立的军功柱如今已荡然无存，只剩下这些毫无价值的路标，实在令我失望之极。我肯定要让我的继承人重新竖起这些军功柱，并且在遗嘱中规定由他们支付这笔费用。先生，若您有波斯古籍手抄本，恳请出让与我，价钱随您决定。另外，我还将以几部拙著奉赠，您由此可以看到，我并非文坛中庸碌之辈。您会注意到拙著中有一篇论文指出，古代用来制作胜利之冠的是橡木，而非月桂。您还会欣赏到另一篇论文，其中我引用最严肃的希腊作者的话而作出的学贯古今的推测，证明冈比斯[①]受伤的是左腿，而非右腿。我在另一篇论文中阐明，古罗马人极力追求的美貌，是天庭狭窄。我还将寄给您一卷四开本的著作，内容是维吉尔《埃涅阿斯记》第六卷一句诗的诠释。过几天你方能收到这些论著，而目前我只能寄上古希腊一个神话作家的一篇残稿，此稿从未发表过，是我在一间尘封的藏书室里发现的。我就此搁笔，因为手边有一件事，即考订博物学家普林尼[②]的一段杰出的文字，五世纪的抄书人把它抄得面目全非了。

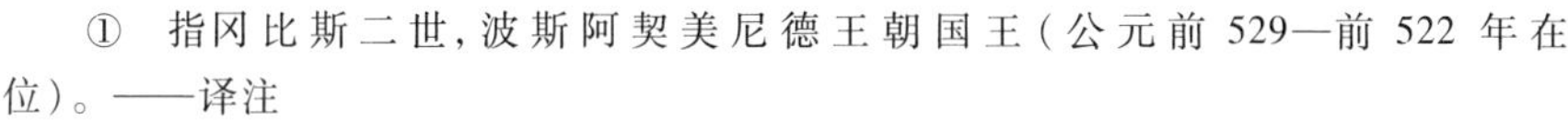

① 指冈比斯二世，波斯阿契美尼德王朝国王（公元前529—前522年在位）。——译注

② 老普林尼(23—79)，著有《博物志》。——译注

古神话残稿[1]

奥古尼群岛[2]附近的一个岛上,一个小生命诞生了,父亲是风神艾奥尔,母亲是卡莱多尼亚[3]的一个美女。据说这个孩子自己学会用手指数数,四岁便会准确地识别金属,他母亲给他一枚黄铜戒指,当做金戒指,他看出骗人的把戏,把戒指扔到地上。

他一长大,他父亲便教他把风装入皮囊的秘诀,然后卖给所有过往旅行者。但是,由于这货物在当地并不很值钱,他就离开家乡,在瞎眼的机遇神陪同下,开始漫游世界。

他在旅途中听说贝底克遍地黄金闪闪,于是便加速奔去。到了那里,当时的主宰者萨图恩[4]很不欢迎他。但后来这个神祇离开了地球,他便壮着胆子到各个通衢大道路口,以嘶哑的声音不停地喊叫:“贝底克人民,你们因为有金银便自以为十分富有。你们的错误让我可怜。相信我吧!离开这块出产贱金属的地方,到想象之国来吧!我保证你们得到的财富,会使你们自己都感到惊讶。”说完,立刻打开带去的大部分大皮囊,把商品分给愿意要的人。

第二天,他又到这些十字路口,喊道:“贝底克人民,你们要发财吗?你们不妨设想我很富,你们也很富。每天早上一觉醒来,你们心里就想,昨夜自己的财产又翻了一番,然后你们起身,你们如

---

① 这篇神话系影射约翰·劳的财政改革。——译注

② 位于英格兰东北部,与英格兰隔着彭德兰湾。——译注

③ 古罗马人对今英格兰的称谓。——译注

④ 古罗马神话中司掌农事的神。——译注

果有债要还，就去用你们想象的钱来还债，并且叫你们的债主们也照样想象钱已经还了。”

几天后，他又出现了，这样说道：“贝底克人民，我看得出来，你们的想象力不像开头几天那么活跃。让我按我的想象来引导你们吧！我每天早上写一块牌子，把牌子放在你们跟前，这牌子就是你们发家致富的源泉。牌子上只有四句话，可这四句话是很有意义的，因为这些话规定你们妻子的嫁妆，你们孩子应得的遗产，你们仆役的数目。至于你们，”他对人群中靠他最近的人说，“我亲爱的孩子们（我可以这样称呼你们，因为我给了你们第二次生命），我的牌子将决定你们有何等华丽的高车驷马，何等豪奢的盛宴酒席，决定你们情妇的数目和供养情妇的开销多少。”

过了几天，他气喘吁吁地跑到十字路口，怒不可遏地喊道：“贝底克人民，我曾经劝告你们发挥想象力，可我看到你们并未照办。好吧！现在我命令你们这样做。”说完，他扭头就走了。但是，经过一番考虑后，他又返回来说道：“我得悉你们中有些人可恶之极，仍然保存着他们的金银。银子就算了，可金子，金子……啊！真把我气得……我以我这些神圣的气囊发誓，如果他们不把金子给我送来，我要严惩他们。”然后他又用循循善诱的口气说：“你们以为我要你们这些毫无价值的金属为了自己留起来吗？我为人诚实，心胸坦荡，这表现在几天前你们把金子给我送来，我当场便把一半还给你们。”

第二天，有人远远望见他，看到他正鼓着如簧之舌，声音温柔而讨人喜欢：“贝底克人民，我听说你们在国外有一部分财产，请你们把这些财产收回来给我，求求你们了，我会永远感激不尽的。”

艾奥尔之子跟一些人谈话，这些人原来不大想笑的，却不禁笑了出来，使得风神之子狼狈不堪地作罢。他又鼓起勇气，再尝试提出一个小小的请求：“我知道你们有宝石。朱比特[①]保佑你们，把这些宝石卖掉吧！这比任何东西都更加使你们陷于贫困。我对你们说，如果你们自己无法脱手，我派一些最出色的商人来。要是你们照我的劝告做，有多少财产流入你们家中！是的，我答应把我那些皮囊中最纯洁的东西都给你们。”

最后，他走上一个露天戏台，用充满自信的声音说道：“贝底克人民，我已经把你们目前的幸福境况跟我到达此地时所见到的情形作了比较，我看到你们是世上最富有的人民；但是为了让你们好运齐全，请允许我拿掉你们一半的财产。”说罢，艾奥尔之子轻快地拍着翅膀，转眼无影无踪，致使听者惊诧莫名，张皇失措。于是第二天艾奥尔之子又返回来，这样说道：“我发觉我昨天的话使你们极其不快。好吧，就当我什么也没跟你们说过。取去一半，确实太多了，只好采取别的权宜之计来达到我预定的目标：把我们的财产都集中在一个地方，这是很容易办到的，因为所有财产并不占很大地方。”话说完了，财产转眼之间便消失了四分之三。

1720年舍尔邦月9日于巴黎

① 古罗马和意大利主神，相当于希腊神话中的宙斯。——译注

第143封信　里加寄里窝那犹太医师纳塔纳埃尔·列维

你问我对护身符的功效和辟邪物的效力有何看法。你为什么来问我呢？你是犹太教徒，而我是伊斯兰教徒，也就是说，我们俩都是很轻信的。

我随身总是带着两千多段神圣的《古兰经》，我手臂上系着一个小包，内写有两百多个德尔维希的名字，至于阿里、法蒂玛以及所有虔信者的名字，则分藏于我衣服里二十多个地方。

但是我并不反对有的人不相信某些咒语的效力，我们很难以答复他们的推理，而他们要驳倒我们的经验却比较容易。

出于积习，为了墨守众人的成规，我身边带着所有这些神圣的破布片。我认为这些布片，比起人们佩戴的指环和其他装饰物，即使效力不大些，也不会更小。可是你，你把你的全部信念寄托在几个神秘的字母上，而且要是没有这种保障，就会一直惶惶不可终日。

人们十分不幸！他们始终在虚假的希望和可笑的恐惧之间摇摆不定，而且他们不是依靠理性的力量，相反却制造妖魔来恫吓自己，或者想象出幻影来迷惑自己。

把某些字母组合排列起来，你究竟要它产生什么效果呢？把这些字母打乱了，你究竟要它破坏什么效果呢？为了平息风暴，这些字母跟风有何关系？为了压制大炮的威力，这些字母跟火药有何关系？为了治病，这些字母跟医生所说的“致病体液”[①]和“致病原因”又有什么关系呢？

奇怪的是，有些人摧残理性，使理性把某些事件归因于神秘的力量，这样他们为了免于探究事件的真正原因，便可以不费吹灰之力了。

你可能会对我说，打胜仗是由于某些魔力的作用；可我却要对你说，想必你是瞎了眼睛，才无法从战场的地形、士兵的数目或勇气、军官的经验等条件中，看出产生这种结果的充足的原因，而你对于这些原因却是不想知道的。

我暂且承认有你所说的魔力。请你也暂且承认我所说的没有魔力：因为这并不是不可能的。假定你接受我说的没有魔力这种看法，这也无法阻止两军不会打起仗来。在这种情况下，你是否要双方谁都不可能取胜？你是否相信双方都命运未卜，直至有一种无形的力量来作决定？你是否认为任何进击搏斗都是多此一举，所有谨慎防范都是徒劳，而一切勇气也都无用？你是否以为，两军对仗，死亡的方式千奇百怪，但在人们心中不可能产生你十分难以表达的那种令人丧魂落魄的恐怖？难道你敢断定，一支十万大军中就没有一个胆小鬼？难道你相信这个人失去斗志，就不会引起另一个人也闻风丧胆？第二个人丢下第三个人离去，难道第三个人不会立刻也抛弃掉第四个人？用不了多久，全军就会突然笼罩着对胜利绝望的情绪，军中人数越多，这种绝望情绪就越容易控制

① 古代西方医学指由于体液过多或有毒而导致发病。——译注

整个部队。

所有的人都知道，而且所有的人都感觉到，人跟一切造物一样，保存生命是其天性，因此都热烈珍爱自己的性命。在一般情况下，这是大家都知道的；但我们却要探究为什么在某种特殊情况下，人害怕失去性命的原因。

虽然各国的圣书中都充斥着这类令人丧魂失魄的或者超自然的恐怖情绪，可是我丝毫想象不出有比这更无聊之事，因为，要证明一个可能由于十万个自然的原因造成的结果是由于超自然的力量所致，就必须先考察所有这些自然原因没有一个起过作用，而这种做法是不可能的。

我不想再跟你多谈了，纳塔纳埃尔，我觉得这题材不值得这样认真地研究。

1720 年舍尔邦月 20 日于巴黎

又及：在结束这封信时，听到街上叫卖一个外省医生给一个巴黎医生的信（因为此地一切事都可以付印、出版，然后出售），我认为有必要给你寄去，因为此信和我们的话题有关。

外省医生给巴黎医生的信

我们城里有个病人，已经三十五天不能睡眠。他的医生给他开了鸦片当药，可他下不了决心，手里拿着杯子，心中却越发犹豫不决。最后，他对医生说：“我只请您宽容我到明天，我认识一个人，他虽不行医，可家里却有无数医治失眠的药。请允许我找他来治。要是今晚还睡不着，我一定再去求您。"送走医生后，病人叫侍童把窗帘放下，对他说："喂，快去阿尼斯先生家，请他来一下，我有要事跟他说。"阿尼斯先生来了。"亲爱的阿尼斯先生，我要死了，我睡不着。您店里有没有卖不掉的G的C[①]或者由可敬的耶稣会神父写的什么劝善书？因为压在箱底最久的药往往是最好的药……""先生，"书店老板说，"敝店里有葛珊神父的《神圣朝廷》六卷本可以为您提供服务，我就叫人给您送来，我希望您身体会好起来。如果您要西班牙耶稣会士罗得里克神父的作品，您尽管提出来。不过，请相信我，就用葛珊神父的作品吧！我希望靠上帝的帮助，葛珊神父的一个长句，作用抵得上G的C整整一卷。"说完，阿尼斯先生告辞出来，跑回店里去取药。《神圣朝廷》送到后，人们先掸掉书上的灰尘，病人的儿子——一个小学生开始朗读。童子首先感到了药效，念到第二页时，他便口齿不清，舌头不灵了，而所有在场的人都感到倦乏无力。片刻之后，除了病人外，大家鼾声大作，而病人坚持了许久，最后也沉沉入睡了。

医生第二天一大早来了。"怎么样，服了我的鸦片没有？"谁也没有回答他。病人的妻子、女儿、小儿子，全都欣喜若狂，把葛珊神父的书拿给医生看。医生问这是什么。孩子们对他说："葛珊神父万岁！应当把这本书用精装来装订。谁想得到？谁会相信有这样的效果？这真是个奇迹。好吧，

① 可能指《了解地球》(Connaissance du Globe)。——原注

先生，您看这葛珊神父的书，就是这卷书让我们的父亲睡着了。"接着，大家把事情经过向他解释了一番。

第 144 封信　郁斯贝克寄里加

前几天，我到一所乡间别墅去，看到两位在此地享有盛名的学者。我觉得他们的性格相当奇特。第一个人的谈话语惊四座，可归结为这么一句话："我所说都是真的，因为是我说的。"第二个人谈的是另一回事："我没有说过的，都不是真的，因为我没有说过。"

我很喜欢第一位，因为一个人固执己见我绝不介意，可如果出言不逊，我就十分反感。第一个学者为自己的意见辩护，这是为了他的利益；第二个人攻击别人的意见，这就牵涉到大家的利益了。

啊！亲爱的郁斯贝克，人要保持天性而不矫情，都会有虚荣之心，可是有些人过分虚荣，那就危害太大了！他们总想高人一等，而其实他们只不过彼此彼此而已。

谦虚的人，来吧，让我拥抱你们！你们使生活温馨可人。你们认为自己一无所长，可我，我说你们无所不有。你们不想贬抑任何人，可你们使所有的人都自愧不如。而且，当我在心里把你们跟我到处见到的那些自以为十全十美的人做比较时，我把他们从评骘臧否的高台下赶下来，让他们匍匐在你们的脚下。

1720 年舍尔邦月 22 日于巴黎

第 145 封信　郁斯贝克寄×××

才思机敏的人通常难以相处，他择交甚严，喜欢把大多数人称为不三不四之徒而厌于与他们交往。他不可能不让人感觉到这种厌恶情绪，因此就不可能不四处树敌。

他确信只要他愿意，就一定会得到别人的喜欢，可他经常不屑这样做。

他素好评头品足，因为他比他人见多识广，而且对事情了解得更透彻。

他几乎总要落个倾家荡产的结果，因为他的才智为此向他提供了比别人更大量的办法。

他办事必定失败，因为他对许多事都敢作敢为。他总是高瞻远瞩，因此，看到的都是过于遥远的事情。此外，在制订计划时，他对困难并不怎么在意，因为那是事情本身就会有的，他更关注的是解决的办法，因为那要自己想出来，要出自于自己的知识宝藏。

他不关心细枝末节，虽然几乎一切大事要想成功均取决于这些小事。

相反，平庸之辈力图利用一切，因为他很清楚，这样即使偶有疏忽，他也万无一失。

平庸之辈更常赢得普遍的赞赏。人们乐于让他们有所得，而让才思机敏的人有所失。才思机敏的人会心血来潮地产生各种愿望,别人对此丝毫也不会原谅他们;与此同时,人们却为平庸之辈弥补一切不足:人们出于虚荣心,都支持他们。

但是,如果说一个才思机敏的人有这么多不利之处,那么对于学者的艰苦条件,我们又将怎么说呢?我只是回想起一个学者给他朋友的信,才想到此事。这封信是这样写的。

先生:

我是一个每天晚上用三十尺望远镜看着在我们头上转动的那些大天体的人,而当我想休息休息,便拿起我的小显微镜来观察一只小蛆或者一只蛀虫。

我并不富有,只有一间卧室,我甚至不敢在房间里生火,因为那里放着我的温度计,异常的热度会使温度计升高。去年冬天,我几乎冻死了,虽然温度计已降到最低度,提醒我两手即将冻僵,可我仍坚持不动。如今我可以感到欣慰的是,我准确地了解到去年一年气温最微小的变化。

我很少与人交谈,所有见到的人,我一个也不认识。不过有个人在斯德哥尔摩,另一个在莱比锡,另一个在伦敦,这些人我从来未见到过,而且无疑永远也见不到,可我跟他们保持经常的通信,只要有邮班,我总要跟他们写信。

但是,虽然在这个住宅区我一人不识,可我在那里却声名狼藉,以至于我终于不得不离开这个区。五年来,我一直受一个女邻居粗暴的侮辱,因为我把一条狗解剖了,这个女人说那是她的狗。在场的一个肉店老板娘也参与进来。那个女人对我破口大骂时,肉店老板娘用石头砸我,当时医生×××跟我在一起，额枕骨也被狠狠砸了一下，造成了脑震荡。

从此，只要有哪条狗在路上跑丢，人们立即断定是被我宰了。一个善良的女市民，丢了一条小狗，她说她爱这条小狗胜过她的孩子。那天她来找我，昏倒在我房间里，后来因为找不到这狗，便把我告到法院。我相信我永远也逃脱不了这些女人的纠缠捉弄，她们会为十年前死去的所有的狗大唱哀歌，尖声叫喊，吵得我昏天黑地，一刻也不得安宁……

我是……

所有的学者从前都被人说是行使妖术，对此我一点也不感到惊讶。每个人心里都这么想："我有最伟大的天赋才能，可某个学者却比我强，肯定他有什么魔法。"

现在，这类的指控已无人相信，人们便采取另一种手法，学者几乎都免不了被指责为不信宗教，奉行异端邪说。他即使得到宽恕也无用，创伤已经造成，永远也不会很好愈合。这创伤对他来说永远是个有病的部位。一个对手三十年后前来对他很有分寸地说："但愿人们对您的指控并无其事，但您却曾经不得不为自己辩解。"就这样别人用他自己的申辩反过来攻击他。

要是学者写一部什么历史，而且他思想高尚，心地正直，那别人就要对他百般迫害。人们就一千年前发生的某件事到法院告他，而如果他的笔不能收买，就不让他有写作的自由。

有的人品行卑劣，为了菲薄的年金而放弃信仰；可有的人则比较走运，他们并不把全部骗人的话和盘托出，卖一个铜板的价钱。他们打乱帝国的结构，削弱一个国家的权利，增加另一个国家的权利,把权力从人民手中夺走给予君主,让过时的权力恢复起来,迎合他们时代盛行的偏见和君主们伤风败俗的行为,强使后人把这些奉为圭臬,而后人却无法证明古人并非如此。他们这种行径可谓卑鄙之极。

但是,一个作者受了种种侮辱还不够,他对作品能否成功一直忐忑不安也还不算完事。终于有一天,他看到这部费了如许心血写成的作品招来了四面八方的诘难。他怎能避免得了?他有某种见解,他以其著作说明其见解,他并不知道两百法里外有一个人的看法跟他截然相反。但是就这样,一场笔战爆发了。

只要他有望得到一丝半点的尊敬,也就罢了!可是没有。他至多只是受到他同行的人的器重而已。一个哲学家极端蔑视满脑子务实的人,可他自己又被记忆力强的人视为充满幻觉者。

至于宣扬以无知为荣的人,他们希望整个人类都跟他们一样埋藏于遗忘之中。

一个没有才能的人以蔑视才能来求得补偿,以扫除横在他博取功名途中的障碍,从而可以跟他所憎恨的取得成就的人不分轩轾。

最后,为了取得没有定评的名望,还要自甘清苦,戕害健康。

1720 年舍尔邦月 26 日于巴黎

第 146 封信　郁斯贝克寄雷迪

（寄威尼斯）

人们早就说过：一个伟大的大臣的灵魂，就在于正大光明。

一个普通百姓可以享有默默无闻的好处，他只不过在几个人面前失去威望而已，其他的人并不了解他的底细；可是一个大臣，如果不正大光明，他治下的人都是他的审判者。

我直言不讳好吗？不正大光明的大臣最大的危害，不在于没有很好为君主效劳和使民生凋敝，以我之见还有更危险千百倍的一点，那就是树立了一个坏榜样。

你知道我曾在印度[①]旅历很久。我在那里看到一个生性慷慨的民族，由于一个大臣的恶劣榜样，顷刻之间，从最微贱的百姓到达官贵人，全都腐化堕落。我看到整个民族——他们的慷慨、正直、纯朴、诚实一向被视为天赋的品质——突然间变为最卑劣的民族；恶疾相染，即使最健康的成员也不易幸免。最有道德的人干出令人不齿之事，破坏了正义的最起码的原则，却以别人对他们先破坏了原则作为无聊的借口。

他们靠可恶的法律来保障最卑鄙的行动，并把不义与狡诈称

---

① 指法国。下面影射约翰·劳的财政制度。——原注

为“在所必需”。

我看到和约的许诺被勾销，最神圣的协议被撕毁，一切家规被破坏。我看到贪财的负债者，以极端贫穷自豪；他们是疯狂的法律和苦难时代的卑劣工具，不还钱却佯装还钱的样子，然后把刀捅进恩人的胸膛。

我还看到另外一些更卑鄙的人，几乎分文不花，卖了或者不如说从地上捡了橡树叶子，来换走孤儿寡妇糊口之资。

我看到人人心中突然产生了对财富贪得无厌的欲望。我看到顷刻之间人人都诡谲无行，发财致富，但不是通过诚实的劳动和富有收益的职业，而是靠使君主、国家和公民们破产，来达到目的。

我看到在这不幸的时代，善良的公民就寝时总要说：“今天我使一家人破了产，明天我要使另一家破产。”

另一个人说：“我要跟一个身穿黑衣、手持文具盒、耳边夹着钢笔的人[①]，去刺杀所有有恩于我的人。”

又一个说：“我的事都处理停当了。三天前，我去收账，我让一家大小哭哭啼啼；我拿走了两个端庄少女的嫁妆；我夺走一个孩童的教育费用。那父亲必定痛苦而死，母亲已经哀恸而绝。这都是真是，但我的所作所为，只是依法行事而已。”

一个大臣使整个国家风俗败坏，最慷慨的灵魂堕落，高尚的品德黯然失色，连道德也昏黑无光，最高贵的门第受到普遍的蔑视，还有什么罪行比这个大臣所犯的更大呢？

当后代必须为他们祖先的耻辱感到羞愧时，他们将说些什么？

① 指去查封或没收财产的执法人员。——译注

当新生的人民把祖先的铁器与生身父亲的黄金相比较时,他们又将说些什么?我毫不怀疑贵族们会从他们的营垒中清除与贵族身份不称的人,因为这种人损坏了贵族的名誉,却听任当今这一代陷于他们自暴自弃、毫无作为的可怕处境。

1720年赖买丹月11日于巴黎

第147封信　阉奴总管寄郁斯贝克

(寄巴黎)

事情已经到了无法容忍的程度。您的女人们以为您不在家,便可以完全不受任何惩罚。此间发生之事令人发指。对我下面向您叙述之事,我自己甚至都不寒而栗。

泽丽丝前天去清真寺时,让自己的面纱掉落下来,几乎完全抛头露面于众人面前。

我发现扎茜跟她的一个婢女同床,这是后房家规绝对禁止的。

由于完全碰巧,我无意中发现了一封信,现随函附上。我一直未能查明这封信是给谁的。

昨天傍晚,在后院花园发现一个年轻人,跳过围墙逃跑了。

此外,还有我不知道的事,因为,毫无疑问,人们背叛了您。我等待您的命令,而在我有幸接到您的命令以前,我处于无法忍受的境地。但是,如果您不把这些女人交我处置,我无法向您保证她们中谁不会出事,而且我每天都有这样可悲的消息告诉您。

1717 年赖哲卜月 1 日于伊斯法罕内院

第 148 封信　郁斯贝克寄阉奴总管

(寄伊斯法罕内院)

此信授予你对整个后房无限制的权力,你可以拥有跟我同样的权威发号施令。在你所到之处,你必须带去畏惧和恐怖;你必须挨门逐室实行处罚和惩戒;你要使所有的人终日惊慌失措,让所有的人在你面前痛哭流涕。审问后院所有的人,先从婢女开始。对我宠爱的人也不要姑息。所有的人都要受你可怕的审判,把最隐蔽的秘密揭露于光天化日之下,涤净这个场所的无耻行为,恢复被践踏的道德;因为从此时此刻开始,有人若犯任何细小过错,我都要唯你是问。我怀疑你发现的那封信是写给泽丽丝的。你要用锐利的目光来查明此事。

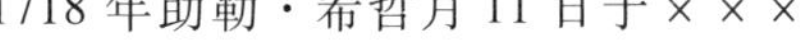

1718 年助勒·希哲月 11 日于×××

第149封信　纳尔锡寄郁斯贝克

（寄巴黎）

尊贵的大人，总管刚刚去世，因为我是您的奴隶中年龄最老的，我暂时接替他的位置，直到您告诉我您选中何人。

总管去世两天后，有人给我送来您寄给他的信，我未敢拆看，我恭恭敬敬地把信包起来存好，直至您通知我您的意旨。

昨天，一个奴隶半夜来告诉我，他在后房发现了一个年轻男子，我立即起身查看，原来那只是一个幻觉。

尊贵的大人，我吻您的脚，我请您信任我的热情、我的经验和我的高龄。

1718年主马达·勒·巫拉月5日于伊斯法罕内院

第 150 封信　郁斯贝克寄纳尔锡

（寄伊斯法罕内院）

你这个可怜虫！你手边的信写着火急而严厉的命令，稍有耽搁就会令我绝望，可你却以无聊的借口，一直安闲自得。

后院正发生可怕之事，也许我的一半奴隶都该当死罪。我给你寄去总管生前写给我的信。如果你打开寄给他的邮包，那你就会发现极端严厉的命令。读读这些命令吧，如果你不遵照执行，你就性命难保。

1718 年闪瓦鲁月 25 日于×××

第 151 封信　索利姆寄郁斯贝克

（寄巴黎）

如果我再保持沉默，我就会和您的后房内院所有罪人一样有罪了。

我是阉奴总管的心腹,也是您最忠实的奴才。总管弥留之际,召我到他跟前对我说了这样一番话:“我要死了,在离开人世时,我唯一痛心之事,就是在我垂死时,我发现主人的妻子们都是有罪的。但愿老天保佑,让他免遭我所预见的种种灾祸!但愿我死后,我可怕的幽魂能来警告这些狡诈的妇女不要不守妇道,并仍然能够恫吓住她们!这是那些可怕的地方的钥匙。但是,如果我死后,主人还没有警觉到,你要想到去提醒你的主人。”说完,他在我的怀抱中与世长辞了。

我知道他在去世前不久,就您的女人的行为写给您的信的内容。后院有您的一封信,可惜没有打开,否则就会在这里造成恐怖了。您后来写的另一封信,在离此地约二十多里的地方被人拿走。我不知这是怎么一回事。一切都乱套了。

与此同时,您的女人们恣情放纵;自从总管死后,似乎她们可以为所欲为了。只有罗珊娜仍然循规蹈矩,端庄稳重。风俗败坏日甚一日,后房从前那种庄重严肃的品德,如今在您的女人的脸上再也看不到了。这里洋溢着一种新的欢乐,这在我看来,正是她们得到某种新的满足的万无一失的证据。在最细微的事情上,我都察觉出前所未有的放荡不羁。甚至在您的奴隶中,无论在履行职责,还是在遵守规章上,也都弥漫着某种懒散怠惰的气氛,令我惊奇不已;他们不再有过去那种仿佛使整个后院生气勃勃的为您效劳的强烈热情。

您的女人们到乡间去了八天,住在您的一所最偏僻的别墅里。据说照管别墅的那个奴隶被收买了,在她们到达的前一天,把两个男人藏在正房墙上的石龛中;晚上,等我们退出之后,他们从石龛里出来。目前领导我们的那个老阉奴是个蠢货,随人摆布,盲目轻信。

面对这许许多多作奸犯科的行为,复仇的怒火使我坐立不安。如果上天愿意,为了您的利益,您认为我有能力管理,我向您保证,您的女人们即使不是贤淑有德,至少会对您保持忠实。

1719 年赖比儿·尼勒·安外鲁月 6 日于伊斯法罕内院

第 152 封信　纳尔锡寄郁斯贝克

(寄巴黎)

罗珊娜和泽丽丝想到乡下去,我认为没必要不同意。幸福的郁斯贝克,您有一些忠贞的女人和时时警戒着的奴婢。我所领导的地方,德行仿佛选做栖身之所。请放心,那里不会发生任何不堪入目的事。

发生了一件不幸之事令我十分痛苦。几个亚美尼亚商人到达伊斯法罕,带来您给我的一封信。我派一个奴隶去取,他在归途中被盗,信丢失了。请速来示,因为我想象值此新旧更迭之际,您定有至关紧要的事要通知我。

1719 年赖比儿·尼勒·安外鲁月 6 日于法蒂墨内院

第 153 封信　郁斯贝克寄索利姆

（寄伊斯法罕内院）

我把武器放在你手中。我把我目前在世上最要紧的事托付给你，那就是为我报仇。担负起这个新的职务吧！但切勿温情和怜悯。我写信给我的女人们，叫她们盲目地服从你。她们罪行累累，惶恐不安，在你目光注视下，一定招架不住。我的幸福与安宁，势必要托付予你。你要把我的后房恢复得像我离开时那样还给我。但你必须先着手让后房的人为此付出代价。清除有罪的人，让企图犯罪的人颤抖。如果你做了如此出色的工作，有什么企求，你的主人不会让你满足？你要想提高身份并得到你从不敢希冀的一切酬赏，这只取决于你自己。

1719 年舍尔邦月 4 日于巴黎

第 154 封信　郁斯贝克寄妻子们

（寄伊斯法罕后房）

但愿这封信犹如霹雳，挟带闪电和暴雨自空劈下。索利姆是你们的阉奴总管，并非仅要他看管你们，而是要他惩罚你们。整个后房必须对他俯首听命。他先要审判你们过去的行为，而将来，他要用沉重的枷锁束缚你们的生活，叫你们即使不为有失妇道而懊悔，也要懊悔丧失的自由。

1719 年舍尔邦月 4 日于巴黎

第 155 封信　郁斯贝克寄内西尔

（寄伊斯法罕）

一个人认识温馨宁静生活的全部价值，从而在自己家里怡情养性，除了家乡之外没到过其他地方，是何等幸福啊！

我现在生活于野蛮的国度，眼前的一切令我腻烦，我感兴趣的却完全没有。我愁思凄苦，陷于可怕的颓唐心境；我仿佛已经心力交瘁，软弱无力，只是在阴沉的妒忌之火燃烧着我并在我心中产生出畏惧、怀疑、仇恨和懊恼时，才恢复正常。

你是了解我的，内西尔。你一向深知我心，犹如深知你自己。你如果知道我可悲的现状，一定会怜悯我。我等待后房的消息，有时一等就是整整半年。我计算流逝的时光，急不可耐，度日如年，可是当苦苦久等的时刻即将来到时，我内心突然产生强烈变化，我用颤抖的手打开决定命运的信函。平时令我绝望的焦虑不安，此时我反觉得是我所能企求的最幸福的心境。我唯恐发生对我来说比死亡更残酷千百倍的打击，使我失去这种幸福。

但是，不管我出于什么理由而远离祖国，虽然我全靠退隐才保全了性命，内西尔，我再也无法继续这种可怕的流放生涯了。唉！长此以往，我岂不是依然会郁郁而死吗？我千百次催促里加离开这块异国土地，可他反对我的一切决定；他以无数借口把我羁留在这里，似乎他已经忘记了他的祖国，或者不如说，他已把我抛诸脑后了，因为他对我的痛苦竟如此无动于衷！

我真不幸极了！我希望再看到我的祖国，可也许我会因此而更为不幸！唉，回国后我又做什么呢？我将把我的头颅，带回去送给我的敌人们。不仅如此，我将走进后房，我势必要查问我在外国这段悲惨时期后房的情况。而如果我在那里发现了有罪的人，那我又将如何？在如此遥远的地方，我一念及此便无法忍受，那么当我身临其境，触目惊心，又会怎样呢？如果我必须耳闻目睹我想象起来便不寒而栗之事，我如何是好？总之，如果我亲自宣布的惩罚，势必永远成为我困窘和绝望的疮疤，那又怎么办呢？

我将把自己禁闭在对于我比对于被监禁的女人更为可怕的围墙之内。在那里,我将始终怀着各种猜疑;女人们的亲热,也丝毫无法使我的疑窦冰释。即使在床上,在她们的怀抱中,我享有的也只是不安而已。在那完全不适于思索的时刻,我的妒忌心却令我不由得不思索。不配享受人道之乐的渣滓,永远向一切爱情关闭了心扉的卑贱的奴隶们啊,如果你们了解我的境遇之不幸,你们就不会再为你们的境遇而呻吟了。

1719 年舍尔邦月 4 日于巴黎

第 156 封信　罗珊娜寄郁斯贝克

(寄巴黎)

丑恶、黑暗和恐怖统治着后房,令人心悸的悲哀气氛笼罩着后房。一个暴虐的人时时刻刻在后房大逞淫威:他对两个白人阉奴施加酷刑,可是他们的供词,只能证明他们清白无辜。他把我们的婢女卖掉了一部分,剩下的又逼我们互相交换。扎茜和泽丽丝在她们的房间,在黑夜里,受到了侮辱:这个斗胆犯上的家伙居然用他卑贱的手打她们。他把我们禁闭在各自的屋子里,虽然我们独自待在房内,他却要我们戴着面纱。他不允许我们互相交谈,如果我们传递信笺,就成为一桩罪行。我们除了哭泣,毫无别的自由。

内院用了大群新阉奴，他们昼夜找我们的麻烦：他们或是真的有所怀疑或是装作不放心的样子，不断地把我们从睡梦中惊醒。令我聊以自慰的是，这一切不会长久继续下去了，这些痛苦将和我的生命一道结束。我不会活得很久了，残酷的郁斯贝克，我不会让你有时间来制止这一切侮辱。

1720年穆哈兰月2日于伊斯法罕后房

第157封信　扎茜寄郁斯贝克

（寄巴黎）

啊，天哪！一个野蛮人侮辱了我，这甚至表现在他对我惩罚的方式上。他对我施加的这种处罚，一开始便令我感到羞耻，是对我极度的侮辱，可以说把我当做小孩来对待。

我先是因为蒙受耻辱而吓得魂飞魄散，后来我恢复了理智并开始发怒，同时我的喊叫声震屋顶。接着人们听到我向人类中最卑鄙的人求饶，他越是冷酷无情，我越想引起他的怜悯。

从此，这个粗暴无礼的小人便凌驾于我之上。他的存在，他的目光，他的语言，各种不幸，纷至沓来，压得我透不过气来。当我独自一人时，我至少还可以用哭泣来自慰；但是，一当他出现在我面前，我顿时怒火中烧，可我又觉得于事无补，便陷于绝望之中。

这个残暴的人居然对我说,所有这些野蛮行动,都是奉你的旨意。他想扑灭我对你的爱情,乃至亵渎我心中的情感。当他对我说出我心爱的人的名字时,我知道再无可申诉的了,我唯有一死而已。

我忍受了你的远别,我以爱情的力量来保持着我对你的爱。日日夜夜,每时每刻,我的一切全是为你而存在。我为我对你的爱情而自豪;而你对我的爱宠使我在这里受人尊敬。但是,现在……不,我再也无法忍受我落到了横受侮辱的处境。如果我是清白无辜的,回来爱我吧!如果我有罪,回来让我死在你脚下吧!

1720 年穆哈兰月 2 日于伊斯法罕后房

第 158 封信　泽丽丝寄郁斯贝克

（寄巴黎）

你在千万里外,判断我有罪;你从千万里的远处,对我进行惩罚。

一个野蛮的阉奴,居然用他卑贱之手打我,他是奉你之命行事。侮辱我的是暴君,而不是执行暴君意志的人。

你可以随意加剧你的虐待。自从不再爱你以来,我的心就很平静了。

你的灵魂在堕落，你变成了残忍的人。请相信，你是不会幸福的。

永别了。

1720年穆哈兰月2日于伊斯法罕后房

第159封信　索利姆寄郁斯贝克

（寄巴黎）

尊贵的老爷，我可怜我自己，我也同情您。忠诚的仆人从来没有落到像我这样绝望的境地。下面所述，是您的不幸，也是我的不幸，我一边写着，一边浑身颤抖。

我向天上所有的先知起誓，自从您把您的女人们托付给我，我夜以继日地监视着她们，一时一刻也没有掉以轻心。我上任伊始，便实行惩罚，以后虽然不再惩罚，我仍保持着天生的严厉。

但是，我究竟跟您说些什么呢？干吗在这里吹嘘对您来说毫无用处的忠诚？忘掉我过去所做的一切工作吧！把我看做背主的人，并对我未能阻止各种罪行而惩罚我吧！

罗珊娜，那个高傲的罗珊娜！啊，天啦，今后还有谁可信任呢？您以前猜疑泽丽丝，而对罗珊娜完全放心。可是她的道貌岸然，乃是个残酷的骗局，是掩盖她奸诈行为的面纱。她躺在一个青年男子怀中时,被我捉到了。那个男子一见事败,便向我扑来,刺了我两刀。阉奴们闻声赶来,把他团团围住。他抗拒了许久,刺伤了几个阉奴。他甚至还想回到房间去,说是要死在罗珊娜眼前。但到最后,他寡不敌众,倒在了我们的脚下。

高贵的老爷,我不知道是否应等待您严厉的命令。您已经把为您复仇之事交给我办,我不应让它无声无息地拖下去。

1720 年赖比儿 · 尼勒 · 安外鲁月 8 日于伊斯法罕内院

第 160 封信　索利姆寄郁斯贝克

(寄巴黎)

我已经作出决定,清除您的一切不幸,动手实行惩罚。

我已在暗自欣喜。我的心和您的心将得到平静。我们将消灭罪行,而清白无辜的人也将大惊失色。

啊!你们这些仿佛生来对你们的各种官能感觉一无所知而且甚至对自己的欲望都感到愤慨的人,这些为了免受耻辱和保持贞操而永远成为牺牲品的人,为什么我不能让你们大批进入这个不幸的后房,让我看看当你们见到我使后房鲜血横流时的惊讶情状啊!

1720 年赖比儿 · 尼勒 · 安外鲁月 8 日于伊斯法罕内院

第161封信　罗珊娜寄郁斯贝克

（寄巴黎）

不错，我欺骗了你：我勾引了你的阉奴，我不理睬你的妒忌心，把你这可怕的后房变为寻欢作乐的场所。

我要死了：毒药即将在我的血管中流动。因此，既然唯一令我留恋人世的人已不存在，我留在这世间干什么呢？我正在死去，但会有人陪着我的亡灵飞升的：因为那些无法无天的看守者杀死了世上最高尚的人，我刚刚打发他们先死在我的前面了。

你怎么会这样想：我居然轻信到以为我活在世上只是为了喜爱你的短暂爱情，你自己可以为所欲为，却有权摧残我的欲望？不！我可以生活在奴役之中，但我始终是自由的；我按照自然的法律改造了你的法律，我的精神一直保持着独立。

你还应当感激我对你所作出的牺牲；感激我自甘作践，装出对你忠实的样了；感激我卑劣地把本应公之于世之事隐藏在我心中；总之，要感谢我亵渎了道德，因为我顺从你随心所欲的意愿，容忍别人把这称之为道德。

你过去因在我身上找不到狂热的爱情而感到惊讶。如果你曾很好地了解我，你那时就会发现我心中强烈的憎恨了。

可是你却长时间沾沾自喜，相信一个像我这样的人对你也服服帖帖。那时我们俩都很幸福:你以为我被你骗了,其实我正欺骗着你。

这种语言,在你看来,无疑是相当新鲜。我在令你痛苦不堪之后,是否有可能还迫使你赞赏我的勇气呢?可是一切都了结了:毒药已经发作,我已没有了力气,我的手已抓不住笔杆,我甚至感到我的仇恨也减弱了,我就要死了。

1720 年赖比儿·尼勒·安外鲁月 8 日于伊斯法罕后房

《波斯人信札》附录

这附录包括：首先是在孟德斯鸠手稿中发现的关于《波斯人信札》的两份说明；其次是一些信函和断简，其中有的作为1754年出版的《波斯人信札》的补篇，其真实性无可怀疑；有的是孟德斯鸠为准备另一版本——后来没有付梓——而写的文稿；最后是第143封信的最后几行，孟德斯鸠觉得玩笑开得有点过分而删掉，但这些仍不乏奇思妙理，令人兴味盎然。

附录之一：《波斯人信札》说明

一

此书出版时，人们并没有把它视为严肃作品，它其实也不是严肃作品。人们由于作者心襟坦荡，批判一切，但对任何事物均不带恶意而原谅了书中二三处唐突冒犯之处。任何读者均可为自己作证：他读后所能回忆起的，只有欢愉的感觉。昔日人们会生气，就像今天人们会生气一样;但是昔日人们更知道什么时候应该生气。

二

企图把所谓触犯宗教之事归罪于《波斯人信札》,这是不大可能的。

在《波斯人信札》中,这些事情绝对跟审查的念头联系不到一起,而是说话者感到古怪;绝无批判的想法,而是说话者觉得稀奇。

说话的是一个波斯人,他必然对耳闻目睹的一切感到惊讶。

在这种情况下,他谈到宗教时,不应显得比对别的事情,如民族的习惯和生活方式之类所知更多,他并没有把这些看成是好的或坏的事情,而是感到不可思议而已。

就像他觉得我们的风俗奇怪一样,他有时觉得我们的教义有些古怪,因为他不了解这些教义;于是,他做出错误的解释,因为他对维系这些教义的东西和使之固定不移的链条一无所知。

触及这些题材,不免有些冒失,这倒是千真万确的,因为对别人可能会有什么想法,总不如对自己的想法那样有把握。

附录之二:信函和残简

里加寄住在乡间的郁斯贝克

你待在乡间,而我却住在喧嚣的巴黎。昨天我跟许多人在一起。一个年轻人高谈阔论,滔滔不绝,因为我曾经见过他几次,我早就知道他举止放肆无礼，说话旁若无人。这一天，他挖空心思来侮辱十五、二十个人。他停了一会，我乘机对他说：“先生，看来您在此地别的人都不认识了。”“怎么这样说？”他问道。“我是这么认为的，”我回答道，“因为您不再说谁的坏话了。”“您这么激动蛮有道理，”他答道，“我敢打赌，刚才我谈的人，您一个也不认得。”“我也不认识那些被拦路打劫的人，”我答道，“可我从来都不乐意看到有人被拦路打劫。我不认得您说的那些人，可是他们具有十分可敬的优点，那就是他们不在这里。”

这一番唐突的话并没有使在座的人不高兴，可也没有令此人有所收敛。他开始大谈特谈起犹如洪水猛兽的无神论来，然后注视着我说道：“我敢肯定，先生，您不赞成我说的话。”“完全不赞成，”我说，“您所说的只跟上帝有关，可这对他无损分毫。这个至尊的上帝，广被万物，才会看到一个像您这样的蛆虫，他会严厉地惩罚您的。所以，您只是令人可怜而已。但是，我刚才看到您糟蹋那么多家庭的名誉，确实非常气愤。”

在我看来，郁斯贝克，即使在人欲横流的世界，存在一些并非庸庸碌碌的人还是必要的。他们比最有道德的人更能够令人热爱道德。一些流言蜚语会激励我产生爱心，而亵渎神明的话，令我像听到赞美歌一样，心灵冉冉上升，向造物主飞去。

1717 年赖比儿·尼勒·安外鲁月 8 日于巴黎

哈吉·伊比寄甲龙山德尔维希赞希德

幸福的赞希德，神圣的《古兰经》并没有白白把律法交给你。

你在这本神书最普通的话语中，发现了隐藏着的告诫。由于你做功课的数目，这本书似乎都变厚了。你增加了服从的对象，并不断补充了戒律，这些戒律是在我们中寻找信徒，可又仿佛是为我们意志薄弱的人所制订的。

请允许我向你谈谈我的想法。

……

在宗教问题上，争吵的事越微不足道，争吵就越激烈；事情越小，越吵得不可开交。论战之火虽然没有助燃之薪，却一直燃着。

你知道，关于阿里和阿布·伯克尔，我们之间争吵的问题多么微不足道。这些伟大人物的信徒们为了捍卫自己的意见，比这些伟人本人为了自己的利益，头脑更加狂热。如果不是这样，伊斯兰教就会平静了；大地就不会扰乱上天，而上天也不会扰乱大地了。最能促使人们变得暴戾乖张的是，出于狂怒，两派的宗教仪式中都用上了辱骂的话。虽然这些辱骂十分笼统，不可能特指任何人，但是既然一方对此耿耿于怀，同时造化的公正性和宗教的恻隐心不愿对别人使用出口伤人的恶语，于是要求人们把这些辱骂之语去掉，可是人们基于情理，却要以祷告的形式把这些辱骂的话说出来。

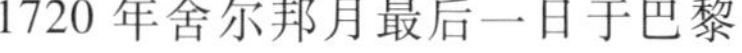

1720 年舍尔邦月最后一日于巴黎

由于我很想了解这个国家的风俗，我尽最大可能与人交谈并一直寻求结识新交。为此我找到了一个奇妙的秘诀：那就是倾听，因为法国人善于言谈，喜欢跟所有的人谈他的门第，谈他的长处，谈他的车马,谈他的仆役,谈他的财产,谈他的好运。他很高兴找到一个耐心倾听的人。如果你不知道他的生平及其逸事,他就会生气,而如果你洗耳恭听,他便是你的朋友。如果他能令你粲然一笑,他便会无限感激你。如果你牢牢记住他有二十万得之不易的(原文如此)年金、一群猎犬和二十个奴隶,那他就会永远感激你。你尤其要深信不疑,他的职业比别人好,还有他在这一行出类拔萃,这样你就掌握了打开他心灵的钥匙了。

巴黎有三个职业:做个漂亮女人的职业、做个才女的职业和做假正经女人的职业。

此人深信这些人说话不公正,他们当别人讲一个故事时总是硬说别人哄骗他,而没想到讲故事的人自己也受到哄骗。

西藏国王致罗马教廷传信部

您曾派人来到此地,此人告诉我,他的教会要求身着黑袍。您又曾派来另一个人,此人以身着灰袍自炫[1]。他们两人相互如此仇视,以致他们虽然不远万里而来,但彼此见面只是为了互相辱骂;而且虽然我的帝国幅员极其辽阔,他们两人在这里却誓不两立。我曾对他们说,他们可以平分我的帝国,一个去东部,一个去西部,但他们却不愿意一个人去的地方,

① 中世纪时,一些修会教士的法衣颜色各有不同:耶稣会教士穿黑衣,多明我会教士穿白衣。——译注

另一个永远不能去。我承认他们有一些数学的知识，但是既然他们如此博学，为什么不能不那么疯狂呢？他们对我说，是他们的衣服令他们如此狂热异常，于是我便让人剥光他们的衣服，叫他们穿着官员的服装。另外，我设想，他们没有接触过女人，必然性情粗野，所以我决定让他们结婚，并给他们每个人一些女人，等等。

最近法令终于公布了，这个法令使这个外国人①被视为疯子而把法国人抛进收容所。股票和钞票价钱跌了一半。此人大笔一挥便从臣民手里拿走了三十亿，也就是说几乎是世上现有金额的总和，而用这笔钱有可能买下波斯王国的所有地产。全国人民痛哭流涕，黑暗和悲哀笼罩着这个不幸的王国：王国就像一座受刀兵之灾或被烈火吞噬的城市。只有这个外国人在这无数灾祸之中显得踌躇满志而且依然谈着要坚持其贻害无穷的制度。我居住于这个绝望的国度：满眼都是使不信教者不堪忍受的灾难。一阵风起，卷走了他们的财富。他们虚假的富足幻影般地消失了。

我此刻得悉，我跟你谈到的这个法令刚刚被废除。你不要觉得这种变化离奇异常。此地计划一个接着一个，犹如白云苍狗。法令已经废除，但造成的祸害并未消弭。政府刚刚向人民道出了一个秘密，它永远无法从此励精图治。

1720年赖比儿·尼勒·安外鲁月21日于巴黎

① 影射苏格兰人约翰·劳。——原注

你告诉我，我们伟大的国君宵衣旰食，完全是为了把不可侵犯的权利给予其臣民，使小民百姓摆脱王公贵族的压迫并让王公贵族受到小民百姓的尊敬。光荣永远属于这位宽宏大度的君主。但愿真主使他的力量跟他的正义一样广大无边。

你问我摄政是什么，这是种种不断落空的计划和一连串互不关联的打算，是关于制度的花言巧语，是软弱和强权的丑恶混合，是具有政府的全部重压而无政府的威严。号令从来不是过于刻板，就是过于无力，令人时而有恃无恐，抗命不从，时而灰心丧气，不敢信任。可悲的是它变化无常，甚至连弃恶从善也不能始终如一。内阁委员会办事僵化，可人员不断增加，根据组成的人员和这些人员追求的目的而作风迥异，并以或明或暗的方式，出现在大众心目中，或者销声匿迹。

法国所发生的各种蠢事，有一半是由于一种冠冕所引起的。这个觊觎者想以任何代价取得这顶帽子，自以为有了它便可以掩盖住他为了取得这顶帽子而干出的一切坏事。

几乎没有一个君主不因这顶帽子而感到荣耀，几乎没有一个无赖不觊觎这顶帽子。他的王位使各种身份的人困惑不已，而他则骄傲地跟他们联合在一起。

我记得，我们到达法国时，哈吉·伊比以轻蔑的目光看待法国国王，因为他听说法国国王没有许多女人，没有阉奴，没有后房；国王经过一个地方，没有一个人躲开；国王在首都时，大部分人几乎都分辨不出他的马车跟一个普通人的马车有何不同。

看到所有特洛格洛迪特人一片欢欣,而他们的君主却痛哭流涕,这可真是个伟大的场面。第二天,君主出现在特洛格洛迪特人面前,脸上既无悲伤,亦无欢乐,他显得只是专心致志地忙于政务。但是,厌倦煎熬着他的内心,不久他便一命归西。自古以来统治过百姓的最伟大的国王就这样死了。[1]

人们为他哀哭了四十天。每个人都觉得失去了自己的生身父亲,每个人都说:"特洛格洛迪特人的希望在哪里?我们失去了您,亲爱的君主!您以为您不配指挥我们!可上天却让我们清楚地看到,是我们不配受您的指挥。我们向您的在天之灵起誓:既然您不愿意以您的律法治理我们,我们要以您作为我们行动的楷模。"

必须另选君主。此时发生了一件了不起的事,即已故君主的所有亲戚,没有一个人争王位。人们在这个家族中选了一个最贤智、最公正的人。

在这位君主统治末期,一些人认为特洛格洛迪特有必要建立商业和百艺。于是召开了国民会议,决定了此事。

国王这样说:"你们当初要我接受王位,认为我的品德足以治理你们。上天可以作证,自就位以来,我殚精竭虑,只是为了特洛格洛迪特人的幸福。我引以为荣的是我的朝代没有被任何一个特洛格洛迪特人的卑怯行为所玷污。你们今天是否爱财富胜于美德呢?"

---

① 我原想继续特洛格洛迪特人的故事,这便是我的想法。——孟德斯鸠注(特洛格洛迪特人的故事见第11—14封信。——译注)

他们中有一个人对他说:“主公,我们是幸福的。我们在极其优越的基础上劳动。可否准我直言?财富是否对您的人民有害,这将由您一个人决定。如果他们看到您重财轻德,他们很快也会习惯于这样做,在这方面,您的好恶将成为他们的好恶的准则。如果您仅仅由于某人富有而提拔此人或者把他视为亲信,那您肯定就会给他的德行以致命一击,而且您会潜移默化地使所有看到这种令人痛心的礼遇的人都成为不诚实的人。主公,您了解您的人民的道德所赖以建立的基础,那就是教育。改变这种教育,那么没有胆量作奸犯科的人,不久就会耻于笃行美德了。

“我们有两件事要做,那就是既谴责吝啬,也谴责挥霍。每个人应成为替国家管理自己财产的会计。自甘作践,舍不得过富足生活的卑鄙的人,应受到跟挥霍钱财,不给子孙留下遗产的人同样严厉的裁判。每个公民都应成为自己财产的公正分配者,也是别人财产的公正分配者。”

国王说道:“特洛格洛迪特人啊!财富将进入你们的家庭,但是我明白地告诉你们,如果你们没有德行,那你们将成为世上最不幸的人。在你们目前的情况下,我只需比你们公正些,这是我的王权标志,而我找不到还有比这更尊严的标志。财富本身是毫无价值的,如果你们只想以财富来炫耀自己,那我势必也要以同样的办法来炫耀自己,我必须不沦于贫穷,以免受你们鄙视。这样我势必要向你们课以重税,而你们则要以一大部分糊口之资,来维持我用来使别人尊敬我的仪式和排场。如今,我在我自己身上能找到我的一切财富,可是到那时,你们却必须殚财竭力来使我富有,而你们如此重视的财富,你们却不能享用,它们全都进入我的御库。

啊，特洛格洛迪特人！我们可以用一条崇高的纽带把我们团结起来：如果你们有德，我也会有德；如果我有德，你们也会有德。”

阉奴总管致雅吕姆（寄×××）①

我祈祷上天保佑你无灾无难返回故土。

你注定要在归我管的内院担任一个职务，也许你将在某一天就任我现在的岗位，你的眼界应当看到那里。

因此，你要及早训练你自己，让自己受到你主人的注意。摆出严厉的面孔，射出阴沉的目光，勿多说话，勿露笑意：忧伤更符合我们的身份。表面上神色沉静，但不时露出不安的心情。别等待老年的皱纹来显示晚景的悲凉。

人们向你卑劣地讨好你就心软顺从，这是没有用处的。我们全都被女人们痛恨，而且恨得要死。你以为这种誓不两立的狂怒是由于我们对待她们严厉的结果吗？唉！如果她们能够原谅我们的不幸，她们就会原谅我们的任意行为了。

对于过分的一丝不苟的正直，不要自鸣得意，有的正直几乎只适用于自由的人。我们的身份不让我们有权做个有道德的人。友谊、信仰、誓言、道德，都是我们随时必须献出的牺牲。我们必须不停地干活以保存性命和避免架在我们头上随时会落下的处罚。采取一切手段都是合法的，诡计、欺骗、狡诈，便是像我们这样不幸者

① 此信未能收入《波斯人信札》，因为：一、该信与其他信过于相似；二、该信只是把《波斯人信札》中说得更清楚的事重复一遍而已，我把此信放在补篇中，是由于其中有某些片断，也许我可能会采用，同时信中有某些地方写得比较尖锐。——孟德斯鸠注

的道德。

如果有朝一日你登上主管的地位，你的主要目标就是要成为内院的主人。你越专横，你就越有办法粉碎报复的阴谋，扑灭报复的怒火。摧毁勇气，把一切情欲埋葬于惊诧和恐惧之中。你必须从这方面入手。而要更好地做到这一点，你只有煽动你主人的妒忌心，你不时向他密告一些小事，你让他注意到最微不足道的猜疑。有时你听其自便，让他犹豫不定、迟疑不决一段时间。然后你到他跟前，这时他将很高兴找到你；作为他的爱情和他的妒忌心之间的调解者，他会征求你的意见。根据你意见温和还是严厉，你就会在这些女人中得到一个保护者或者产生一个敌人。

你并不是在任何时候都可以随意猜疑发生了某种罪恶的阴谋：在众多目光监视下不敢任意胡为的女人，是不大可能让人一眼看穿而被指控犯下某些罪行的。但是，当缠绵恩爱已经无望时，狂热的情思便会抓住遇到的一切对象，把它作为汲取爱情的源泉，因此必须到这源泉中去寻找罪行。不要害怕说得过火。你可以大胆去做假。自从多年管理内院以来，我听到了，甚至看到了一些难以置信之事。我的眼睛曾经目睹了狂热之心所能想得出来和爱情之魔所能产生出来的一切事情。

如果你看到你的主人可能接受爱情的枷锁，你要使他的心专注于某个女人身上，对这个女人你稍稍放松通常的严厉，但你要把她的对手们控制得更紧，并设法使你的温和与严厉都令她感到愉快。

但是，如果你看到你的主人爱情不太专一，像君王一样临幸他拥有的所有美人；他喜欢一个女人，把她丢到一旁，然后又让她侍寝；他让女人晚上抱有希望，到早晨都化为泡影；他出于短暂的爱情来挑选女人，然后又把这短暂的爱情弃如敝屣，这时，你的处境就再有利不过了。你是所有女人的主宰，你可以把她们当做永远失宠的人来对待；而即使她们会得宠，这种宠爱随得随失，你也丝毫用不着害怕。

因此，要由你来助长你主人的爱情不专。有时会有一个美人压倒群芳，抓住了最见异思迁的人的心，他想逃脱也无济于事，她总会令他回到她的身旁。这样不断地回心转意，就有变成两情依依、天长地久的危险。必须不惜任何代价砸烂这新的链条。你要打开后房，送进大量新的对手，到处举行宴乐，把一个高傲专宠混杂于一大群娇娃之中，迫使她还得去跟别的女人争夺那些女人本已无法保住的宠幸。

这一策略将会使你几乎永远稳操胜券。通过这种手段，你可以巧妙地利用你主人的心，而他却毫无察觉。搔首弄姿将失去作用；对天下苍生如此神妙的千娇百媚，在他眼里更一无用处。他的女人们试着对他施展最勾人心魂的动作，但也是徒劳，她们无法博得他的爱宠，只能靠妒忌表示自己一心爱恋着他。

你看我对你什么也不隐瞒。虽然我几乎从没有体验过所谓的友谊这种约束是什么，而且我完全闭塞，形影相吊，但你却使我感到我还有一颗心，而且虽然我对所有受我管辖的奴隶冷酷无情，我却以喜悦的心情看着你从小长大。

我经心着意教育你。由于教育总难免严厉，你很长时间不知道我是多么爱你。我的确十分爱你，而且，我可以对你说，我爱你就像一个父亲爱他的儿子，即使父子之称只能唤起我们两人可怕的回忆，而不是向我们显示出一种甜美而秘密的亲情感应。

里加寄郁斯贝克

下面是落到我手里的一封信。

亲爱的表妹：

两个男人都离开我了。我打了你知道的那个人，但他是铁石心肠，我的心每天受辱，气愤难平。

为了吸引他，我什么没有做出来？我行礼已成习惯，可我还上百次使礼数更加周到。我心想，老天啊！过去他对我说了那么多甜言蜜语，可我今天做了这么多重修旧好的工作，怎么一点用都没有呢！

亲爱的表妹，你比我小两岁，而且你比我娇媚可人得多。但我求你别因为我已下定决心离开世俗生活而抛弃我。我把那么多秘密向你倾诉，你也把那么多秘密告诉了我。三十多年来，虽然在社交生活里，由于各式各样的阴谋和众多的利害关系，必然会发生小小的争执，但我们的友谊总是使所有这些小争执冰消雪融了。

我常跟你说：我曾经那么热爱的这些小祖宗，现在令我无法忍受了。他们对自己那么沾沾自喜，可对我们却那么百般挑剔；他们认为他们的愚蠢和他们的脸蛋价值连城……亲爱的表妹，救救我，别让我受他们的藐视！

我开始对教士的团体非常感兴趣，它成了我的全部安慰。我还没有完全与世俗生活决裂，所以他们还不信任我。随着我与世俗生活日益疏远，他们就会逐步接近我。没有尘世的喧嚣和尔虞我诈世界的纷扰,这种新的生活方式是多么甜美啊!

亲爱的表妹,我要把自己整个身心都交给他们。我将向他们吐露人们在我心中所留下的一切感受。我并不是要扑灭我所有的激情,只是要使这些激情得到控制而已。

有一件事是虔修生活的根本原则:那就是彻底取消所有不自然的装饰品。因为,虽然在我们之间说来,这些装饰品在我们要抛掉它们时比在我们开始使用时更加无害得多,但它们总是显示出某种要取悦于世俗生活的愿望,而宗教虔信正是厌恶这种愿望,它要求我们带着由于韶华已逝而憔悴的花容出现在世俗生活面前,以便让人们看到我们是多么藐视这种生活。对于我们来说,亲爱的表妹,我觉得我们还能够以我们的本色出现。我曾经上百次跟你说过,当你淡妆素裹、不加修饰时,显得十分娇媚可人,而你是有许多办法可以根本不用装饰品的。

但愿这封信会打动你的心,并且使你从我经过长时间内心斗争之后作出的决定中得到启发。

宗教虔诚,对于某些人来说,是力量的一种标志,而对另外一些人来说,则是软弱的表现。它绝不是一回事:因为如果从某个方面来说,它给有德的人增添光彩,那么它却使没有道德的人彻底堕落下去。

1717 年赖比儿·尼勒·安外鲁月 25 日于巴黎

郁斯贝克寄泽丽丝

你向法官请求离婚。你给你的女儿树立了什么榜样？这会成为整个后房多么丢人的谈资！你这样不自重，对我的污辱，更胜于你表示不爱我。

难道你以为你的同伴们的生活不如你苦？无疑不是这样。但她们内心展开的斗争鲜为人知，为了取得很值得怀疑的胜利，她们承受了各种痛苦，可她们却秘而不宣。至于妇德，即使束缚着她们，却从她们身上以谦和的举止、安详的神态表现出来。

我完全相信你受不了禁欲。我要依靠阉奴们的警惕。他们原来尊重你的年龄，相信你会控制住你的情欲，但现在他们看到情欲支配着你，无疑他们会加倍注意不让你受情欲的左右。他们会像你还在危险的青春时期那样对待你，并重新让你服服帖帖地接受你已经完全背离了的教育。

所以你要打消你的念头，要知道你除了爱我和后悔之外，没有别的可想，因为我这个人不能忍受我所爱的女人投入另一个人的怀抱，即使我会被视为最野蛮的人。

我不再说了。你知道我的心思，所以你会听我的话。

1718 年助勒·希哲月 1 日于×××

附录之三[①]

“医生”是个穷究万事的人，心中装满卡巴尔[②]以及言语和精神微粒的奥秘。这些使他惊奇不已，可是经过反复思索后，他决定彻底改变行医的方式。“这是件很奇怪的事，”他说，“我掌握了一条经验，必须把它推广。可一个人为什么能够把他自己所具有的那些品质一模一样地传给他的作品呢？此事我们不是每日都看到吗？至少这值得去试一试。我对于药剂师厌烦透了，他们的糖浆，他们的药水以及所有的草药把病人弄得倾家荡产还损坏了病人的健康。”根据这一想法，他开了一所新药房，他使用的主要药物，我在下面给你描绘一下，你就知道这药房是什么样的了。

催泻汤剂

取亚里士多德《逻辑学》希腊文本三页，一部最尖锐的经院神学论著（例如像细密的邓斯·司各脱[③]的著作）两页，帕拉切尔苏斯[④]著作四页，阿维森纳[⑤]六页，波菲利[⑥]三页，帕罗

① 以下是最初那些版本的第143封信的结尾，后由孟德斯鸠删除。——原注

② 卡巴尔，指阴谋集团或阴谋本身。英王查理二世于1667年挑选五个大臣组成的集团，CABAL一词由五人姓氏的第一个字母组成。——译注

③ 邓斯·司各脱（约1265—1308），经院哲学家和神学家，有“细密博士”之称。——译注

④ 帕拉切尔苏斯(1493—1541)，医师，炼金家，发现和使用了许多新药。——译注

⑤ 阿维森纳(980—1037)，原名伊本·西拿，穆斯林哲学家中最有影响的波斯人。在亚里士多德哲学和医学方面有卓越的贡献，西方尊之为“最杰出的医生”。——译注

⑥ 波菲利（约234—约305），新柏拉图主义哲学家。——译注

林[1]也是三页，占布里克[2]三页，这一切熬二十四小时，然后每天服四次。

烈性泻药

取有关I×××的B×××和C×××[3]和C×××的A×××[4]10页，置于水浴锅中蒸馏，由此产生有呛人辣味的液体，取一滴这种液体化冲到普通的一杯水中，放心地把这一切吞服下去。

呕吐剂

取演讲词六篇，随便什么悼词（但千万不要用N先生[5]的悼词）十二份，新歌剧一集，小说五十本，新的回忆录三十本，置于一长颈甑中蒸两天，然后用沙火蒸馏。

如果这一切还不够：

其他更猛的呕吐剂

用曾用来包J.F.[6]文件集的有大理石花纹的纸一张，浸

① 帕罗林（205—270），新柏拉图主义的创始人。——译注

② 占布里克（250—330），新柏拉图主义哲学家，把新柏拉图主义变为反对基督教的一种宗教。——译注

③ I×××的B×××和C×××即Banque et Compagnie des Indes，东印度公司及银行。——原注

④ C×××的A×××即Arrêts du Conseil，枢密院法令。——原注

⑤ N先生，即尼姗先生，也叫弗列希埃（1632—1710），法国布道士，以写悼词著名。——译注

⑥ 即法国耶稣会会士。——原注

泡三分钟，将这浸剂加热然后服下。

治疗哮喘特效药

读上述耶稣会士、可敬的曼布尔神父[①]的全部作品，注意只在长句结束时停顿一下，这时你会觉得逐步恢复呼吸能力，而无需再服此药。

为预防皮癣、疥疮、头癣和马的皮鼻疽

取亚里士多德的三个范畴，两度形而上学，一枚勋章，夏伯兰[②]的诗六句，从圣西朗[③]修道院长的信中取一句话，把这一切写在一片纸上，折叠好，用带子系好然后挂在脖子上。

以烟、火和火焰进行剧烈发酵的化学奇迹

以一份盖斯奈尔浸剂与一份拉尔曼[④]浸剂相混合，便会发生极其剧烈、声响极大的发酵，酸性部分开始发生作用，然后渗入碱性盐中，接着释放出一种发热的酯精。将这种蒸馏液置于一蒸馏器中，从中除了一个人头外，取不出任何东西，也找不到任何东西。

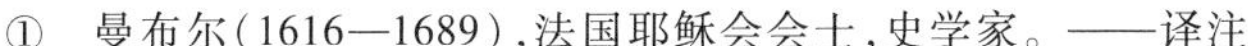

① 曼布尔(1616—1689)，法国耶稣会会士，史学家。——译注

② 夏伯兰(1595—1674)，法国批评家和诗人。——译注

③ 圣西朗(1581—1643)，法国神学家。——译注

④ 盖斯奈尔(1634—1719)，法国詹森派教士；拉尔曼(1660—1748)，法国耶稣会会士，詹森派最热烈的反对者之一。——译注

镇痛剂

取可镇痛的莫利纳两篇著作,可放松肌肉的埃斯科巴著作几页,令人轻松的瓦斯盖著作一页,将这一切掷入四斤普通的水中,溶解后,将其一半过滤若干次。将博尼去污剂和汤比里尼[1]净化剂各三页溶解于这榨出的汁中。这样就进行了一次极佳的清洗。

医治俗称为“面色苍白病”或“爱情热”的萎黄病

取拉雷坦的肖像四页,R. 托玛斯·桑谢[2]论婚姻的书二页,混合浸泡于五斤纯水中。这样便会得到一服汤剂。

这就是我们的医生使用的药物,具有神奇的疗效。据他说,为了不使病人倾家荡产,他不愿使用罕见的几乎根本找不到的药,例如一首不会使任何人打呵欠的卷首诗体献词,一篇过短的序言,某一主教发出的训谕以及受詹森派教士藐视的或者得到耶稣会会士十分赞赏的某个詹森派教士的作品。他说此类药剂只适合于给江湖医生混饭吃,对此他怀有难以压制的反感。

---

① 莫利纳,耶稣会会士;埃斯科巴(1589—1669),西班牙决疑论者;瓦斯盖(1551—1604),西班牙神学家,绰号“西班牙的奥古斯丁”;博尼(1564—1649),法国耶稣会会士;汤比里尼,耶稣会会长。——译注

② R. 托玛斯·桑谢(1550—1610),西班牙决疑论者,一部关于婚姻圣事的作品(1602)的作者。——译注

《波斯人信札》评析

〔法〕乔治·居斯多夫

一、《波斯人信札》所处的时代

保尔·瓦莱里[①]在谈到《波斯人信札》时这样写道："该书写得令人难以置信的大胆，我们赞赏作者尽管遇到各种麻烦，他对失去法兰西学士院院士席位的担心，只是转瞬即逝，犹如一抹轻云而已。他获得了荣誉、席位和书的大量售出。"(《波斯人信札·序言》，第二版)

瓦莱里根据亲身的经验，知道学士院院士候选人资格需要的是具有坚韧不拔、审慎睿智的品质。但是不妨思忖一下，他是否具有足够的历史文化使他可以准确地评价青年孟德斯鸠的"大胆"。首先，说《波斯人信札》曾是作者进入学士院的障碍，这并非事实。对于这个令人春风得意的选举，一个默默无闻的外省青年，本来毫

① 保尔·瓦莱里(1871—1945)，法国诗人、评论家、思想家。1925 年当选为法兰西学士院院士。——译注

无理由有所企求的，这些信札事实上是他的主要资格，或者不如说是其唯一的资格。此书的“大量售出”从另一方面证明了这部书信集远不具有翻天覆地的革命性，相反它符合当时的口味，符合当时知识阶层的风俗。它并没有使群情激奋，相反它适应舆论的期待，而这便是此书成功的原因。

《波斯人信札》发表于1721年，作者当时32岁。他生于1689年，即废除《南特敕令》四年之后。《南特敕令》的废除是路易十四专制统治臻于顶峰的标志之一，它对新教徒实行精神上和物质上的种族灭绝，用剑与火把他们从法国现实中消灭掉，对他们用龙骑兵进行迫害，处以苦役、绞刑，或者迫使他们流亡，而这一切并没有引起知识界对太阳王虔诚行为的任何抗议。但是，凡尔赛学府的大师们在路易十四时代幻想破灭的沉沉暮霭中相继死亡了。拉封丹[①]死于1695年，拉辛[②]死于1699年，波舒哀死于1704年，布瓦洛[③]死于1711年，费奈隆于1715年，与全法国急不可耐地巴望死去的老国王同年去世。1708年，孟德斯鸠19岁，此年凄惨的冬天使整个国家陷于灾难的深渊之中。

国王的去世终于被全国人民视为一种解脱。路易十四对于一些像拉布吕耶尔、沃邦这样的好心人试图使他怜悯人民的苦难而提出的抗议书充耳不闻。大主教费奈隆以匿名的形式为掩护，于1694年向他写道：“您的人民，您本应像爱护您的子女那样爱护他们，而且他们至今仍如此热爱您。现在他们正在成为饿殍，土地几

① 拉封丹（1621—1695），法国寓言诗人，代表作是《寓言诗》。——译注

② 拉辛（1639—1699），法国悲剧作家。——译注

③ 布瓦洛（1636—1711），法国古典主义文艺理论家。——译注

乎弃耕，城乡人口锐减，百业凋敝，工人失去生计。一切商业均已停顿。结果您为了在国外征城略地和守住征服的地盘，却毁掉了您在国内一半真正实力。……您仿佛一叶蔽目，对民情世事，一无所知。”（《致路易十四信——对这位君主治政的若干问题的诤谏》）

瓦莱里对《波斯人信札》所溢美的“令人难以置信的大胆”，其实我们早在四分之一世纪以前，在费奈隆笔下就已经看到了。该信虽没有署名，却丝毫无损于它的勇气。国王的死亡，给法国历史带来了一个大停顿，带来了君主政权的一个大空位，与此相配合的是一个文化的空位。与这个文化空位本身同时存在的，是各种价值犹如狂欢节的滑稽木偶，奇奇怪怪，蔚为大观，加上约翰·劳金融政策的失败，这一切要求有一种特别具有代表性的表达方式。摄政时期是本体论枷锁减轻压力的时期，这种枷锁的结构以根深蒂固的君主专制政体所造成的因循守旧的沉重压抑，把精神和灵魂禁锢于牢狱之中。

圣西门[1]在评论国王去世时提到廷臣们因君主亡故而“欣喜若狂”，或者“因从此生活得宽松而高兴异常；所有的人一般来说都高兴从持续不断的束缚下解脱出来，并热爱新发生的事物。对处于从属地位、一切受制约的厌倦之极的巴黎，因有望得到一定的自由，因高兴地看到那么多专擅弄权的局面得以结束，而松了一口气。处于破产和毁灭绝境的外省感到如释重负，欢欣雀跃。……倾家荡产、如牛负重、走投无路的人民大众，由于最强烈的愿望无

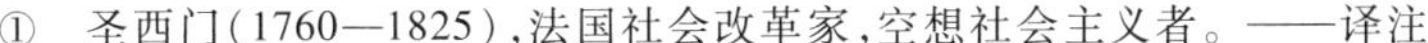

① 圣西门（1760—1825），法国社会改革家，空想社会主义者。——译注

疑将不再受到压制,故喧喧嚷嚷,奔走相告,感谢上帝的恩典”。为路易十四之死而唱的挽歌,以全民迸发出来的欢腾作为对受憎恶的君主呜呼哀哉表示感谢之忱。

在这么一种总的形势下,《波斯人信札》的“大胆”,就远不是“令人难以置信”的了。1721 年,路易十四亡故、入土并被遗忘已经四年了,路易十五未成年时期法国在摄政王奥尔良的菲力普治理下,法国空有欢乐生活的虚假外表,其实,道德与宗教的价值已荡然无存。无疑应当保持谨慎:某些特权阶层的“美满生活”①不能说是全民都享有;占大多数人口的乡村继续过着传统的生活。但是《波斯人信札》对这大多数人并不感兴趣,对各个城市最下层的居民,对巴黎地区的手工艺者和工人,也同样漠然置之。作为波尔多上流社会卓尔不群的成员,孟德斯鸠属于穿袍贵族。他的视界似乎并没有超出他所从属的社会阶层的局限。《波斯人信札》之所以在非常众多的读者中取得成功,是因为一方面这是部篇幅不长的为城市淑女而写的假的东方小说,另一方面,那些用讥讽调侃的语气和洒脱自然的文笔写出来的事件,构成了作品中最优美的部分。郁斯贝克的所作所为,犹如伊斯法罕某个大报的特派记者,就巴黎时事为社会新闻栏提供通讯报道。

假波斯人郁斯贝克靠跟他众多的女人信件往来进行意淫,以非凡的能力在脑子里去疼爱,去憎恨,去杀人,这一切我们都无法把它当做真有其事。但是,我们在他以及他的同伴里加身上,欣赏的是一种新型文人的雏型。这样的文人在 18 世纪大量出现,在城

① 原文为意大利语,系意大利影片名。——译注

里四处出没的新闻家，社会新闻栏编辑，消息的职业传播者，全面嘲弄一切事件、机构和个人的风趣之士，发明和散布风趣话的人。这种人，由于对一切都玩世不恭，故目光敏锐，把社会这个小宇宙置于冷嘲热讽的硝镪水中进行酸洗除垢。这样，在不久之后，在巴黎，出现了一些领取欧洲王公君主薪水的通讯员，他们手写真真假假的新闻、重要或者不重要的消息，提供给远方的雇主。《波斯人信札》的精华所在，最持久耐读的，就是由一个思想特别敏锐的记者出色地运用辛辣无情、令人入迷的笔力所描绘的1720年左右巴黎现实生活的画卷。笛卡儿和波舒哀那种恢宏庄严的风格已经结束了。丰特奈尔曾经像这样写过，培尔偶尔为之，而孟德斯鸠对这种表达方式特别欣赏，这也将是18世纪最优秀的作家的表达方式，而伏尔泰则是此中的高手。这种形式灵活自由，挥洒自如，节奏轻快，跟企图泛论最严肃的问题而不显得有意触及的想法完全符合。读者刚刚意识到所揭示的前景和这种前景将要陷入的危险深渊，作者却早已离此远去，转而谈别的事了。

毫无疑问，比起路易十四时代以波舒哀为主要卫道士的那种不容稍有出轨言论的专断来，这是一种极大的自由。毫不宽容的本体论以神圣国王的名义，使教会和国家服从于同一个凌驾一切的法律，而这个国王无情地追捕异端分子、新教徒、持批评意见的人和各种主张信仰自由的反对者，这种时代已经一去不复返了。波舒哀的抗争只不过是一种无望的阻滞前进速度的抗争而已。尽管他这样毫不容情、狂热自信，向来在任何事情上都持之有理，他仍然输了他曾经战胜的每场争斗。明智开通的18世纪确认了波舒哀生前最后那些年已经预感到的溃败，但不久之后便发生了英国的革命(1688)和颁布了《权利法案》[①](1689),这个法案使不列颠王国成为第一个议会制君主政体的国家。新国王的顾问就是自由主义和经验主义哲学家、古典形而上学的毁灭者和启蒙运动理智主义的鼓吹者约翰·洛克[②]。

崇英的孟德斯鸠生于英国光荣革命取得胜利的同年。他以自己的方式接受洛克的思想,正因如此,郁斯贝克把自由表达批评意见付诸实践。伏尔泰在他的苦难岁月中,只是在1726年,《波斯人信札》发表五年后,才发现了英国。我们的这个波斯人运用了正在形成中的一种伏尔泰眼光和伏尔泰风格。伏尔泰本人对于自己那些不法常可的断言承担后果,但他最后只是受到微不足道的迫害而已。他作为凯旋者受到公众舆论的尊崇,于耄耋之龄,寿终正寝。年轻的孟德斯鸠开辟了伏尔泰后来所要走的道路。他只需小心提防,以不具名的形式来掩盖自己,可这不具名却骗不了任何人:他的勇气并没有使他身陷囹圄、流亡国外,只是使他取得公认的名望而已。

二、片段体作品的产生

且想象这么一个尚青春年少的法官,年方三十,外省上流社会人士,别无特别突出之处,但却有几分文学的抱负;他那寥寥无几

① 正式名称为《宣布臣民权利和自由与确定王位继承法案》。英国宪法的基本文件之一,规定国王不得干涉国会事务,强调国会必须自由选举,议员必须有充分的言论自由。——译注

② 约翰·洛克(1632—1704),英国哲学家。——译注

的论文,既不深刻,又无特色,并不引人瞩目。然后,突然之间,《波斯人信札》这一杰作,使欧洲对他刮目相看,并把他称为启蒙运动时代奠基之父中的一个。

一个初出茅庐的作者再有多么疯狂的希望,如此的成功也是前所未料的:他不可能预料至此。《波斯人信札》的编纂者在1720年并没有阐述一个天才横溢的学说;他并不打算按照一种完善确立的体系来改变社会和政治世界的面貌;他并不自视为托克维尔[①]、马克思、雷蒙·阿隆[②]。他在出生的城市之外只是个无名小辈;尽管在巴黎曾做过几次逗留,他生活的重心是在波尔多和拉伯烈德。波尔多科学院的年轻成员不可能设想他有一天会被接纳为法兰西学士院四十名院士之一。他终日受司法职业的奴役,一个对他来说过于狭隘的天地使他感到厌倦。

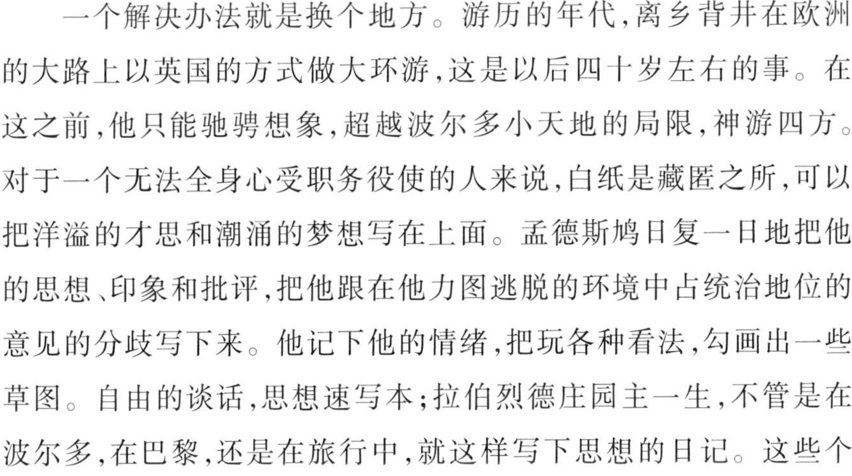

一个解决办法就是换个地方。游历的年代,离乡背井在欧洲的大路上以英国的方式做大环游,这是以后四十岁左右的事。在这之前,他只能驰骋想象,超越波尔多小天地的局限,神游四方。对于一个无法全身心受职务役使的人来说,白纸是藏匿之所,可以把洋溢的才思和潮涌的梦想写在上面。孟德斯鸠日复一日地把他的思想、印象和批评,把他跟在他力图逃脱的环境中占统治地位的意见的分歧写下来。他记下他的情绪,把玩各种看法,勾画出一些草图。自由的谈话,思想速写本;拉伯烈德庄园主一生,不管是在波尔多,在巴黎,还是在旅行中,就这样写下思想的日记。这些个

① 托克维尔(1805—1859),法国政治家、历史学家。——译注

② 雷蒙·阿隆(1905—1983),法国社会学家、哲学家和政治评论家。以其对思想体系的正统观念持怀疑态度而知名。——译注

人的记述,只有一部分为我们留了下来。它们保存了一个不带文学和修辞的造作,但也没有丝毫激情的抒发和感情的媚俗的孟德斯鸠的形象。以备忘的形式写下的简短的评语,一些顺便想到的主题,此类对某些知识前景的看法,不应听任丢失,因为有朝一日它们可能诱发孟德斯鸠作更广泛的探究。

这谈不上是个宝藏,因为这并不是一个自认为怀才不遇的人的全身肖像。孟德斯鸠不知道媚己;一想到要让人描述或者画像,他总表现出很能说明其为人的极大反感。在这些思想速写本中没有自我崇拜,他总是隐去第一人称,而用第三人称。这是外用的日记,如果可以这么说的话,而不是私下的日记。另一个天才的波尔多人蒙田,为了自得其乐,也为了令我们欣喜,陶醉于自己个人复杂的内心世界,陶醉于他极力要固定下来的日常生活的最微不足道的细节。在孟德斯鸠的作品中,丝毫没有这些。如果说蒙田充满激情地关切着蒙田,那么孟德斯鸠却对孟德斯鸠漠不关心。前者在自己身上寻找符合人性条件的原型和中心;而后者则根据启蒙时代世界主义的标准,通过离开中心和综览整体去寻找真理。

青年孟德斯鸠不知不觉地成了作家。他开始写作可并不知道他正干着作家的事。人们可以想象到,面对日积月累、日益增多的记录,就必然会产生这样的想法:这些是材料,而不是一部作品。可是手抄笔记者日复一日地感到在自己内心萌发了自己适于当作家的念头。一本思想速写、瞬间的评语,并不构成一幅画卷,还缺少使堆砌的细节呈现完整形态的连贯的思路、整体的直觉和思想的整理。

因此,开始时可能是有一个寄存着瞬间捕得的看法的杂物柜,一本储蓄账。然后，某一天，由于想解闷，也许是一时兴起，幻想自我证明自己不仅具有现在的价值，同时也是心血来潮要跟自己也跟他人玩玩游戏，于是他着手写作，而创作作品，就是通过超越自我，向自己证明自己的存在。这并不是要从零开始，由于存在着这一大堆散乱的笔记——用于一项建筑的预制件，此举就方便了。只剩下找到一个连贯的思路，一个总体计划，以便把没有条理、加工程度不同的文字组织到一起来。最经济的办法也许就是发表一本原汁原味的“思想”集，就像帕斯卡[①]的朋友们为詹森派大师的文字所曾经做的那样。拉布吕耶尔的《品格论》提出了另一种可能性，以几乎不作进一步加工的形式发表一部以道德和宗教的先决条件为依据的作为社会镜子的风俗画集。

青年孟德斯鸠并没有这么高大的目标。他所专注之事，他的爱好，更多是出于文学的动机。他打算在其书中利用的内容，是由一些有时相当严厉的批评性思索构成的，但是他想把这些裹上讨人喜欢的衣着提出来。他要触动上流社会的公众，同时又满足他们要求内容易懂和文笔秀丽别致的这种爱好。书信体小说的选用提供了一种对所提出的问题巧妙的解决办法。传奇性的结构，结合着东方的地方色彩，这正是流行的潮流。对根深蒂固的爱好的让步吸引着已经存在的顾客，因此可以期望，这样的让步就会使一部与人们已经读过并给予好评的别的书相似的新书取得成功。用

① 帕斯卡(1623—1662)，法国数学家、物理学家和笃信宗教的哲学家。1654年，退隐于波特-罗亚尔修道院，与詹森派接近，写了十八封论战的信为詹森派辩护并攻击耶稣会士，后应阿尔诺的请求，这些信以《外省人》之名于1656—1657年结集发表，取得极大成功。——译注

我们今天的话来说,“市场调查”预告了此书会受到欢迎。书信体小说的形式特别适宜于这种情况,即把经过不同程度加工的大量一得之见推销出去。一封封信彼此相继而不相似:信件往来可以允许有多种多样的声音,而且由于空间和时间的距离,必要时,还允许有矛盾。用不着在彼此没有关系的断言和情绪之间寻求内在的缜密的协调,任何事都可以跟任何事彼此连贯起来,只要插进客套话和指明日期的改变就行了。而且如果已经写好的一段文字太长,可以切成几段,从而写成几封信而不是一封信。这样,在《波斯人信札》这本集子中,关于“地球人口减少”问题有很长的一段论述,这在当时是个谈得沸沸扬扬的问题,而且被曲解了事实。孟德斯鸠的文件夹中有这方面的文字,他把它分成十一段,构成了连续的十一封信(第 112—122 封信)。郁斯贝克就同一主题给他的朋友雷迪寄去了这么多封信,无疑是为了极力铺陈以引起他的注意,因为这个主题是很难发挥的。这种把戏骗不了任何人:它要在书中推售的论述过于肥腻,无法仅切成一块让人一口吞下去。同样,《特洛格洛迪特人的故事》也切成了四块(第 11—14 封信)。

根据思想的日记写成的书信体小说,再插入听到的某些片段,这对发挥批判的才智,提供了绝妙的可能性。在结构上没有真正的协调,把彼此没有联系的片段随随便便地组装在一起,这就促使职业读者靠自己的偏爱,自己个人的假设去堵住漏洞,填补空隙。孟德斯鸠越不刻意要使该书整体明白易懂,评论者越要尽力设法揭示保证这件百衲衣令人赞叹的同一性的内在和谐、隐藏的平衡条件和“秘密的链条”。由此便得出各种不同的释读,人们都认为《波斯人信札》中的孟德斯鸠思想十分严密,可惜孟德斯鸠严密思想的意义和影响范围,不同的释读者却有不同的解释。

对《波斯人信札》的产生所作的这种假设,要求人们把这部书视为一部披着传奇外装的片段集。德国浪漫主义作家们曾把片段体提到文学类别的荣誉地位,他们从中看到一种表达方式,它适合于表达正在寻找某种真理的不系统的思想,因为真理绚丽多彩,并不和谐一致,不受一种严格而同一的逻辑学的规定的约束。逻辑学是由人创立为人服务的,而不是人要为逻辑学服务。文化革命的青年启蒙者们,在18世纪末,曾以一篇反对方法论的演讲的形式,表示了他们的抗议,因为方法论的罪过就在于把思想的具有创造能力的自发性,压制于预先设定的贫瘠不毛的公理系统这个方形决斗场中。任何接近全面真理的企图最终都证明归于失败,全面的真理不受逻辑公理的约束。如果我们至少要避免歪曲存在的真实性,那么我们所能企求的只是某些瞬间的和并不全面的一孔之见。既然全面的陈述不可能写出来,在一时冲动下写出的一个片段,可以比一篇经过极长时间预先考虑好的文字更能显示真情,更能说明问题。弗里德里希·施莱格尔[①]、诺瓦利斯[②]和他们的朋友们以后便把由于他们的天才而得到认可的庄重的信件归之于这种文学类别。

像这样把《波斯人信札》的作者跟浪漫派的大天使相提并论有点不合常理的味道。他是片段体作品的作者,可自己并不知道

① 弗里德里希·施莱格尔(1772—1829),德国作家、批评家。他提出过许多哲学思想,启发了早期德国浪漫主义运动。——译注

② 诺瓦利斯(1772—1801),德国早期浪漫派诗人,其作品和理论影响了后来的德国、英国和法国的浪漫派。——译注

这一点；他只是日复一日进行写作的实践，以书信的形式把彼此间没有联系的一连串笔记掩饰了起来，这些信件记下了旅游者在各种不同的时间和空间观察日新月异的时事时所得到的连续的印象。通信这种灵活的形式，加上其间歇性，其任意性，特别适合于这种文学的多型现象，以展示一个隐约出现的支离破碎的真理。思想的冷嘲热讽在碎片的闪烁中找到了合适的表达，因为片段是随兴而写，然后突然停下，让读者自己去延续中断的思想。这是按照回避障碍的技术，把事实真相吞吞吐吐地说出来，这样当地面有危险时就可以停止下来。

青年的浪漫主义者们在运用片段体的技巧时都仿效法国传统的思想集、格言集、随感集的作者。孟德斯鸠也属于这些作者之一，虽然人们并不把他归于从拉罗什富科[①]和拉布吕耶尔到尚福尔[②]、里瓦罗尔[③]以及其他传播详尽的真理的行家里手、人性断面的揭示者这些公认的伦理学家行列。《论法的精神》这座雄伟的纪念碑令人忘掉所搜集的大量笔记和片段，而《波斯人信札》的建筑技巧却使这些笔记片段具有一种明显的同一性，从而用马赛克把孟德斯鸠第一部书的片段体的结构掩饰了起来。

人们不免会寻思，如果《波斯人信札》的匿名作家后来在许久之后没有写出《论法的精神》并署上自己的名字，那么后世会给《波斯人信札》什么样的命运。这是因为学士文人的欧洲都一致

① 拉罗什富科（1613—1680），法国伦理学家，《格言集》作者。——译注

② 尚福尔（1740—1794），法国作家、杂文家，写有《格言、警句和轶事》一书。——译注

③ 里瓦罗尔（1753—1801），法国作家，著有《大人物的小年鉴》。——译注

同意把孟德斯鸠封为政治思想和比较法学的大师，以至于人们都极力设法为《波斯人信札》重构一个所谓的隐蔽的学说。如果我们接受《波斯人信札》属于片段体文学的看法，那么用逻辑进行通约的企图之荒谬就显而易见了。某些不抱恶意的评论家曾经企图将帕斯卡的《思想集》加以改变，以便从中提出一个具有幼稚的但令人满意的形式的缜密而连贯的文本。然而，帕斯卡的天才是在分散而多声的片段中显示出来的，在这些片段中，他的不合时俗的思想只是出于内心深处冲动的要求才具体化为血肉之身。企图把《波斯人信札》改写为连续的文字的人同样也把最主要点、不连贯性、空想、矛盾——总之作家所要求的但也适用于现实的一切特征都搁置一旁了。如果孟德斯鸠那时想写一部政治学专论，他就会去写了——而且他在时机成熟时，也的确写了。他为他的书采用通信的形式，这样他就引入了不连续的地点和时间，引入了在地点和人物之间用日期、客套话，乃至于隔开的排版字块的空白所标出的距离。这些空白产生了某种节奏，一种格律划分，从而使作者及其读者得以喘一口气，回过神来，然后从一个新的源头重新开始思索。片段体作品的战略就是捉迷藏游戏的战略，是作者跟自己玩的也是跟读者一道玩的一种游戏。

三、“信札”是不是波斯人的信札？

作为片段体作品，《波斯人信札》是由形如七巧板，或者不如说形如百衲衣的一些片段作为马赛克所组成的，整体结构十分松散。各个片段是由自由联想联系在一起的。有时这些片段呈一组镜头的形式，若干封信谈论同一主题；有时由于时间和地点的不一致彼此毫无连贯性。但是片段这个马赛克只是作品的一面，它通常标明寄自巴黎，这样就可以对法国这个主要城市的人们和生活辟出一个专栏。“信札”全是**波斯人**写的，可**波斯人**是属于整个世界的。东方的服装和传奇式的虚构给首要的内容又加涂上一层非常不同的意义。书信集一下子便显得像具有两重性质的作品，而这两面手法便增添了释读的困难。这种透视法的两面性引起了一种反射镜作用或者说反射作用，结果即使孟德斯鸠说了他所说的话，人们都不得不提出他究竟想说什么的问题。

这样一种结构，对于评论者来说，大有裨益，他们的创造性受到了考验。法国人—波斯人的对话，由波斯人—波斯人的另一对话接替下来，从而要求人们把直向颠倒为曲向，把孟德斯鸠的文章作为一种带有反射镜的文章来读从而必须把文章投射到一面镜子上，使之反照到应该照的地方。事实就是这样：如果波尔多青年法官只局限于发表一部笔记和个人思考集，这样一部书无疑不会引人注意。他从没考虑发表这样的书，而且仅仅部分保留下来的他个人的思想，在很晚出版的比较完整的全集之前，一直没有发表过。

因此是波斯人给由他们着色的“信札”当“火车头”的。所有信件的作者都是东方人，但信件是以不等的方式在两个战场之间发送的。在全部 161 封信中，47 封处于异国境域，114 封在西方；占百分之七十以上寄自巴黎的信表明思考的重心所在。青年孟德斯鸠当时对波斯的文化和文明一无所知，他只满足于把二手的信息搬上舞台，就跟拉莫[1]的精雕细刻之作《殷勤的印地人》一样卓有成效。对于首批读者来说，这并没多大关系，因为他们使该书获得巨大的成功，而他们对于描述和性格是否正确丝毫不感兴趣。波斯和波斯人只是作为身处异乡、万事不惬的借口，在这种氛围下，想象力便乐得其所，而没有任何人种志的考虑。孟德斯鸠本人曾做这样的证明：“此书出版时，人们并没有把它视为严肃作品，它其实也不是严肃作品。”然而孟德斯鸠又补充说：“没想到从《波斯人信札》中居然发现这像是一种小说，这真是令人再高兴不过的了。读者看到这种小说的开端、发展、结局。各种人物均被置于一条把他们联系起来的链条之中。……郁斯贝克在外的时间愈久，他家后房内部愈加混乱，也就是说，怒火愈炽，爱情日薄。”（《关于〈波斯人信札〉的几点想法》，简称《想法》）这对于想让我们把这些“信札”视为《共产党宣言》的一个雏形版的人们是个忠告。

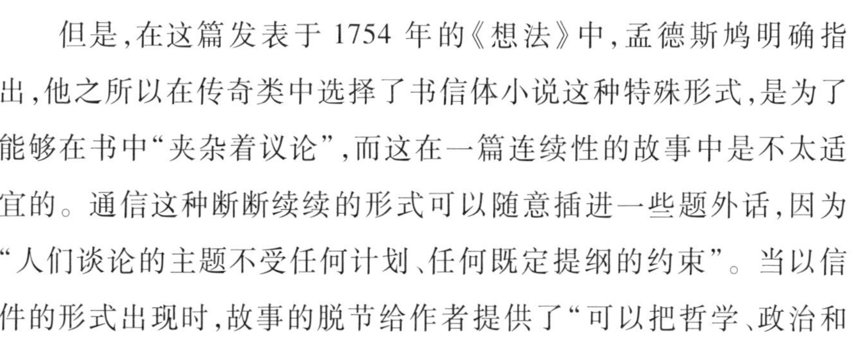

但是，在这篇发表于 1754 年的《想法》中，孟德斯鸠明确指出，他之所以在传奇类中选择了书信体小说这种特殊形式，是为了能够在书中“夹杂着议论”，而这在一篇连续性的故事中是不太适宜的。通信这种断断续续的形式可以随意插进一些题外话，因为“人们谈论的主题不受任何计划、任何既定提纲的约束”。当以信件的形式出现时，故事的脱节给作者提供了“可以把哲学、政治和伦理道德溶于小说之中，并把这一切用一条秘密的、而且从某种意

① 拉莫（1683—1764），18 世纪法国著名音乐理论家、作曲家，创作芭蕾舞剧《殷勤的印地人》（1735 年首演）。——译注

义上说是一条人们察觉不到的链条联系起来”。

这里，孟德斯鸠交底了。这几行话——它曾引起了许许多多评论——无疑说明了作者主导的意图。孟德斯鸠容许他的作品具有混合性，一方面是小说，另一方面是思想。但还不知道的是这两个成分中，何者更重要：作者是在一部传奇幻想小说中，肥瘦相间地插进一些理论文字呢，还是他想象出一个东方故事来作为预先组成的片段选辑的黏合剂？我们再次指出，后房故事只占全书的不到百分之三十。至于全书的同一性则根本不明显。孟德斯鸠自己承认他提出，或者假设出“一条秘密的、而且从某种意义上说是一条人们觉察不到的链条”。评论者们为此欢欣鼓舞，竭力要揭示出这种秘密的同一性。因为他们无法接受“信札”的青年作者会嘲弄大家，非要他的读者在他完全任意地摆在一起的素材之间，去七拼八凑地想象出一个联系来。

如果进行这样的试验：把构成这部小说的信件有次序地单独发表出来，这可能会有益处的。人们从中可能找到一些小幅的风俗画，而这些风俗画的源泉不难从当时旅游者的叙述和东方学者的著作中找到。孟德斯鸠不可能把自己的东西摆到这些追述中去，这是不言而喻的。他所尽可能添加的，是流血、肉欲和死亡，以便用些许适合于沙龙口味的色情的佐料，使后房日常生活的描绘更加津津有味，给整个作品增加刺激性的内容。有这么一些可敬的教授们对这一专栏赞叹不已，并且从中发现了一个带有存在主义色彩的深厚爱情和悲剧经历的凄凄切切的埋藏物。他们想不顾一切，讴歌赞美，但全都白费气力。孟德斯鸠似乎对言情文学、色情和淫亵描述并没有什么才情。他的故事在这方面并没有不落窠臼和摆脱陈词滥调，这些令人想到摆在火车站书亭中的传奇书。这还远不是萨德侯爵阴暗的狂暴行为和真正的魔鬼呢！年轻法官写给有教养的人们看的那些大胆描写并不会引起他们的反感，说孟德斯鸠在言情小说方面没有才情，决定性的论据就是一个初试锋芒的作者的这第一部小说也就是他的最后一部小说。他认为他的天才要把他带到别处，而不是从事此类无聊之事。这不无道理。

任何把孟德斯鸠说成是个真正的小说家的企图，都受到孟德斯鸠本人的否认，他既缺少浪漫情调，又完全没有以多愁善感来取悦于人的天赋。当他在非常罕见的情况下情不自禁地吐露出一些个人的内心话时，这些内心话，就这些方面来说，是令人失望的。“我几乎从没有忧愁，更没有烦恼。……我夜里一觉睡到天亮；而晚上，当我上床时，我仿佛昏昏沉沉的，使我无法思索。……当我享受着某种乐趣时，我为此感到痛苦，而且总是对于曾经抱着如此冷漠的态度寻求乐趣而感到惊讶……”至于这位纯知识分子跟女人的关系，尽管人们企图大肆宣扬其某些信件，似乎这种男女私情在他的生活中并不占多大分量。“我很喜欢向女人们说一些普普通通的恭维话和替她们办一些不费吹灰之力的事。”中年时期的艳遇在他心中引起一种赞慕与惊诧交织的感情。“35 岁时，我还爱着。”究竟动词 aimer（爱）这个用法是什么意思，还有待弄清：“我年轻时，我曾经很高兴能喜欢上一些女人，我曾认为她们爱着我。自从我不再这么认为之后，我一下子就跟女人疏远了……”

像这样的自我坦白的人似乎不太有本领去展现爱情所产生的极度激情、乐趣、错误和丑事。他以约定俗成的字眼来描述想象的艳史，他对这些艳史是完全陌生的，就跟对波斯地方、一个任意选

来安排任意的情节的国家的风俗和传统一样陌生。那么为什么要写“波斯人”信札呢？这些本来完全可以是“墨西哥人”、“印度人”或者“塔希提人”信札的，如果在当时旅行者的叙述中有可用的塔希提的剧情、布景和风俗的话。不管是波斯人的还是别的什么人的，这些信是想利用人们由于阅读同时代的作品而抱有的对东方事物猎奇的时代热。通过嘉朗的译本，《一千零一夜》以其想象的新世界的魅力令欧洲倾倒。因宗教原因而流亡英国的胡格诺教徒约翰·夏尔当在1664—1680年完成并在1686和1711年发表的游记，提供了大量的资料，而当时能够找到的其他作品使这些资料更加完备。孟德斯鸠并不是第一个利用这个书目单的人，马拉纳和科托朗迪的《大贵族的间谍》(1680)或者埃克斯法院律师J. 博内的《致伊斯法罕文学家米斯拉的信》(1716)也利用了这些作品。

因此，在《波斯人信札》之前，便已有了某些波斯人信札。但是，由专家们发现的——他们还会有同类的发现——这些先例，并无损于孟德斯鸠这本书，因为它们早已被人遗忘了；这些信属于日常消费的低档文学，随着当年的时事而生灭。这些源泉从地下冒出，是这部令我们兴趣盎然的作品激起微澜的结果。我们喜爱的《波斯人信札》之所以至今仍富有生命力，是因为它比在它之前的那些信还提供了某些东西，某些不同的东西。这种百读不厌，常读常新，并不在于小说本身，尽管孟德斯鸠竭力洒上香料，小说的情节、布局，乃至文字，仍不脱平庸。后房私通的情节，虽是受旅游者目睹或传述之事的启发，可在今日读者看来，显得刻意安排，而没有莫扎特《后宫诱逃》的优雅韵味。那些妻子或侍妾，不管是否得宠，以及她们的婢女和阉奴，都不太会引起我们的注意；作者本人也并不把这些认真当做一回事，以避免发生某些张冠李戴的现象。这种爱情游戏的两地相思和悲剧式的解决，并不太能够打动读者。

人们在孟德斯鸠这部小说中会注意到那些以我们时代的方式加以淡化的性虐待与受虐狂，但是人们必须有极大的天真的善意才会为此而陶醉。孟德斯鸠苦心孤诣地把基督教历的日期改写为东方式的日期，这些小把戏并不足以给人以假象，只不过凸现了煞费苦心的造作而已。从更深一层来看，我们必须时时记住，郁斯贝克的旅游延续了十来年，信函往来要几个月才能寄达。在这种两地分离、关山远隔的情况下，很难想象能够持久地进行最狂热的爱情对话。激情会在路途中消失，而在此期间注意力又集中到别的事物上去了。可敬的郁斯贝克，当他在其后房时，左拥右抱着女人，而如今似乎已立愿在西方过着单身的贞洁生活，这对于像他这样在家中是个女色的饕餮之徒来说，似乎是完全难以置信的。那个不忠的宠妾，在她的老爷和主子住在巴黎，一直不在身边的情况下，经过九年独守空房，最终自杀身亡，这根本不是非如此不可。无疑必须发生一场灾祸，使这个故事得以结束。孟德斯鸠牺牲了一个他并不太关心的人物，以人献祭使故事圆满结束。这下可是一了百了。

最奇怪的是，《波斯人信札》的年轻作者在写一部爱情小说时，并不为再现后房所固有的特殊的感情气氛而内心恻然。用钱买来而住在后房的女人，是受其主子和看守者任意摆布而无力自卫的囚犯。未来的黑奴制度揭露者，似乎并不关心妇女所受的奴役；而未来的气候环境学说的理论家，只满足于把符合拉辛激情进发常识的一个爱情小天地搬到了遥远的地方。可在这里,这种到达顶点的激情迸发,由于必须越过极其漫长的距离才能达到目的地,故显得更为荒唐。人们无疑会提出反对意见说,必须等待浪漫主义诞生之后,才会出现对东方的地方色彩的关心和对后房女囚悲惨命运的同情。孟德斯鸠早于歌德和维克多·雨果;《波斯人信札》不是《东方吟》[①]。但这意味着《波斯人信札》没有任何波斯的东西:波斯在这里只不过为了诉讼的需要而制造出来的不在现场的证明。

孟德斯鸠的波斯只是个幻想的波斯,他只是从夏尔当准确而客观的叙述中借用一些道具而已。他没有采用这个游行家对这个民族的心理所叙述的东西:"波斯人只是在休息中,而且是待在自己家里时,才能够更好地培养德行,更好地享受欢乐。"因此,郁斯贝克作为到巴黎去探险的人,在夏尔当看来,只是个假波斯人,因为胡格诺教徒夏尔当强调指出:"波斯人对世界其他国家的现状极其无知。……他们没有世界地图,因为他们并不好奇想看看外国,所以他们不太关心去外国有多远的距离和走哪条路。一般来说,国家的大臣们对欧洲正发生什么事并不比对月球世界上正发生什么事知道得更多……"

孟德斯鸠笔下那些波斯人的真实性可以比之于莫里哀笔下带有土耳其色彩的作品中的土耳其人。我们在高比诺的《亚洲新闻》中,可以找到这个外交官对自己深刻了解的证实波斯的回忆;

① 雨果的诗集(1829),带有异国情调,技艺精湛,被圣伯夫称为"纯艺术之光辉宝座"。——译注

而这在《波斯人信札》对东方的十分造作的描述中根本找不到，因为《波斯人信札》的作者对东方问题丝毫不感兴趣。

对于“波斯人怎么会这样”这个问题，孟德斯鸠完全没有能力给予回答。郁斯贝克只是个用以障人眼目的波斯人，是个穿着借来的衣服的假面舞剧的人物。这个骗局是显而易见的，只要我们注意到《波斯人信札》的主人公的两重性便可看出。郁斯贝克在巴黎是理性的批评的传播者，是一切已经根深蒂固的虚假价值和虚伪行为的揭露者，可是一当他对德黑兰战场表态时，突然间便显得失去分析能力了。道德人格的奇怪两重性：这种两重性使得他一定要坚持统治着他国家的可怕的偏见，而不可能做出哪怕是一丝半点的退让。他一方面揭露法国各种形式的专制和虚伪，另一方面却在他自己的后房心安理得地实行最残酷的专制。他企图促使智慧之光普照巴黎，可在他眼里，这智慧之光不必照亮德黑兰这个恪守道德的城市。于是就谈不上什么人权、妇女的尊严和普遍的正义这类问题了。郁斯贝克在管理组成他后房的牲口方面，表现得像个十足无人道的暴君。他在有关爱情的美丽辞藻上所采用的拉辛风格，并不能掩饰其奴隶制的全部兽性。如果我们认真地考察孟德斯鸠的作品，我们不免要寻思郁斯贝克究竟有何权利对法国的风俗说三道四，因为他本人跟他自己国家专制又无人道的风俗和制度就是沆瀣一气的。

由此我们可以得出结论：七拼八凑起来的郁斯贝克是不存在的，确实是不可能存在的，因为在残暴的郁斯贝克和开明的郁斯贝克之间明显地不能并存。但是不应仓促作出判断。有这么一些现代波斯人，他们在巴黎地区装出一副进步人士、人权捍卫者的样子，可是一旦回到国内，他们就脱下西方的旧衣服，毫无愧怍地沉湎于在某些国家肆虐的那些狂热的危害极大的偏见之中。联合国总部和联合国教科文组织中有不少落后和贫穷国家的代表，身着西服，在哈得逊河畔或塞纳河畔①，领着优厚的美元薪水，高谈民主和人权的伟大原则，然后，回到自己国家，盲目地支持着屠杀所有无辜博得在位的独裁者欢心的人的独裁制度。这当然并不妨碍他们揭露文明国家的帝国主义，而文明国家却糊里糊涂地把这些指控真当做一回事。只要想象一下我们的郁斯贝克作为霍梅尼的伊朗派驻联合国教科文组织的代表，那这个人物就可以说具有现实意义了。

虚构先于现实出现，而现实则比虚构有过之而无不及。在我们国家有不少这些派到异教徒之邦的石油埃米尔和其他异国事物的商贩，他们是独立思考的传道士，他们一面受惠于殖民主义而取得了巨大的利益，一面又是西方资本主义的揭露者。可这些大发横财的富人，在他们的国家，却是奴隶制度的拥护者，支配着爱胡作非为、腐化堕落并掌握着生杀予夺大权的主人统治的男女畜群。站在东方和西方的分水岭上，孟德斯鸠力图揭露欧洲人的缺点。这种自卑感过去在殖民国家的公民中是常见的，而孟德斯鸠则是杰出的范例。这些国家没完没了地责备他们给世界其余地方所曾经带来的恩惠，即使这些恩惠伴随着并不严重的不义行为的代价，这些不义行为跟我们每天若无其事地目击到的非殖民的可怕的惨

① 哈得逊河，美国河流，在联合国总部所在地纽约注入大西洋。塞纳河，法国河流，流经联合国教科文组织所在地巴黎。——译注

状也是不可同日而语的。

但是,不管怎样,以如许辩才揭露奴隶制度的孟德斯鸠本人,他的财产和他的妻子的财产中,也有一些是从贩卖黑奴所得到的遗产中继承来的,这种贩卖黑奴的葡萄酒的生意使波尔多商人腰缠万贯。

四、从文化的对照到一种对照的文化

对于“波斯人”怎么会是这样这个问题,必须这样回答:郁斯贝克、里加和其他人只是用以障人眼目的波斯人。这些喜剧人物穿着借来的服装,掩盖着的不是一些有血有肉的人,而仅仅是一个面孔。乔装打扮是某种观点的面具,是拉开距离以更新思想的障眼法。距离拉大,习以为常的明显事实,便不受缆绳的束缚。远离和不在,是作为让一种新型人物介入的调和剂。我们这些波斯人的基本特点,就在于他们是异域人。作为远方来客,他们就尤其具有否定和缩小的价值。这些异域人是我们国家所发生的事物的目击者,他们起着无根无影、没有身份的人的作用,作为我们熟视无睹的事实的揭露者。

对东方事物进行虚构,要求思想上有切身经验。中世纪欧洲以自己为中心,把自己的圣事价值,把认为自己掌握了尽善尽美这种自以为是,作为栖身的堡垒。文艺复兴时代的重大发现,掀开了障蔽眼界的帷幕:别的人与他们的现实联系在一起,犹如我们与我们的现实联系在一起一样。人们不再匆匆忙忙给别人定下某种形象,而多元化的确信不疑之事也互相抵触。不得不需要某种仲裁,以对各种真理和价值进行裁决。人们发现,犹太—基督教的神启,在世界上只占有狭隘的一隅之地。真理必须改变衡量的尺度,应当从世界和人类的范围来界定一个真理。身居异乡、对西方文明的看不惯,是朝向普遍认同的一种新意识迈出的第一步。

从16世纪起,蒙田揭露了人们习以为常、确信不疑之事的缺陷:西方的价值并不比旅行家们向我们肯定的在别处用以保证不同的生活方式的那些价值更有内容,更为优越。但是这种清醒思考并不能动摇西方人的自以为是,因为西方人自恃在技术和军事上占有优势。笛卡儿的怀疑只不过是昙花一现,它成为用来肯定一种居于胜利地位的道理的支撑点,因为这些道理的教义又把神学睥睨一切的最高权力用来为自己服务。

孟德斯鸠继洛克、培尔和丰特奈尔之后,目击了古典本体论的衰亡。这位波尔多青年法官并不想界定未来的整个形而上学的基础。他的并不恢弘的计划是属于启蒙运动时代未来的远景的。从前那种自以为尽善尽美的观点,已经完全陈旧而无可挽回了。

波舒哀的《世界史教程》(1681)根据《圣经》中的上帝所选择的道路,把世界的变化置于犹太—基督教的灵魂拯救的范围之内。在这幅历史长卷中,波斯只扮演跑龙套的角色,为的是更好地宣扬一个纯粹罗马天主教的神明的意图。波舒哀片刻都没有想象到某个人可能是波斯人。1709年发表的《根据经文论政治》更给予凡尔赛的专制君主以绝对而永恒的权力。路易十四之所欲,就是上帝之所愿。

1709年,孟德斯鸠29岁,但他生活的世界,已不是波舒哀的世界。郁斯贝克注意到了天主教会的没落。作为穆斯林,他置身于基督教各种教派和各种政治习俗的纷争之外。他对罗马上帝的死亡,就跟对路易十四的死亡一样,都无动于衷。《波斯人信札》所标明的时间在1711—1720年之间,正是处于两个时代、两种生活方式和两种价值体系的过渡时期。凡尔赛老人日益没落的巨大阴影跟一个摆脱了他的束缚,并不顾一切地投身于摄政时期政治和财政实验的社会骤然减轻压力形成了强烈的对照。专制君主的死亡带来一个巨大的希望,只要从自由开始,一切都似乎有可能实现,为什么法国不会在18世纪取得成功呢?

拉布吕耶尔在其《品格论》中的讽刺,并没有对现有秩序的基础提出疑问。拉布吕耶尔令人注意到作者与其同胞之间,对一种同一性的实质的看法有一些不同之处。波斯人郁斯贝克并没有受这种同一律的默契的约束。出于波斯人的参照标准,他必然产生一种根本看不惯的心理,从而看穿了所建立起来的信仰和行为的怪诞。法国人怎么会这样呢?

由此便产生了洞幽烛微的批评,其活动表现得淋漓尽致:政治和宗教,各种禁区无一得免。既是波斯人,这就是要享有进行理性的比较和怀疑一切的特权。不合实际的东方用来作为西方的不合理性的揭露者;此处的人和彼处的人背靠背地对簿公堂,彼此都要在一个上级法庭为自己辩护,因为这个上级法庭不相信所有习以为常的明显事实。波斯的风俗习惯并不比法国的风俗习惯好,但也不比法国的差。这个波斯人,由于是揭露真相者,就扮演了普遍理性的先驱者的角色。“你为了求知,远离祖国”(第106封信),郁斯贝克对他的一个朋友这样写道。为了求知,必须远离祖国,以改变思考问题的重心点,从而以新的眼光来看他的祖国,这时成见将在真理面前消失。广义相对论就是从改变思考问题的重心点而产生的。“一切都是相对的，这便是唯一的绝对真理”，奥古斯特·孔德[①]后来这样谈到。孟德斯鸠是首先宣布这个发现的人之一，而这个发现可能会使波舒哀震惊不已。

假波斯人以他的形象预兆了这个在启蒙运动时代公开鼓吹世界主义的新欧洲人。他有一些先驱者。从17世纪80年代开始，在废除《南特敕令》前后，形成了一类法国知识分子，他们由于宗教原因而移居国外，成为外国的法国人，英国的、荷兰的、瑞士的和德国的法国人。这些知识分子甘愿为了信仰自由而付出流亡的代价。亨利·米斯泰尔、伊萨克、卡索邦[②]、皮埃尔·培尔、皮埃尔·科斯特、约翰·勒克莱克和前往波斯的旅行家约翰·夏尔当本人，以及其他许多人，这些欧洲自由主义思想的奠基者，成为批判精神的捍卫者、普遍理性的代言人。郁斯贝克的见解经常与这些国内的外国人不谋而合，背井离乡使他们得以接受一种新的自由。

几千年来，自以为唯有自己掌握了一种普遍真理的西方，发现了文化世界的多元性。相对论的挑战，要求人们进行新的探索。在各种真理之上，有没有一种真理，一种上级法庭，像公分母一样，使所有善意的人的各种愿望和向往——不属于欧洲文化的特点姑且不论——通过这一公分母得以通分呢？寻求人类普遍认同的启蒙运动时代的这个带有根本性的疑问，在《波斯人信札》中提出来了。

① 奥古斯特·孔德（1789—1857），法国哲学家，实证主义的创始人。——译注

② 卡索邦（1559—1614），法国学者，流亡于日内瓦的法国新教徒之子。——译注

虚构的游记把一个欧洲旅行者送到了一个虚构的国度。《波斯人信札》则把不真实的游客送到了一个真实的国家。这种手法使作者得以装作是自己的这个社会环境的局外人,对既定的现实做另一种释读。伏尔泰后来在他的《至微至大》中,利用《格列佛游记》的先例,把孟德斯鸠的波斯人改为天外来客,改为休伦人,改为天真汉,来揭示各种文化的龃龉和支配人们思想的偏见。由于目光的更新,想象的游客变成人文精神的传播者,揭露了我们所信赖的显而易见的事实和确定不移的道理并没有根据,因为我们无法意识到这一切都处于突兀的石头上,而石头下面则是荒谬这个深渊。

欧洲人自从开始世界探险以来,就发明了东方学和人种志,作为适于了解劣等的并通常不发达的兄弟的认识方式。思考告诉我们,并不存在什么东方,东方不存在于任何地方,其根本原因就在于东方人从来都是某个人的东方人。孟德斯鸠笔下的波斯人,是作为信使,传递着这样的消息:各种透视法是相互依存的。他告诉欧洲人,条分缕析的人种志是由人种志本身开始的。这种不费分文、足不出户便产生身处异乡的困惑迷惘,提出了文明的基础这个问题。

五、一部扑朔迷离的书

《波斯人信札》是由原籍法国波尔多、由于宗教原因而出逃到荷兰阿姆斯特丹的一个出版商出版的,没署作者姓名。这个出版商还煞费苦心地用同样是法国人,同样也是新教徒,定居于德国科隆的一个同行的假身份把自己的公司掩盖起来。

这种双重的隐姓埋名可以从安全的需要而立即得到解释。后来的伏尔泰也是个运用匿名和假名的能手。荷兰版以后便成为启蒙运动思想的合乎逻辑的基地,这种版本大部分通过私运而发行到法国。当狄德罗[①]出版《百科全书》遇到严重困难时,他使用的一个重要手段就是威胁要到外国土地上继续他的工作,而不管对出版和法国的商业会有巨大的损害。后来终于准许继续在法国印刷,其中经济的考虑占了很大的分量。

在第117封信,作者谈到人口问题时,说:“宗教给予新教徒一个比天主教徒无限优越的好处。”郁斯贝克甚至预言天主教最终必将灭亡。在宗教改革所带来的好处中,孟德斯鸠无疑把思想自由列为其中之一,否则他就不可能出版他的书了。但是与此同时,《波斯人信札》也就加入了,即使是间接地加入了极其重要的流亡文学的行列,这种流亡文学对启蒙运动精神的形成的重要意义,在法国还没有给予足够的估计。这些没有法国的法国人的作品,不妨仅举两本书名,那就是皮埃尔·培尔的《历史与批判辞典》和伏尔泰的在18世纪以《论信仰自由》[②]名称出版的对废除《南特敕令》的极其出色的抗议书。作家、出版者、印刷者,流亡荷兰、英国、瑞士、德国的新教徒,是自由主义精神和在启蒙运动时代被接受的这种十分温和的理性主义的鼓吹者。

不可能存在勉强把孟德斯鸠归于新教徒的问题,只是我们可

① 狄德罗(1713—1784),法国文学家、哲学家,《百科全书》主编。——译注

② 1763年出版,呼吁为卡拉昭雪。——译注

以在他身上找到某些跟这个自由主义的新教的相似之处。而启蒙运动的主要方向便具有新教的特征。英国最新研究孟德斯鸠的历史学家认为,“孟德斯鸠生下来时是罗马天主教徒:跟蒲柏[①]一样,他在弥留之际,跟罗马教会言归于好;也跟蒲柏一样,他更关注的是道德而不是教条;在他的一生中,他忠于自然宗教的理性原则。”(罗伯特·夏克勒通:《孟德斯鸠,批判的一生》第354页,牛津大学出版社,1961年版)。

这种忏悔性质的看法并非多余。《波斯人信札》的作者通过一个出版者的中介呈现于公众之前,而这个出版者自己又掩盖着另一出版者。出版者并非作者,作者的名字没有出现在书的封面上。人们没有更好的办法,只好把这些分别归之于真正作者署以假名的那些写信的人。在全书161封信中,有77封,近一半是郁斯贝克写的,由副观察员里加签名的有48封。其他大部分信,则由相反方向,从德黑兰寄到巴黎,展示东方小说的情节起伏,陈述阉奴们的报告和后房女人的话语。传奇式的虚构由于只是出于需要而安排的,所以我们只能把114封关于法国生活的描述以及由这些描述所引起的关于东西方关系的看法的信算到孟德斯鸠的账上。阉奴总管的话,女囚的闺怨当然是根据孟德斯鸠的想象而写的;但在这种情况下,孟德斯鸠并非为自己说话,因此,这些凭空想出来的文字也不能归到他头上。同样,当郁斯贝克给他的某个女人写几句无聊的绵绵情话或者当他给他的奴仆发布各种有时很残酷的指示时,此类文体的习作也不能由拉伯烈德老爷负责,不能把

① 蒲柏(1688—1744),英国18世纪最重要的讽刺诗人。——译注

这些信件的签字人跟他本人等同起来。至于郁斯贝克或里加从巴黎发出的信件就不同了。问题在于这些东方的穆斯林究竟是不是这位匿名作家的真正代言人，因为这个作家最初不承认自己是此书的作者，并且隐藏得如此巧妙，以至于如果他不是自我暴露，人们可能就无法识别出来了。

这个问题并不简单。孟德斯鸠是《论法的精神》的作者，他的名字出现在封面上，人们可以把这部作品中的一切观点归之于他，而他对此要承担责任，包括该书出版了三年之后，于 1751 年被罗马教廷列为禁书。孟德斯鸠写了《波斯人信札》，他先是出于安全这个次要的原因，拒绝把名字写在书的封面上。但即使他的身份被发现之后，他作为该书的作者跟作为《论法的精神》的作者还不一样。在这些信中，他不是以他的名义说话；“波斯人的”信全都是由想象出来的波斯人写的，而这些波斯人，每个人都显示着自己的个性。即使在匿名被揭穿后，却依然有几重的假名：那些波斯人藏身于出版者戴斯波德背后，而戴斯波德本人又被虚构的马尔托掩盖了起来……信札的编纂者孟德斯鸠，即使我们想抓住他的话要跟他算账，他也完全可以有恃无恐地说这不是他，而是一个从未经真正宗教的启迪、不开化的异教徒国家来的远方使者，名叫里加或者名叫郁斯贝克的人在说话。郁斯贝克命令他的阉奴们对他那些不忠的妻子们实行无情的镇压，对此，没有一个人会指责孟德斯鸠野蛮、残暴和谋杀。对无人道的行为负责的恶徒，是郁斯贝克，而不是孟德斯鸠，因为孟德斯鸠会有充足的理由来为自己的无罪作辩护，只不过心理分析家会怀疑他以象征的手法和通过另一个人干一种不露痕迹的暴行。

同时,另一个问题是,孟德斯鸠的这些波斯观察家的大胆批评,在多大程度上能够代表孟德斯鸠的意见。当里加说教皇“是个古老的偶像,人们出于习惯至今依然对他顶礼膜拜”(第29封信)时,这个看法完全只属于说这句话的人,可敬的拉伯烈德老爷拒绝把这算到自己头上。他十分高贵,十分尊重现有的价值,所以不会承认自己说出这种大逆不道的、只有一个非基督徒才能说出的话。这并不仅仅是出于谨慎、出于小心的问题。在他弥留之际,在这对任何报复行动都一无所惧之时,孟德斯鸠依然想按照当地的风俗,作为“有教养的人”而终其一生。他作忏悔,领圣体,接受终傅圣事,拉伯烈德老爷的一个英国访问者于1754年写道:“他肯定不是个拥护教皇的人,但我没有任何理由认为他不是个基督徒。”

郁斯贝克和里加是匿名的孟德斯鸠所用的假名,他戴着这些面具来传播某些并不一定便是他自己的、至少并不完全是他自己的意见。这些人物使他得以跟他自己的文字保持一定的距离。作家的意图隐藏在用掩饰的帷幕间接表达出来的文字背后。文字成为手法,众多的假名使他可以利用一些相互矛盾的可能性,把这些可能性发挥得淋漓尽致,而真正的作者却无须承担什么,因为他随意摆弄他的思想,并且乐于看到他的思想就在他的注视下扩展起来。伏尔泰以后在他的战斗文学中,运用了甚至滥用了这些由他摆布的人物,让他们为一些荒唐的或报复性的作品负责,而真正的作者却一直看不见。

这些写作技巧是讽刺文章所使用的方式之一,18世纪运用得很多。但这并非是纯粹的故出怪招。不迅速接近事实,人们便可以从多种尺度来了解真理，这一点，我们可以从仅比《波斯人信札》晚出版五年的 J. 斯威夫特的《格列佛游记》得到堪称典范的说明。作者通过从小人国到大人国的描写，让人们变换尺度去阅读现实，从而凸现了真理的相对性。《波斯人信札》借助来自异国他乡的观察者，展开了各种观点的相互关系的这种透视法，从而揭示了任何真理的相对性。

对于匿名和假名这些概念的揭示还必须更深入一步。亨利·培尔把他的作品伪托一个名叫斯汤达尔的人，他在自己的信中签上虚构的名字，可这些名字并不是完全不要付出代价的：假名掩饰了作者，但也肯定了作者；他想成为这样的人，他又认为自己事实上不是、而可能是潜在的这样的人。我是另一个人。克尔恺郭尔[①]把他的那些主要书籍伪托为一系列人的作品，这样他便可以开辟一些道路，用彼此互不相容的思想和艺术观点来阐述。仅仅一个方式、一个音调不足以完整地表达个性；个性的完整表达，即使希望其最终的解决应使个性的发展带有迷离恍惚的效果，也需要多种的发音，需要自由地表现出各种可能的事物所提出来的要求。

“包法利夫人，就是我……”这是福楼拜的名言。但是在《情感教育》中，弗雷德里克·摩洛也是福楼拜，而阿尔诺德夫人也是。每个人物由于其作者的特别委托而存在着，作者委托他来表达作者的某一方面。而这些人物的真实身份根据作者在其中体现

① 克尔恺郭尔(1813—1855)，出生于丹麦的 19 世纪著名宗教哲学家。著有《非此即彼：生活的一个片断》(1843)、《恐惧与战栗》(1843)、《反复》(1843)、《生活道路上的各个阶段》(1845)等。——译注

的成分多少而不同程度地感动着我们。我们不大可能把孟德斯鸠跟出于作品的需要而随意制造出来的伊斯法罕内院的阉奴总管，或者他的接替者等同起来。但是问题在于了解孟德斯鸠是否就是郁斯贝克或里加，而如果是，达到什么程度。

该书最后部分描述的是传奇故事而不是巴黎生活。在最后一批信中，第155封信值得特别研究。郁斯贝克受到来自其伊斯法罕内院的令人悲痛的消息的打击，向一个待在波斯的朋友宣布尽管会有生命不测的危险，他仍决定回国。他说他自己极其不幸和绝望。这位冷嘲热讽地批评巴黎人的观察者突然比沃波尔①和拉德克利夫②更早得多地采用了黑色小说的浪漫方式和声调。那位善良、聪明、风趣的郁斯贝克决定结束这场在他看来犹如"可怕的流放生涯"的旅行，虽然他似乎从这旅行中也找到了某些乐趣。他以人们原以为他不可能有的一种感伤的话来结束他的悲叹："不配享受人道之乐的渣滓，永远向一切爱情关闭了心扉的卑贱的奴隶们啊，如果你们了解我的境遇之不幸，你们就不会再为你们的境遇而呻吟了。"在九年远行之后和身处远隔六个月旅程的地方，"愁思凄苦"、"可怕的颓唐心境"、"绝望"这种罗曼蒂克的词汇，跟这个波斯人惯常的乐此不疲的怀疑态度形成奇怪的对照，也无法跟孟德斯鸠在题为《我的自画像》的自传性作品中所自称的那种理智主义占主导地位的恬淡的气质相协调。

该书最后一封信，第161封信是后房所有妻妾中最得宠的罗

① 沃波尔(1884—1941)，英国小说家、评论家和戏剧家。——译注

② 拉德克利夫(1746—1823)，最具有代表性的英国哥特小说女作家，擅长于使阴森恐怖和焦虑悬念的情景充满浪漫主义情调。——译注

珊娜写给郁斯贝克的。悲剧性的结局:罗珊娜脱下了假面具。她一直憎恨她的老爷和主人,她的可憎的所有者。她始终玩弄着他,对他不忠。“我可以生活在奴役之中,但我始终是自由的;我按照自然的法律改造了你的法律,我的精神一直保持着独立。”而且这个骄傲的女主人公以她的自杀肯定了她的话,她服毒自尽。“可是一切都了结了:毒药已经发作,我已没有了力气,我的手已抓不住笔杆……我就要死了。”这是这部小说的最后几句悲怆的话,其基本意图似乎是对法国时政的一种风趣的批评。罗珊娜九泉之下的信仿佛是由乔治·桑笔下某个解放了的妇女所写的。

当然,孟德斯鸠是第155和第161封信的作者,也是该书所有其他信件的作者。但这是哪个孟德斯鸠?这不是以后分析罗马历史的那个孟德斯鸠,不是写《论法的精神》的那个孟德斯鸠,而是拉辛的一个崇拜者,喜欢追述极端狂热的爱情、展现他本人无法具有的慷慨激昂的情绪,一个用一些假名通过只是傀儡的主人公作为中介而得以解脱出来的隐退幕后的孟德斯鸠。无疑,这也是一个正为一部没头没尾的书寻求结局的作家,他寻找一个出口之门,从而找到这么巧妙的方式,借助于一个料想不到的剧情突变,或许是又一个戏谑的遁术来与读者告别。从好几个方面来说,《波斯人信札》是一部扑朔迷离的书。

六、对评论的评论

文学评论在过去是阅读作品的技术,按作品每个词的意思,让它说出它所要说的话,说出它的确说过的话。现在的评论完全改变了这一切。对于现代的评论来说，作品中显而易见之事，只能是骗人的：作品的含义是隐藏着的宝藏，要靠学识渊博的诠释，从其字里行间释读出来，即使释读的结果与作品和作者的明显意图毫无关系也不要紧。人们必须承认这样的原则，即作者并不知道自己所说的是什么，他说的是别的事情，要等待未来某个智者释读出作者本人也弄不清来龙去脉的真正意思来。于是，任何文学作品都可以给人以练习高智力特技的机会：释读作品是评论者可以在其中不顾作者的意图而顾盼自雄的镜子，因为作者无论如何都无法按现代的科学方法进行自我分析。

《波斯人信札》由于其荒诞性和即使不是支离破碎、至少也是随心所欲的组合，给乐于此道者提供了一个得天独厚的土壤。皮埃尔·巴里埃尔从此书中看出了身居外省的作者夫妻不睦的自传式文章。后房信件以隐语叙述了失望的丈夫所遇到的婚姻不幸。

这样的解释其好处是十分别致。马克思主义的科学知识令人们可以做更加严密的分析。他们假设《波斯人信札》是一部经济、社会和政治批评的作品。据此，人们关注的是按《资本论》教义的观点，提出《波斯人信札》所宣扬的看法。人们根据“封建主义”和“东方专制主义”这些基本概念，念念不忘“阶级斗争”和“人剥削人（或女人）”，对孟德斯鸠这部书信集，条分缕析，进行研究。不幸的是，《波斯人信札》的作者生于马克思之前，无法对真理做充分的阐述；不过其作品中有片鳞只爪的探索，于是他们根据分散的蛛丝马迹，隐射暗示，构建出一套结构严密的学说了。

另一些见识卓绝的人把当代的知识应用于《波斯人信札》的罗曼蒂克部分，因为这部分内容为受弗洛伊德博士的发现所启示的奇妙的精神分析法展示了可以大展身手的园地。黑白阉奴与后房被囚妻妾的对话，加上身处异国他乡的主人的绵绵情话，给接受这一理论的人提出了各种病态的乐趣，而非凡的萨德博士以他个人的装潢丰富了心理分析者的幻象。

另一位杰出的评论者不屑走马克思—弗洛伊德主义的老路，他从这一假设出发，即该书的秘密隐藏在不同时间发出的、分散于各个地方的各封信的日期之中。他对《波斯人信札》的日期和发信地点作深入的研究，再计算信件到达目的地所需的时间，据此画出了极有意思的图表，得出了十分严密的数学真理。

所有这些评论都从这种想法出发：《波斯人信札》掩盖着一个精确的意图，有着严密的协调性。年轻的作者在政治、形而上学、道德学和宗教方面具有完全确定的看法，由于无法公开发表其学说，便把学说分散打乱。因此评论的办法就在于按一条不可改变的逻辑，把七巧板重新组合起来，把碎片集中到一起：每个词都有作用，每个影射都有意义。这样，《波斯人信札》去掉它所装饰着的那些丰富可又多余的色彩配合，它就只剩下几行平淡无味和老生常谈的话了。

最严重的是：这些“解构”与重建是对文学作品本身的彻底否定。作家并不想写一份说明书或一篇学说声明，也不是做数学演算；他写他所说的事以便说他所说的话。如果他想说的话并不是他所说的话，那他就会换一种写法了。《波斯人信札》的作者乐于探索社会风情的内蕴和边缘；他根据当时的情绪去寻求意外的收获，乐于去试验一下在巴黎的理性之光照射四方的情况下，自己有可能走到什么地步。《波斯人信札》的作者还不是《论法的精神》

的作者,他是外省的年轻法官,他感到厌倦,他要散散心。他做游戏,他随心所欲地娱乐自己,也娱乐我们:他以丰特奈尔所发明的而伏尔泰以后又进一步发展的这种狡黠的微笑来使自己散心并使我们跟他一道散心,而这种微笑不管是马克思博士、弗洛伊德博士还是萨德侯爵都是做不出来的。

孟德斯鸠生平和著作年表

（1689—1755）

家族史

15世纪上半叶，塞贡达家族——一个贝里雄家族的幼房——定居于今属洛特·加龙省的阿热努瓦。

1560年：那瓦尔国王亨利二世的顾问皮埃尔第二·德·塞贡达去世。

1562年：皮埃尔第二的儿子约翰第二·德·塞贡达作为那瓦尔王后让娜·阿尔布雷的膳食总管，得到王后一万利弗的馈赠，从而买下了孟德斯鸠领地。

1576年：约翰第二的第六个儿子雅科布诞生。那瓦尔国王亨利三世成为法国国王亨利四世后，将孟德斯鸠领地升为男爵领地。塞贡达家族原为新教徒，后与国王同时改宗天主教。

1612年：雅科布的长子约翰·巴蒂斯特·加斯东·德·塞贡达出生。后靠着他妻子的嫁妆，购买了波尔多高等法院院长的官职。

1646年：约翰·巴蒂斯特·加斯东的第三个儿子雅克·德·塞贡达诞生。雅克之兄约翰·巴蒂斯特继承其父的法院院长职务，死而无嗣。雅克的其他兄弟或为修士，或为马耳他骑士团骑士，因此雅克是唯一继承塞贡达这一姓氏的人。

1685年：取消《南特敕令》，对此，孟德斯鸠男爵约翰·巴蒂斯特十分不赞成。

1686年:雅克·德·塞贡达娶法国国王圣路易的远房后裔玛丽·佛朗索瓦兹·德·佩斯内尔为妻,其妻带来男爵领地和拉伯烈德庄园作为嫁妆。塞贡达家族纹章的题名为“以财助德”。雅克夫妇生有六个儿女,其中二人幼年死亡,长女出嫁,另有二人进入修会。

孟德斯鸠年谱

1689年,孟德斯鸠诞生

——1月18日,查理·路易·德·塞贡达(即后来的孟德斯鸠)生于波尔多附近的拉伯烈德庄园,是雅克·德·塞贡达的第二个孩子,第一个儿子。查理·路易还以其母亲的庄园拉伯烈德作为自己的姓氏。拉伯烈德小时由一名叫查理的乞丐为其洗礼,“故其教父一生都教导他:穷人是他的兄弟”。

1696年,7岁

——母亲去世。查理·路易居住在拉伯烈德,在农民中长大并开始学习写字读书。

1700年,11岁

——查理·路易·德·拉伯烈德进入巴黎附近的朱利的奥拉托利修会的中学读书。该修会的成员中,最著名的有马勒布朗士。政府对朱利的奥拉托利会修士看法不佳,批评他们传授被禁的笛卡儿的哲学。路易十四的告解司铎勒特利埃认为他们是“共和派”,具有应受谴责的“独立和自由精神”。可以认为雅克·德·塞贡达之所以把他儿子送入这所学校正是由于这个原因。查理·路易每天早晨五时起床,晚上八时半就寝,“如果听之任之,他绝不会放下书本”(其教师写给他父亲的评语)。他除学习拉丁文外,还学习地理、历史和数学,并撰写《论西塞罗》和诗体悲剧《布里托马》。

1705年,16岁

——查理·路易离开朱利,返回波尔多,攻读法律。

1708 年,19 岁

——取得法律和律师学士证书。其叔父约翰·巴蒂斯特将孟德斯鸠的姓氏授给他,并答应以后由他继承法院院长职位。从此查理·路易改姓孟德斯鸠。

1709 年,20 岁

——孟德斯鸠前往巴黎进修法学,“中学毕业后,人们让我读法学书籍。我寻找法的精神”。经未来的奥拉托利会会士、帕斯卡作品的出版者和天才的编纂者皮埃尔·尼古拉·戴斯摩莱介绍,孟德斯鸠进入巴黎社交界,参加科学院和文学院的会议,与研究中国的专家弗雷烈、那不勒斯人贝尔纳多·拉马本堂神甫、星相学家和信奉斯宾诺莎学派的布朗维利埃伯爵过从甚密。根据戴斯摩莱的建议,他着手撰写一部笔记作品《随笔录》,还写了一篇关于异教徒宗教的论文,认为这种宗教不应受到天谴。此论文现已佚失。

1713 年,24 岁

——《克雷门通谕》谴责詹森教派。弗雷烈因撰文反对《通谕》而被囚禁于巴士底狱。

——11 月 15 日,父亲雅克·德·塞贡达去世。孟德斯鸠返回拉伯烈德。

1714 年,25 岁

——孟德斯鸠任高等法院参事。

1715 年,26 岁

——尽管《南特敕令》已被废除和路易十四晚年对新教徒的迫害,孟德斯鸠根据叔父们的建议,于 4 月 30 日娶热烈信奉加尔文教的雅娜·德·拉蒂格为妻。雅娜微跛,但带来十万利弗的嫁妆。

——孟德斯鸠给摄政王寄去一篇《论国债》的文章,建议采取有力措施,对刚刚去世的路易十四留下的混乱的财政加以整顿。

1716 年,27 岁

——长子约翰—巴蒂斯特出世。

——叔父孟德斯鸠男爵去世。在遗嘱中将波尔多法院院长、男爵称号、在波尔多的一座府邸以及阿热努瓦的地产交给孟德斯鸠承袭。孟德斯鸠对法院院长的工作认真负责,但并不感兴趣。

——4月3日,孟德斯鸠成为1712年成立的波尔多学院院士,结识了马勒布朗士的朋友多尔都·德·梅朗和财政大臣约翰·劳的秘书、包税稽核墨农。他在波尔多学院宣读论文《古罗马的宗教政策》、《论观念体系》、《论各种不同的天才》。

1717年,28岁

——长女玛丽·喀特琳出世。

1718年,29岁

——开始钻研自然科学,设立解剖学奖金,撰写关于回声、肾腺疾病、物体的透明性和重力、涨潮落潮、相对运动等科学论文。

1719年,30岁

——在《法国信使》上宣布撰写《古代和现代地球物理史》的计划,请各国学者"将论文寄波尔多吉延高等法院院长孟德斯鸠先生,邮资由孟德斯鸠负责"。

1720年,31岁

——12月12日约翰·劳被解职。

1721年,32岁

——由出版商雅克·戴斯波德在阿姆斯特丹出版《波斯人信札》。此书约于1717年开始撰写。为写这部小说,孟德斯鸠尽管家庭财政有困难,仍多次前往巴黎,出入名门贵族的沙龙,以了解上流社会。《波斯人信札》第一版是假托一个名叫皮埃尔·马尔托的人在科隆出版的。该书一出版,便取得巨大成功,仅1721年便有四个不同的版本和至少四个伪版。但摄政王左右的人和僧侣对此书都愤愤然。

1722年,32岁

——枢机主教杜布瓦禁止发行《波斯人信札》。

——孟德斯鸠前往巴黎,居住于多菲内街,后迁至马雷区。他起初常出入苏比兹公馆，在那里，文人们每周集会一次。后孟德斯鸠跟伏尔泰一样，不喜欢特雷沃日报社长图尔内米纳神父，便转而与法兰西学院的阿拉里修道院长交往。

1723 年，34 岁

——12 月 2 日，摄政王奥尔良的菲力普公爵去世。

1724 年，35 岁

——阿拉里修道院长每周与一些外交官、法官和文人在旺多姆广场埃诺法院院长府邸的夹楼聚会，讨论法律和政治经济学，该聚会被称为“夹楼俱乐部”。

——撰写《苏拉与欧克拉提的对话》。

——丰特奈尔介绍孟德斯鸠参加朗贝尔侯爵夫人的“星期三沙龙”，纵谈审美观、友谊、爱情和幸福，这些题材后来收入他的《思想集》中。朗贝尔夫人写道：“他经常给我们带来他写的手稿。丰特奈尔先生和拉莫特先生对他的手稿推崇备至。”

——经常到孔太亲王的曾孙女克莱蒙小姐家中做客，为其容貌所倾倒。孟德斯鸠在给她的信中写道：“您占有了我的整个心灵；您使我精神备受折磨，却又令我内心充满欢愉。”

1725 年，36 岁

——发表《格尼德寺庙》，该作品是孟德斯鸠为克莱蒙小姐写的，但无作者姓名，并假托译自希腊文。该诗相当色情，被戴芳夫人称为“香艳启示录”。

——返回波尔多，撰写并在波尔多学院宣读《论义务》、《论自然法》、《论公平》等论文。着手撰写《论法的精神》。与此同时，料理家庭财务。

1726 年，37 岁

——枢机主教弗勒里任首相。

——卖掉波尔多法院院长职务。前往巴黎。

1727 年，38 岁

——二女儿德妮丝出生。

——在“夹楼俱乐部”宣读《苏拉与欧克拉提的对话》和《论西班牙的财富》。

1728 年,39 岁

——在朗贝尔侯爵夫人的大力支持下,尽管图尔内米纳神父和弗勒里枢机主教的反对以及《波斯人信札》和《格尼德寺庙》所受到的攻讦,孟德斯鸠于 1728 年 1 月 24 日当选为法兰西学士院院士。但他在出游欧洲各国之前,只出席过三次会议,而且没有发言。

——4 月 5 日离开巴黎,做欧洲之游。在法国元帅贝里克的侄子瓦尔德格拉陪同下,于 4 月 26 日到达维也纳,后到匈牙利,花一个月时间参观矿山。然后又从维也纳前往威尼斯、米兰、热那亚、比萨和佛罗伦萨,在佛罗伦萨住了六个星期。在威尼斯,他与博纳瓦尔伯爵和约翰·劳会晤。

1729 年,40 岁

——1 月 19 日到达罗马,4 月 18 日离开,前往那不勒斯逗留两个星期,然后又回罗马住了两个月。在罗马,会晤了一些枢机主教、从中国归来的耶稣会会士以及后来成为教皇克雷门十二的科尔西尼。然后又到奥地利,穿过德国,于 10 月 15 日达到阿姆斯特丹,31 日乘船赴英国,11 月 3 日到达伦敦。

1730 年,41 岁

——在切斯特菲尔德勋爵陪同下来到英国后,住在伦敦,出入宫廷及上流社会,受到威尔士亲王的接见,结识沃波尔、牛顿的朋友马丁·福尔克斯及洛克作品的译者皮埃尔·科斯特等人。经福尔克斯介绍,于 2 月 26 日成为英国皇家协会会员。5 月 12 日加入共济会。

1731 年,42 岁

——5 月回到巴黎。他宣称:“德国宜于旅游,意大利宜于小住,英国宜于思考,而法国宜于生活。”孟德斯鸠从欧洲之行带回了一些珍贵的笔记。

——回到拉伯烈德后,他把府邸的花园按英国方式加以布置,然后继续撰写《论法的精神》。与此同时，他把各种笔记、感想等分门别类置于“地理”、“政治”、“司法”、“拾遗”等各类手册中。而后来以《思想集》为名发表的汇编，则是从1720年左右开始撰写的。直到1733年春天，孟德斯鸠都没有离开拉伯烈德。1733年5月2日前往巴黎。

——5月，伏尔泰因《哲学通信》而被通缉。6月，巴黎高等法院判处将《哲学通信》公开焚毁。孟德斯鸠刚刚完成《罗马盛衰原因论》，为谨慎起见，决定将该书在荷兰印刷。7月《罗马盛衰原因论》出版。

1734—1747年，45—58岁

——孟德斯鸠大部分时间是在巴黎而不是在拉伯烈德度过的。在巴黎，主要参加两个团体，即法兰西学士院和共济会的活动。他于1739年被任命为法兰西学院主任。继续出入汤桑夫人、戴芳夫人、肖纳夫人、圣莫尔夫人的沙龙，与马里沃、克雷比翁、伏尔泰、布封等人会晤。

——每年回拉伯烈德七八次。在拉伯烈德，他实践贺拉斯、维吉尔的哲学：“山野村夫是何等幸福……”他过着乡绅的生活，管理其田产，访问佃户，保卫自己和邻人的利益。此时他拥有53万利弗左右的资本（1726年为60万利弗），即每年可收入2～2.5万利弗。以这些收入，他生活小康，但并不富裕。这段时间他主要的工作是撰写《论法的精神》，在秘书们和他的女儿德妮丝的帮助下，每天工作八小时，有时应巴黎朋友的请求，写些轻松的作品：《阿萨斯和伊斯梅尼》、《塞菲兹和爱神》等。

——1746年底（一说1747年7月）《论法的精神》完稿。孟德斯鸠前往巴黎，将作品念给朋友们听。埃诺法院院长觉得该书言犹未尽。西印度公司的国王特派员西露埃特建议将手稿焚毁，孟德斯鸠不胜惊讶地说：“我不认为我没有天才。”

1748年，59岁

——10月底，《论法的精神》在日内瓦由巴利奥父子出版社出版，但未署作者姓名。孟德斯鸠以奥维德的半句诗 Prolem sine matre creatam 作为该书题名，意思是“没有前例的书”；但孟德斯鸠自己向奈克夫人做了另一种解释:“为创作一部伟大的作品,必须有两件东西:一个父亲和一个母亲,即天才和自由……我的作品缺少的是后者。”该书出版后,受到各界的赞扬,从 1748—1750 年共印了二十二版,并很快被译成欧洲各国文字。

——在此前不久,《罗马盛衰原因论》在巴黎再版。

1749 年,60 岁

——《论法的精神》先后受到耶稣会会士和詹森派的攻击。

1750 年,61 岁

——2 月,孟德斯鸠在日内瓦发表《捍卫法的精神》。伏尔泰等人为孟德斯鸠辩护,但僧侣大会和巴黎大学神学院谴责该书。

——马莱塞于 12 月被任命为新闻出版总监,批准在法国印刷包括《论法的精神》和狄德罗《百科全书》在内的许多启蒙运动哲学家的作品。

1751 年,62 岁

——针对《论法的精神》受到的抨击,人们发表了许多反批评文章。在此期间,普鲁士国王弗里德里希二世、俄国沙皇叶卡捷琳娜二世和撒丁国王都阅读了此书。

——孟德斯鸠与巴黎大学进行辩论,但《论法的精神》还是于 11 月 29 日被罗马教廷列为禁书。

——孟德斯鸠返回拉伯烈德。

1752 年,63 岁

——孟德斯鸠几乎失明。他的外国崇拜者甚至到拉伯烈德去看望他。

——当伏尔泰流亡柏林时,孟德斯鸠被提名来代替伏尔泰担任国王史官的职务,但最后朝廷任命了杜克洛。

1753 年,64 岁

——孟德斯鸠任法兰西学士院院长。

——应达朗贝尔请求,孟德斯鸠为《百科全书》撰写《论鉴赏力》。

1754 年,65 岁

——孟德斯鸠说:“我曾打算对《论法的精神》某些地方加以修改,使之更有广度和深度,但我已无能为力。”

——在拉伯烈德度过夏天后,孟德斯鸠决定最后一次到巴黎去,然后永远待在拉伯烈德。他于12月底到达巴黎。

1755年,66岁

——1月末,巴黎发生恶性传染病。1月29日,孟德斯鸠在其圣多明我路住所得病。路易十五立即询问其病情。病情很快转危,孟德斯鸠向一年轻的耶稣会会士卢特神父忏悔,宣称他忠于教会。卢特试图要孟德斯鸠把一份经过修改的《波斯人信札》手稿交给他,孟德斯鸠把手稿托付给杜普雷夫人,说:“那些善良的神父们想巧妙地从我手中拿走这份手稿,以便他们可以再圣洁不过地加以歪曲,可是我没有让步。”(查理·科雷:《历史日记》)

——2月10日,孟德斯鸠逝世。11日下午5时在圣絮尔皮斯教堂举行葬礼。在所有哲学家中只有狄德罗参加了葬礼。

(梁守锵　整理)

图书在版编目(CIP)数据

波斯人信札/(法)孟德斯鸠著;梁守锵译.—北京:商务印书馆,2017
(汉译世界学术名著丛书:120年纪念版:珍藏本)
ISBN 978-7-100-14526-8

Ⅰ.①波… Ⅱ.①孟… ②梁… Ⅲ.①书信体小说—法国—近代 Ⅳ.①I565.44

中国版本图书馆CIP数据核字(2017)第153621号

汉译世界学术名著丛书
(120年纪念版·珍藏本)
波斯人信札
〔法〕孟德斯鸠 著
梁守锵 译

商务印书馆出版
(北京王府井大街36号 邮政编码100710)
商务印书馆发行
北京新华印刷有限公司印刷
ISBN 978-7-100-14526-8

2017年12月第1版 开本710×1000 1/16
2017年12月北京第1次印刷 印张26
定价:130.00元